現代経済政策シリーズ
3

# イギリス社会政策の展開

美馬孝人

日本経済評論社

# 目　　次

序　章 ……………………………………………………………… 1

## 第1章　貧民の発生と労働者条例 ……………………………… 7

1. 封建社会と貧困問題　　　　　　　7
2. 封建制の消滅と浮浪人問題　　　　10
3. 囲い込みと浮浪民の増加　　　　　14
4. 血の立法と貧民法　　　　　　　　17

## 第2章　エリザベス貧民法 ……………………………………… 23

1. エリザベス貧民法の定着　　　　　23
2. ピューリタン革命　　　　　　　　27
3. 貧民就労論　　　　　　　　　　　30
4. 労役所テスト法　　　　　　　　　34
5. 貧民行政の人道主義化　　　　　　37

## 第3章　フランス革命とスピーナムランド制度 ……………… 41

1. 第2次囲い込み運動　　　　　　　41
2. 農村住民の窮乏とフランス革命　　44
3. スピーナムランド制度　　　　　　47
4. ペインの「福祉国家論」　　　　　50
5. バークの救済反対論　　　　　　　53
6. スミスの政治経済学　　　　　　　56

iii

## 第4章 マルサスと新貧民法 …………………………… 61

1. マルサスの先行者 　　　　　　　　　　　　　　　　　　*61*
2. マルサスの『人口論』 　　　　　　　　　　　　　　　　 *63*
3. 人口論の社会への浸透 　　　　　　　　　　　　　　　　*69*
4. ベンタム哲学とリカードウ経済学 　　　　　　　　　　　*70*
5. 貧民法調査王立委員会 　　　　　　　　　　　　　　　　*76*
6. 新貧民法の成功と失敗 　　　　　　　　　　　　　　　　*78*

## 第5章 産業革命と工場法 ……………………………… 83

1. 1802年工場法 　　　　　　　　　　　　　　　　　　　 *83*
2. 1833年法の成立 　　　　　　　　　　　　　　　　　　 *88*
3. チャーチズムと10時間労働法 　　　　　　　　　　　　 *94*
4. 8時間労働法へ 　　　　　　　　　　　　　　　　　　　*97*

## 第6章 議会政治の発展と社会立法 …………………… 99

1. 選挙権の拡大 　　　　　　　　　　　　　　　　　　　　*99*
2. 社会立法の前進 　　　　　　　　　　　　　　　　　　　*103*
3. 公衆保健と住宅問題 　　　　　　　　　　　　　　　　　*105*

## 第7章 労働運動の発展 ………………………………… 107

1. 団結禁止法の撤廃 　　　　　　　　　　　　　　　　　　*107*
2. 新型組合 　　　　　　　　　　　　　　　　　　　　　　*109*
3. 労働組合法の成立 　　　　　　　　　　　　　　　　　　*112*
4. 大不況と新労働組合主義 　　　　　　　　　　　　　　　*115*
5. 労働党の成立 　　　　　　　　　　　　　　　　　　　　*122*
6. 労働争議法 　　　　　　　　　　　　　　　　　　　　　*125*
7. オズボーン判決と1913年労働組合法 　　　　　　　　　 *127*

第 8 章　ブースとロートリーの貧困測定 …………………………………… 131

 1.　貧民法の迂回　　　　　　　　　　　　　　　*131*

 2.　自助と慈善　　　　　　　　　　　　　　　　*132*

 3.　ブースとロートリー　　　　　　　　　　　　*134*

第 9 章　自由党の改革 ……………………………………………………………… 139

 1.　金融資本と国内産業の停滞　　　　　　　　　*139*

 2.　ボーア戦争　　　　　　　　　　　　　　　　*142*

 3.　自由主義思想の変化　　　　　　　　　　　　*144*

 4.　自由党の変化　　　　　　　　　　　　　　　*148*

 5.　関税改革と自由党の勝利　　　　　　　　　　*151*

 6.　自由党の改革　　　　　　　　　　　　　　　*152*

 7.　1909 年の「貧民法調査委員会の報告書」　　 *158*

 8.　人民予算と国民保険法　　　　　　　　　　　*161*

第 10 章　第 1 次大戦および戦間期の失業 …………………………………… 165

 1.　第 1 次大戦とロイド゠ジョージ　　　　　　　*165*

 2.　金本位制への復帰とゼネスト　　　　　　　　*168*

 3.　モンド゠ターナー協定　　　　　　　　　　　*172*

 4.　戦間期の失業問題　　　　　　　　　　　　　*174*

 5.　ハンガーマーチ　　　　　　　　　　　　　　*181*

第 11 章　第 2 次大戦とベヴァリッジ報告書 ………………………………… 185

 1.　総力戦体制の確立　　　　　　　　　　　　　*185*

 2.　戦争目的と社会保障　　　　　　　　　　　　*188*

 3.　ベヴァリッジの社会保障計画　　　　　　　　*192*

 4.　戦後再建への準備　　　　　　　　　　　　　*199*

第12章　労働党と福祉国家の建設 ……………………… 203

 1.　1945年の労働党政府　*203*
 2.　福祉国家の建設　*205*
 3.　福祉国家の原理とその世界史的確認　*208*
 4.　ベヴァリッジ原則からの離脱　*210*

第13章　福祉国家の諸問題 ……………………………… 215

 1.　国民最低限の上昇　*215*
 2.　普遍主義と選別主義　*217*
 3.　国民保健サービスの問題　*220*
 4.　福祉国家の第6の腕　*227*

第14章　サッチャー政権と福祉「改革」 ……………… 233

 1.　「帝国」の解体と経済的低迷　*233*
 2.　労働攻勢と合意的経済運営の終わり　*235*
 3.　サッチャー政権の登場　*240*
 4.　サッチャー政権の雇用政策　*242*
 5.　労働組合との対決　*245*
 6.　社会保障改革　*248*
 7.　経済的衰退の加速とサッチャー時代の終わり　*251*

参　考　文　献 …………………………………………………… *255*
索　　　　引 …………………………………………………… *261*

# 序　　章

　社会政策という漠然とした言葉はドイツ語 Sozial Politik の翻訳であり，社会政策という学問分野もまた明治時代にドイツから輸入されて日本に根づいたものである．

　日本において社会政策は，社会問題一般に対する何らかの解決政策と見られてきた．明治期には極貧の救済や繊維女工の保護が，大正期には小作争議や労働問題への介入が，昭和初期には失業対策としての帰農奨励や労働統制・戦時動員政策が社会政策という名の下に実施されてきた．そして第2次大戦後には，労働保護政策や労働組合政策，社会保障政策が社会政策の中心となった．

　社会政策は極めて広範囲な社会問題一般にたいする諸政策のように見えるが，それらの政策には人々の労働と生活を下支えして基本的な生産力を維持し，また社会的矛盾を緩和し，敵対的矛盾の激発を抑制ないし防止しようとする意図が読み取れる．

　社会政策学の祖国ドイツにおいても，社会政策は中間層維持政策から労働保護政策，労働保険政策へ，そしてナチス時代には労働力統制・動員配置政策へ，第2次大戦後は社会保障政策へと変遷をたどった．イギリスにおいて第2次大戦後に成立した福祉国家や社会保障制度は，やはり過去の労働保護や生活保持のための諸政策の積み重ねと調整・統合の結果であり，現在イギリスで社会政策 Social Policy といえば，完全雇用や地域開発政策を含めて非常に広い意味での社会サービスを指している．

　社会政策は民族国家と国民経済の成立を前提として，資本主義経済が生み出す働く人々にとっての労働生活上の諸困難を緩和・抑制することによって

資本主義的経済社会体制を安定・維持・発展させようとする国家政策である．働く人々の中心をなすのは労働階級であるから，社会政策の中心も労働階級の生涯にわたる労働苦・生活苦・生活上の不安を緩和抑制して労使の敵対矛盾の激発を避け，資本主義経済社会を安定的に発展させることと言えよう．「社会政策は，資本主義国家の労働政策のうちで，生産要素＝商品「労働力」の保全・培養をもたらす政策のみをいうものである」（角田豊［1965］）という定義がしばしば下された．これは戦中・戦後において日本社会政策学会のなかで重要な位置を占めた大河内一男氏の，社会政策を「労働力」政策とする定義を克服しようとしたもので，資本主義的賃金労働制の維持・発展と生産要素である「労働力」の保全・培養との不可分な関係に注目したものだった．大河内理論も角田理論も社会政策における経済的実体を指摘することによって社会政策の学問的体系化に大きな役割を果たしたのではあるが，社会政策の歴史的・実践的経験に照らしてみる時，これらの定義は余りにも狭いもので不十分さを免れなかった．

社会政策の歴史を全面的に見るならば，それは労働力商品への対応とともに，その所有者で社会的あるいは政治的主体である労働者への対応が絡み合ってでてきていると言える．多くの社会政策学者が指摘しているように，社会労働問題に対する資本主義国家の経済的対応と社会的ないし政治的対応の2側面＝2重の必然性である．例えば高齢者や障害者に対する国家の社会政策的配慮は，経済的対応というよりも，むしろ社会的対応が優先してでてきており，失業対策などもそうである．また，第1次大戦後のような資本主義社会の政治的危機の時代には，生産力的配慮よりも政治的配慮によって社会政策は支配された．もっともそれらは政治的危機の解消とともに経済的配慮によって切り詰められたが．

労働力の質が高まり，科学技術が発展し，機械による生産や自動装置による生産が優性となってくると，また民主主義思想や民主的政治体制が行きわたってくると，資本主義国家の社会政策は労働階級や働く人々が政治的にどのような行動を取るのかということに重大な関心を払わざるを得なくなる．

そして働く人々の政治的動向は，彼らがおかれている経済的諸条件によってと同じくらい，彼らが描いている自分達の社会に対する将来展望，大きくいえばイデオロギー的展望によっても影響される．そこで社会政策は働く人々のイデオロギー的統合をも視野に入れた長期的で，包括的なものにならざるを得なくなる．

　資本主義経済が生み出す矛盾が大きく敵対的な形を取り，また長期的様相を呈するようになると，資本主義的国家はその経済体制を維持するために，労働階級や働く人々に対して大幅な譲歩をしなければならない立場にたたされることがある．資本家階級が国家的暴力装置をあからさまな形で被支配階級に対置できない時である．そのような場合，資本家階級と国家は，不本意な譲歩をできる限り自分達の支配に無害なものにしようと努めながら，他面ではそれらを資本主義経済に本質的な人民福祉政策であるかのように宣伝して被支配階級の政治的・イギオロギー的支持を取り付けようとするものである．資本主義経済に対する国家の社会政策的介入が労働条件・生活条件を働く人々に有利に変え，資本主義経済そのものをも発展させるのであるが，資本家階級と国家は経済の発展そのものが無条件的に労働条件や生活条件をよくしてゆくと宣伝するのである．資本主義経済はその巨大な生産力によって，あらゆる人々に富裕化をもたらすというわけである．巨大な生産力は，資本主義的管理体制を維持するための諸機構をも用意する余裕を与えているのであり，例えば管理的諸業務に従事しているホワイトカラー層は，大部分が被雇用者であるにもかかわらず，無意識のうちに資本家的価値観を共有し体制擁護的役割を果たしているのである．こうして今日の社会政策は経済的，政治的，イデオロギー的諸分野を考慮に入れた国家政策として展開されているといってよい．

　資本主義的経済社会体制の危機や労働運動の一定の強化を背景として勝ち取られた経済的，政治的譲歩は，資本主義的経済社会体制そのものが自ずからもたらすものとして，体制的優越の証拠として宣伝されるものになるとすれば，今度は，本質的に資本の労働力商品とその体制維持のための政策であ

る社会政策が，資本主義経済がもたらす人間的進歩促進傾向の裏面としての人間抑圧的・労働力破壊的諸傾向をどのようにどの程度まで取り除き得るのかという問題が浮かび上がってくる．逆にいえば，社会政策による人間的進歩と解放の展望という問題である．人間はいつの時代でも違った形ではあれ同じようなことを問題にするものである．

　過去の歴史的経験から与えられている教訓は，社会政策は労働階級や働く人々の不満の表明に対応する形で成立するものであるとはいえ，それは資本主義的国家が資本主義経済社会体制を守るために彼らの反抗に対処して実施する政策であるということである．それは労働階級に必ずしも利益を与えるとは限らないし，与えるとしても最小限にとどめられやすいし，また彼らの力が弱まれば奪還され得るものである．政治的危機に対応する大幅な譲歩にしても，労働階級の地位を一時的に高める反面で彼らの統一組織を解体しその力量を弱体化させて，あわよくば体制内へとりこもうとする．一時的な改良政策の上に安住しているうちに資本の側による労働力統制が社会の隅々にまでおよび，ファシズム的強制労働体制が出現したこともある．今日，労働階級，働く人々が人口の多数を占め，政治的民主主義の定着が進んだ先進諸国においては，諸政策は人民の利益の名のもとに行われざるをえなくなっている．社会政策も同じ事情の下にあるが，その内実は複雑この上ないものとなっており，労働者の利益を語りながらほとんどそうでない政策も実行されることになる．アダム・スミス以来の経済思想史を「福祉思想史」といったり，競争社会における人民の最後の生活保障であるセイフティ・ネットに「競争に勝ち抜く能力」などという正反対の意味付けをする「学者」が出現しているが，これらも資本主義経済が自動的に福祉を与え，生活保障を与えてきたとする資本家側の宣伝の新しい表れ方で，労働者福祉，生活保障という言葉を用いて全く逆の政策を遂行しようとするものである．

　資本主義的国家が実施する社会政策のこのような性格に十分注意し，最近ではデマゴギー的政策の本質を見きわめて，労働者と働く人々が社会政策の改良的側面を前進させその体制動員的側面を抑止し，人民主権を建て前とす

る国家体制をそれにふさわしい形に発展させ,彼らの組織を民主主義的に保ってその力量を高めてゆくことができる時,はじめて社会政策の人間的解放への前進的役割を語ることができよう.

　ところで,基本的人権,生存権,幸福追求権など現代社会政策がそこに基礎をおいている人間生活の現代的理念は,すでに物質的富の増大による人間の豊富化という理念を超えている.現代資本主義社会が達成した多様な人間的能力の発達と,科学・情報・技術の高度な発展は,人間の衣食住など自然必然性に従う欲求を満たすための生産時間を短縮し,教育,芸術,文化,宗教など人間的欲求を追及するための時間と物的手段を与え,かつ前者の生産と享受に当たっても人間的な洗練が加えられるようになっている.今後もこのような発展を続けることができるならば,人間のあらゆる労働は苦痛であることをやめ,自己実現的な,趣味的で遊戯的な活動となると予想される.このような労働の変化は,将来においては,子供や老人や障害者を含むあらゆる人の人間活動がその人の自己実現として尊重されなければならなくなることを意味するであろう.資本主義的な富の生産は人間そのものの豊かな発展のための一手段と位置付けられ,自己目的であることをやめなければならなくなる.資本主義的富を人間的生活の中に生かし,人間的な豊かさを実現してゆくための社会政策は,人間的理念を一層明確化しながらの,人々の意識的・系統的な努力の積み重ねによってのみ前進させ得るものなのである.

　本書は,資本主義社会の祖国であり,したがって社会政策の祖国でもあるイギリスにおける社会政策の変遷を,簡単にまとめたものである.1960年代は,日本でもまだ労働運動が盛んであり,その力によって戦後社会政策は前進していた.終身雇用も年功序列も,労職格差の縮小もみな戦後労働運動が勝ち取ったものであり,労働法制も福祉諸制度の整備もこの頃に整えられていたから,労働運動と社会政策の関連を分析した優れた著書が沢山あった.しかし最近では,福祉制度の発達を追う著書は目立つが,それが過去の社会政策の長い経験の上に整えられていることに十分注意が払われていない.イギリス経済の衰退を背景として福祉の後退が見られるのは事実だが,その中

でいかに資源を有効に使うかということが細かく議論されている．それが全般的後退の中においても新しい前進の芽を育てているゆえんである．

　日本の場合には，大幅な貿易黒字を出していながら，政治がその使途と方法を知らず財政状況が悪いといっていとも簡単に福祉を切り捨てる．景気が悪く，失業者が増え，貧困に喘ぐ人が多くなるからこそ福祉が必要になるのにである．福祉国家というからには，国はそれなりの責任と覚悟をもたなければならない．福祉に携わるからには，それなりの人間性と知識と技術をもたなければならない．イギリスにおける福祉国家の成立の歴史は，近代社会の長い苦闘と苦痛を経て，はじめてイギリス的なタフで柔軟な福祉制度が生まれたことを示している．

# 第1章
# 貧民の発生と労働者条例

## 1. 封建社会と貧困問題

　イギリスに封建制度を定着させた征服王ウィリアムは，フランス・ノルマンディーの領主でもあったことから，その後のイギリスをヨーロッパ大陸での政争に巻き込むことになる．王は領地を与えることによって各領主にたいする支配権を持ち彼らの服従を確保していたが，直接的生産者に対する支配権は領主たちが持っていた．そのような封建社会の生産力を担っていたのは圧倒的に隷属農民，すなわち農奴であった．古代奴隷制から中世農奴制への労働様式の発展は，未だ政治的隷属の枠内のことではあったが，働く人々の状態を一定程度改善し地位を向上させた．農奴は家族を形成することができるようになったし，習慣的に自己の労働生産物の一部を保留することができた．彼らに僅かながらでも生活改善と地位向上の希望があったことは，農奴たちに勤勉，努力，自己規律の習性をはぐくみ，内心に自己尊重の覚せいを促したのである．
　とはいえ封建社会の農奴は，生まれた時から農奴の身分にあるものとして自分の領主とその土地に隷属しており，その子供たちもまた農奴になるように運命づけられていた．農奴の一生は多くの場合労苦と貧困に満ちたものだったが，それは彼らの身分がしからしめるものとして当然のことと受け止められており，彼ら自身にしてもそれに疑いを持たなかった．領主の農奴に対する権力は絶大であり，その階層化された身分的秩序に異議を唱えることは，

ただちに死を意味した．

　このように厳格に階層化された封建社会においては，人口の圧倒的多数を占める農奴は貧困そのものであったが，そのことは決して社会問題とはならなかった．人は貧しく生まれたり，あるいは豊かに生まれると，その後の人生もまたそのように運命づけられていた．貧困や富裕は変更しえざる身分に備わるものとして自然的なものであり，トマス・アクィナスが『神学大全』(1267-73) で説いたように，身分の差は神意にもとづくと考えられていた．

　このことは逆に，農奴が天変地異に見舞われたり，領主たちが引き起こす戦争などによって生命の危機に晒されたり，極貧に陥って生存が危うくされた場合，その自然的階層社会秩序を維持するために領主が農奴たちの生命を守り，あるいはその最低限の生活の維持に責任を負うということを意味していた．領主は農奴に対する支配者として絶対的権限を有し，彼らの剰余労働を，時には必要労働の一部までをもわがものとするためには，彼らを貧困な状態に置きながらもその継続的生存を保障しなければならなかった．その時代の自給自足的な農業経済と現物経済が農奴の生活に非常に強固な持続性と耐久性を与えており，領主と教会の慈善が最低生活を補足するものとして機能していた．

　F.M. イーデンは，自由ではあるが財産を持たない労働者と土地に縛り付けられていた農奴の生活を比較して次のようにのべている．「国民が主に領主と隷属的耕作者の2階級から成り立っていた間，後者は少なくとも普通には扶養を頼りにしてよいファンドを持っていた．そして彼らは財産をえることはできなかったが，一般的に食料は確保できた．なぜならば，彼らの扶養のために蓄えておくことは，彼らに労働提供を命じることができる人々の明らかな利益であったから．……したがって個人的自由の欠如がいかに嘆かわしいものであろうと，また主に農業で働いていた人民大衆の全般的状態がいかに低かったとしても，彼らはそれにもかかわらず異常な国民的悲惨がない場合，生活のカツカツの必要物を確保していた」(Eden [1966] pp. 58-9)．

　中世キリスト教は，農奴たちの貧しい日常生活を来世における天国への道

を約束するものとして祝福するとともに，10分の1税拠出や慈善の励行を領主や富者にとって天国へ入る機会を拡大するものとして奨励した．したがって当時，重要人物の葬儀はよく，神に対する故人の最後の善行の機会として貧困な者に気前よく施しをする場として利用された．富んだ者は金を出し，修道士たちがそれを貧しい者に施し，農奴たちの最低生活は維持されていた．

「中世イングランドでは，教会，領主，農奴の間に，当時としては最も普通の非自発的貧困，すなわち死や労働不能が家族から生計保持者を奪った時に起こる困難を和らげるようもくろまれた一種の不文律の契約が存在していた．老人も面倒をみてもらうことを期待することができた．借地の条件としての領主への労働提供をもはやなしえなくなった農奴は，彼の後継ぎにより耕作される以前の所有地の一部からの生存の権利をもって小屋へ引退することを許されていた」(Inglis [1971] p. 13)．

国民の多数を占める農奴の労働苦や貧困が自然的で当然のこととされていたこと，そして農奴の最低生活が領主や富者の慈善により補われていて比較的安定的だったことなどは，異常な事態が彼らを襲った時を除いて，彼らの恒常的な貧困状態が大きな社会的問題としては認識されることのなかった事情を説明している．

ところで，農奴制の経済史的特質は何かといえば，それは農奴が領主にとっては単なる土地の付属物であり生産手段にすぎないが，農奴自身は領主から割り当てられた分割地の実質的な私的所有者であり，農村共同体に属する共同地の共同の所有者であり，また家，付属地，農具，家畜，労働生産物の所有者であるということだった．「つまるところ農奴制とは，自由な農民の地位から疑似奴隷の地位に至るまでの運動，動揺，移行であり，その基本規定はこれも上述の私的所有の関係である．労働と所有の根本的統一は，分解のこの特殊な形態によっても解体されない．というのは，農奴はその主人にとっての生産手段であって生産の主体ではないが，私的所有者としては自己の労働の産物の取得者だからである」(テーケイ，訳書 [1969] 124ページ)．農奴制が内包するこの矛盾は，封建的支配体制の脆弱化とともに，解放農奴

に対して私的所有者としての性格を与えてゆくことになる．

## 2. 封建制の消滅と浮浪人問題

領主間でのたえざる戦争，貨幣経済の浸透，羊毛生産の増大，外国貿易の拡大，各種マニュファクチャーの興隆などは，イギリスの階層的封建的社会体制を徐々に解体してゆき，14世紀半ばには人々を拘束していた政治的枠組みはほとんどなくなっていた．政治的強制から解放された人々にとって，借地に対する労働や地代の提供という経済的関係は続いたものの，その程度は以前よりずっと軽いものになっていた．「農奴の解放は14世紀の疫病および1381年の農民反乱の後，急速に行われた．……古い制度下で農奴であった小作人は，いまや自分の保有地を確保するために権利金や一時金を支払い，現金で年地代を支払ったが，マナ裁判所に出席して1回につき決められた1ないし2ペンスの出席料を支払う以外には，何の負担も負わなかった．小作人は権利書のコピーを受け取ったのでコピーホルダーと呼ばれ，……以前から自由でそうしていた人は権利金はかなり引き上げられたが，その地代は低くしばしば0であった．彼らはフリーホルダーとなりその土地は自由地となった」(Parker [1975] pp. 96-7)．こうして14世紀と15世紀のイギリスには実質的な小農民経営が広くみられるようになり，商品・貨幣経済の発展，農業賃金の上昇，都市の繁栄などとあいまって働く者の黄金時代を一時的に出現させたのだった．しかし彼らの土地所有権は慣習的なもので，未だ確固たる法的保証を受けておらず，このことが最初は徐々に，後には急速に働く者から土地を奪ってゆくことになるのである．

人身の自由を得，土地への束縛から解き放された人々は，より有利な場所や職を求めて移動することができるようになった．彼らはよりよい条件とより高い地位という希望を持って生まれた土地をはなれることができたが，土地を離れても適当な働く場所が見つからなかった場合には，以前とは全く違う困窮を味わうことになった．以前は凶作が農奴を苦しめたが，今度は仕事

のないことが彼を苦しめることになった．とはいえ 14, 15 世紀には，労働者の方にまだ余裕があった．

1349 年，イングランドのエドワード 3 世王は最初の労働者条例を布告したが，それは次のようなものだった．「……このたびの疫病により多数の人，とりわけ労働者や奉公人が死亡した．こうした事情のため……過度の賃金を得なければ働こうとせず，あるいは……怠惰に物乞いをして過そうとする者共が生ずるに至った．このため特に耕作夫や労働者の不足により生ずる恐れのある重大な困難に思いを致し……次のごとく命ずることが必要と判断するに至った．すなわちイングランド王国の人間は男女を問わず，自由，不自由の身分如何にかかわらず，能力ある肉体を持つ 60 歳未満の者は，商業を営まず，手工業にも従事せず，生計の糧をうべき手段をも持たず，自らの労働を費やし得る耕地をも持たず，また何人かに奉公をもしていない場合には，何人もその身分を考慮して適当なる仕事に就労するよう求められたならば，彼を要求している者の下で奉公する義務を有す．……もし就労を求められた男女がこれを拒否したる時は……彼らを捕らえ，近くの監獄に送り上記のごとくに労働する保証をなすまで厳格なる保護下に置くべし．……多くの身体剛健なる乞食が施しものを得て生活し得る限り，怠惰と不道徳，時には窃盗その他の悪業で生き，労働することを拒むがゆえに，利益を得て労働することの可能なる者に対しては，何人も憐れみや施しとして物を与えてはならず，怠惰なる彼らを愛しむべからず．かくして生活の必要上労働へと強制的に赴かしむべし．違反者は上記のごとく投獄の罰」(Bland, Brown and Tawney [1914] pp. 164-6, 邦訳 73-5 ページ)．

これはかつて封建領主だった地主達による農業労働者の確保，賃金の切り下げ，契約期間満了前の移動の禁止などを定めた法であったが，第 2 次大戦中にいち早くイギリス社会保障制度の成立史 "England's Road to Social Security" を著したカール・ド・シュワイニッツは，これを「貧困問題処理の行政的試みの出発点として適当なもの」としている．それは彼が社会保障制度を，封建制度解体後の働く者にとっての経済的安定の喪失に対処する施

策として発展してきたものと把握しているからである．「いまや不幸が訪れた時，自由となった個人には以前援助の保証を与えていたパトロンがいなかった．これがないために多くの人々は困った時に乞食生活や盗みをするようになった．地主にとって新しい状態は大いなる不満の源だった．彼らは労働に対する統制権の多くを失いつつあった．そのうえ盗みや強奪をもとに生活する連中による安全と財産に対する脅威があった．問題は浮浪者，短期的移動労働者，季節的移動労働者との関連の中で最もあからさまに，最も鋭く現れてきた．彼らとその同類のものが増えるにつれて，それらは国王と議会が行動をとることを正当化するのに十分な重要性を持つにいたった．その労働者条例布告後ずっと，彼らが提起した問題は貧民の状態を何とかしようと作られた諸法の主たる関心事だった．6世紀後の今日でもそれはまだ解決していない」(Schweinitz [1975] pp. 2-3).

最初の労働者条例は，全般的な労働力不足状況のもとで守られなかったので，1351年に労働者の移動をより細かく規定した法が出された．しかしこれも羊毛マニュファクチャーの発展と対フランス100年戦争遂行中の労働者や兵士の移動をとどめ得ず，1360年，1363年にも条例は繰り返し出され，1377年の条例は，旧領主への労働提供を強要したり，罰金を徴収したり，住民集会に細かに介入したため，ワット・タイラーらの農奴制完全廃止を求める反乱の引き金となった．1388年，以前の労働者条例の最高賃金額規定がそれを逃れるための労働移動を促したことを教訓として，原則的に労働移動を禁止した労働者条例が作られた．「……現国王のもとに制定されたる職人，労働者，奉公人および食料販売人にかかわる制定法は……今後もこれを維持し厳格に執行するものとする．……男女を問わず奉公人，労働者は，契約期間満了後に彼が居住する郡［等々］を離れ，他所で奉公し居住したり，遠くへ巡礼したりすることを禁ず．……ただ国王の捺印ある開封書状を保持している場合のみこれは許される．……もし奉公人，労働者が何処からきて，同書状無しで都市，バラ，その他で徘徊していることが発見されたる時，市長，執行吏，執事，または治安判事はただちに彼を捕らえ，出てきた村へ

帰り奉公，労働することの保証をなすか，または正当な理由で村を去ったことを示す書状を入手するまで，留置場へとどめ置くことにする．……労働不能なる物乞い人は，本法の公布時に居住せる都市や村にとどまるべきこととする．もしその都市や村の人々が十分に施す意思なく，またこれをなし得ないならば，物乞い人は同じ郡［等々］内の他の村か生まれた土地に布告後40日以内に赴き，生涯そこに居住すべきこと．……大学の書記も物乞いする場合，学長の許可証を有すべきこと」(Bland *et al*. [1914] pp. 171-5, 邦訳84-7ページ).

1388年の労働者条例は，初期の貧民法を研究したレオナード女史によって最初の貧民法と見なされている．「その理由は，その法が労働能力のない貧民に救貧の権利を認めたからであり，彼らと労働能力ある乞食を注意深く区別したからである．それはまた隣人によるその地区の貧民扶養責任をうたい，定住を定めた法とも見なされる」(Leonard [1900] p. 5)．労働者が有利な働き場所を求めて移動し，高賃金をむさぼって以前のようには労働せず，時には物乞いや盗みで生活している状態は，封建時代のかつての権威を失って大量の土地だけが残された地主にとって許すべからざることであり，国法の力を借りて労働者の移動を禁じ，高賃金を禁じ，労働を強制しようとした時，労働することができず，それゆえに乞食をして流浪している人々がいることが発見された．彼らにとって乞食はやむを得ない生きるための手段だったから，彼ら労働することのできないものに限り，一定居住区内での乞食が許可された．浮浪の禁止と労働の強制が救貧問題を浮かび上がらせたのである．「なぜならば，身体剛健な乞食を労働に就けようとする努力は，彼らと老人や労働不能者を区別することを必要とし，本当に自活できない人々に何らかの手当てをすることを強いたからである．……救貧規則は当時の労働者条例の強制と密接に結び付いており，同じ条例の中に盛り込まれたり，同じ行政官による管理を受けた」(*ibid*., pp. 6-9).

その後も労働者条例は次々と出されることになるが，それらは労働者に対して「その勤労と独立を彼ら自身の向上のために行使することを抑制するた

めであった」(Eden, *op. cit.*, p. 42). 徐々に過酷になってゆく浮浪や乞食に対する罰則から,「子を孕んでいる女」や「ひどい病気の男女」,「60歳以上の老人」等々が外されてゆくことになるが,彼らは乞食を許されたり,教会その他の慈善にゆだねられたにすぎない. そのような人々への国家的救済が計画されだすのは,1530年代のことであり,それも一層過酷さを増したチューダー期の労働者条例の中においてであった.

## 3. 囲い込みと浮浪民の増加

15世紀後半から働く者に有利な状況は変化し始めた. 羊毛はフランダースに輸出されつづけていたし,毛織物製品の輸出の増大も著しかったために,牧羊が巨大な利益をもたらすようになっていた. 耕地が次々と牧場に変えられていった. 慣習によりそれまで有利に領主の土地を耕していた小作人やそこに住んでいた労働者は,追い払われ,住居を破壊された. いわゆる「囲い込み enclosure」である. 後に「チューダー期の囲い込み」と総称される15世紀末から16世紀半ばまで荒れ狂った小農民と農業労働者からの土地収奪運動は,オーウィンによれば約100万エーカーの土地を囲い込み,直接的に5万人弱の人々を追放したもので,第2次の囲い込みに比べると小規模だったが,当時の人には衝撃的であった. 1516年にラテン語で出版されたトマス・モアの著書『ユートピア』の有名な1節には次のようにある.

「イギリスの羊です. 以前は大変おとなしい小食の動物だったそうですが,この頃では途方もない大食いでその上荒々しくなったそうで,そのため人間さえもさかんに食い殺しているとのことです. おかげで国内至る所の田地も家屋も都会も皆食いつぶされて,みるも無残な荒廃ぶりです. そのわけは,もし国内の何処かで非常に良質の,したがって高価な羊毛が取れるところがありますと,代々の祖先や前任者の懐にはいっていた年収や所得では満足できず,また悠々と安楽な生活を送ることにも満足できないその土地の貴族や紳士や,自他共に許した聖職者である修道院長までが,国家のためになるど

ころかとんでもない害悪を及ぼすのもかまわないで，百姓達の土地を取り上げてしまい牧場としてすっかり囲ってしまうからです．……彼らは住み慣れた懐かしい我が家を捨てて，とぼとぼと寄る辺ない放浪の旅に出て行かなければなりません」（モア，訳書［1957］26-7ページ）．

　農奴から成り上がったばかりの小自営農民や小作人あるいは労働者の土地所有は，慣習的なその労役や地代に対する土地利用権のままに放置されていたために，旧領主や新しい地主によって容易に奪還され得た．特に牧羊にとって適当な地域に居住しており，土地所有権のはっきりしていなかったコピーホルダーは性急で最終的な追い立てに直面し，無条件にあるいは借り換えに失敗して追い立てられた．「……格好な追い立て対象となったのは，世紀の進行中に増大した賃金労働者，相続すべき財産のない息子達，少数の家畜の飼育を共有地に依存していた村人だった．……これらの部類の人々は一層容易に浮浪者になりやすかった」（Pound［1971］pp. 8-9）．様々な形で農業労働に従事していた人々が，労働対象であり生活の場であった土地を失いそこから追い立てられたことが，彼らの浮浪の原因であった．

　英仏100年戦争終結後に始まり1485年に終わったバラ戦争，そしてヘンリー7世の即位と彼の絶対王政確立政策も大量の浮浪者を作り出した．戦争に動員された兵士は，戦争終了とともにお払い箱となったが，容易に労働生活に復帰できず，集団を組んで浮浪生活を送るものも多かった．彼らは戦闘経験を持ち武器を持つものもいたから，最も危険であった．またヘンリー7世の家臣に対する武力削減政策と緊縮財政政策も，古い貴族達が抱えていた私兵や役人，召使いなどを浮浪者集団のなかへ投げ入れた．「問題はバラ戦争の終結とともに始まり，ヘンリー7世による貴族の相続財産と家来扶養数を制限する法律によって一層深刻化した．最初のチューダー王は，多くの17世紀の家系の特徴となる強力な家臣団と武装した家来を削減する政策に十分成功したとは言えなかったが，ヘンリーの熱意と支出激増が結び付いて貴族達は経費削減政策を取るようになった．余剰となった家臣達は容易に地域経済の中に吸収されることはなかったが，また喜んでそうした状況を受け

入れようともしなかった」(*ibid.*, p. 4)．戦争が起こり，それが終了するたびに兵士達の浮浪化がみられ，また貴族が「近代化」して家僕の数よりも金の方を大切にするようになるにつれて，「いたずらに家や屋敷をふさいでいた」家臣達が暇を出されて浮浪民の仲間に加わった．

　このようにして急激に作り出された浮浪者とその貧困問題，および社会の治安と秩序を守る問題が，チューダー期の主要課題となるのであるが，チューダー期はまた資本主義的経済が徐々に形成されて，世界貿易が盛んになってゆく時期であった．囲い込みを契機とするオーウィンのいう「第1次農業革命」は，人口増大期ともかさなって農産品の価格を上げ，農業労働者の犠牲のもとに借地農業者つまり農業資本家を富ませていった．そしてこの時期の新大陸からの銀の流入による価格革命＝インフレーションもまた労働者と地主を同時に，特に前者を犠牲として農業資本の確立を助けた．オーウィンの表現によれば，それは「農業による企業家を出現させ」，凡庸な農民達を貧窮化させていったのだった（オーウィン，訳書［1978］41ページ）．

　さらに旧来の農村社会の変革に一役買ったのが，ヘンリー8世の宗教改革に伴う教会・修道院領の没収とその家臣団，新地主への売却だった．「……僧院の土地は前の所有者から受けたいかなる権利も認めない新所有者の手におち，彼らはあたかもそれらの土地に小作人がかけており，自分達がそれを羊の放牧地として囲い込み，あるいは占有しても差し支えないかのごとくに，新しい農場経営に乗り出した」（同上，42-3ページ）．この結果はまた，浮浪者や乞食の増大だったが，修道院の解散はすでに悪くなっている状況を一層悪化させた．中世期に比べるとすっかり先細りしていたとはいえ，貧困と乞食の基本的な救済機関であったものが消滅してしまったからである．

　レオナードによれば，浮浪者は16世紀以前にもかなりの量で存在し，時々社会のやっかい者として問題視されていたが，16世紀の初めになってそれは慢性的災厄と見なされるようになり，ヘンリー8世治世の初めに急速に膨れ上がった．彼女はケントのジェントルマンの1566年頃の叙述をひいて，市民にとっての浮浪者の危険性を説明している．「彼らは夜中に家に押

し入って豚や家禽を盗み去ってゆくばかりでなく，窓からかぎ棒を差し込んで就寝中の人の服さえ盗んでしまうほど大胆であった．彼らはまた，定期市から帰る途中の通行人から公道で金をまきあげたり，孤立した家に夜中に押しかけて家中の金を出すよう強要したりした」(Leonard, *op. cit.,* p. 12).
レオナードは，浮浪民の増大を当時のヨーロッパに共通の現象としつつ，その原因について上記の羊毛需要の増大というイギリス的なものの他に，織布関係マニュファクチャーによる農村家内工業の没落，物価上昇による農村労働者の家計圧迫を挙げている．トーニーがのべているように，「16世紀は浮浪者の恐怖の中に生活していた」と言える．

## 4. 血の立法と貧民法

　国王とその政府が問題としたのは，土地を失った貧民の生活よりも，彼らの浮浪化が社会不安を醸成したこと，社会秩序を破壊する恐れがあったことだった．「彼らは既存の社会秩序に対する脅威と見なされた．彼らはごろつき vagabond, わるもの rogue 等のいろいろな刻印をおされた．そして政府の強制的かつ抑圧的な政策と法律の対象とされた．政府はその役割を，彼らに職を与えたり貧困を救済したりするよりも，安定を維持し現状を維持することと考えた．したがって15世紀と16世紀前半分の法制は，人口の流動を減らし乞食や放浪を処罰することを意図した主として抑圧的なものだった．この時代の法制の多くは浮浪とそれに伴う無秩序を対象としており，貧困と浮浪を同義と考える傾向があった」(George [1973] pp. 4-5).
　浮浪に対する血の立法を呼び出したのは，直接的には武器を持ったまま浮浪化している元兵士や武装した元貴族家臣団が引き起こす窃盗や強盗，殺人などの既存社会秩序への挑戦と暴動への恐怖だった．ヘンリー8世22年 (1531) の法律「乞食および浮浪者の処罰に関する法」は言う．「このイングランド王国中のすべての場所で，長い間に浮浪者と乞食が増加し，また日々巨大な数で増加している．すべての悪徳の母であり原因である怠惰 idleness

の中から，絶え間なき窃盗，殺人，その他の憎むべき違反と大罪が発生してきたし，また日々発生している．それは神の大きな不快事であり，王の人民の静穏を乱し損害を与えるものであり，この王国の共通の善 the common weal の著しい攪乱である．……多くの様々な良き法，厳しい条例と布告が，今回以前にもわが主権者たる王，のみならず最も高貴な先祖たるイングランドの諸王により，必要で正当な改革のために工夫され作られてきた．しかしそれにもかかわらず，浮浪者と乞食の数は何処においても減っているようには見えず，かえって日々増えておおきな不穏集団，不穏結社となってきた」．この法律はまず，地方長官，治安判事，地方役人に「人々の慈善により生活するか，そうせざるを得ないすべての老齢貧民と無能力者の慎重な調査」のうえで，「その名前を記録し」，「乞食をして良い境界を与え」，「名前を記した乞食の許可とその境界を証明する手紙を与える」ことを命じた．シュワイニッツによれば，これは何の救済施策でもないように見えるが，「実際には経済的困窮にある人に対するケア責任の政府による明確な引き受けの始まりを表していた．……イングランドは救済行政へ向かってかなりの距離を歩んだ」ということになる（Schweinitz, op. cit., pp. 20-1）．

　しかし，この法律の本質は労働能力を持つ浮浪者と乞食の取締まりであった．労働することのできない者を登録し，彼らにだけ乞食をする許可を与えることによって，この法律は一層厳しく浮浪者を取り締まった．マルクスは，この法の条文にみられる残酷な規定から，一連の労働者条例を「血の立法」と特徴づけている．貧民救済政策はこのような労働者条例の中から生まれ，独立の法律となった後も相互に補い合うものであった．

　マルクスは，このような浮浪者の取締まりと彼らへの労働の強制が，客観的にみると資本主義経済にふさわしい労働者を鍛え上げたとして，労働者条例を本源的蓄積過程の重要な一契機と位置づけている．「イギリスではこの立法はヘンリ7世の治下で始まった．ヘンリ8世，1530年，老齢で労働能力のない乞食は乞食免許が与えられる．これに反して，強健な浮浪人にはむち打ちと拘禁とが与えられる．彼らは荷車の後ろにつながれて体から血が出

るまでむち打たれ，それから宣誓をして自分の出生地か最近3年間の居住地に帰って仕事に就くようにしなければならない．……ヘンリ8世の27年には前の法規が繰り返されるが，しかし新たな補足によって一層厳格にされる．再度浮浪罪で逮捕されればむち打ちが繰り返されて耳を半分切り取られ，累犯3回目には，その当人は重罪犯人であり公共の敵であるとして死刑に処せられることになる」．

「エドワード6世，……1547年の一法規は，労働することを拒むものは彼を怠惰者と告発した人の奴隷になることを宣告されると規定している．主人は自分の奴隷をパンと水と薄いスープと彼にふさわしく見える屑肉とで養わなくてはならない．主人は奴隷に，どんなに嫌な労働でも鞭と鎖でやらせる権利を持っている．奴隷は，14日間仕事を離れれば終身奴隷の宣告を受けて額か背にS字を焼き付けられ，逃亡3回目には国に対する反逆者として死刑に処せられる．……浮浪人が3日間ぶらついていたことが分かれば，出生地に送られ灼熱の鏝(こて)で胸にV字印を焼き付けられ，その地で鎖につながれ街路上や他の労役に使われる．もし浮浪人が虚偽の出生地を申し立てれば，その地の住民，団体の終身奴隷とされS字を焼き付けられる」．

「エリザベス，1572年，鑑札を持っていない14歳以上の乞食は，2年間彼らを使おうとする人がいなければ，ひどくむち打たれて左の耳朶に焼き印を押される．再犯の場合，18歳以上ならば，2年間彼らを使おうとする人がいなければ死刑にされるが，3回累犯の場合には国への反逆者として容赦なく死刑にされる．同様な法規としてエリザベス18年の法……また1597年の法がある．……ジェームズ1世，放浪して乞食をしているものは無頼漢で浮浪者だという宣告を受ける．……これらの規定は18世紀の初期まで有効だった．……こうして暴力的に土地を収奪され追い払われ浮浪人にされた農村民は，奇怪な恐ろしい法律によって賃労働の制度に必要な訓練を受けるためにむち打たれ，焼き印を押され，拷問されたのである」(Marx [1962] S. 762-5, 邦訳960-3ページ)．ちなみに，ヘンリー8世治下だけで7千人以上の「盗賊」が処刑されたといわれる．

このような労働者条例と総称される法律のなかに，浮浪者の取締まりと並んでその扱い方についての細かな規定が盛り込まれることになってくる．1536年法には，先にみた強健な浮浪者に対するむち打ち，耳きり，死刑の規定とともに，出生地へ送り返す時のやり方，14歳未満児の徒弟教育，壮健者の就労，無能力者の救済，慈善の奨励，余剰慈善金の貧しい教区への分配についての規定が付け加えられた．1552年の法は，聖職者が余裕のある人々に「貧民を救済するよう熱心に勧告し……彼らが説得に応じようとしない時には管区の首教に伝え……首教は彼らのところへ行って勧告説得し……自分の判断で改心させるための手段を取る」ことを規定した．自主的な慈善と首教の説得による慈善に失敗したので，1563年法は警察力を用いることにした．「それを拒む頑固者には……治安判事等の裁量によって彼らが貧民の救済に週いくら支払うかを決める」．支払いを拒否するものは収監であった．1572年法は，治安判事らが市なり町なりバラなりに住む「すべての住民にたいして貧しい人民の救済のために週ごとに拠出させる負担額charge を評価し，課税する」こととした．1576年法は，貧民を仕事に就けることと，そのための行政側の体制と具体的な準備の必要を規定した．これはロンドンのシティ当局がブライドウェル貧民院でおこなっていたことを取り入れたものだった．「若者を労働と仕事に慣れさせそれに従事するようにし，怠惰なごろつきに成長することのないように．またすでに怠け者に育って現在ごろつきになっている者には，業務や仕事を得られないとの言い訳をさせず，親切や寛容を与えないために．そして仕事をする意思のある他の貧民と欠乏している人々を仕事につけられるようにするために．……王国内のあらゆる市や町のなかに羊毛，麻，亜麻，鉄，その他の材料の適度な蓄えや備えを準備すべきこと．……今後もしもそのような仕事のできる者が働くのを拒んだり，外国へ行って乞食をしたり，怠け暮らしをしたり，あるいは仕事の成果を台無しにしたり横領したりする時は，体に合う適当な服を着せて矯正院に収容し，仕事ばかりでなく食事も厳しいものとし，時々罰を与えるものとする」(Schweinitz, *op. cit.*, p. 22-6).

こうして1572年法と1576年法は，浮浪者や貧民の取り扱いについては居住地域の住民が責任を持つこととし，処罰が適当な浮浪者とそれ以外のものを区別し，後者についても就労，救済，徒弟化などの方策を整えた．地方長官を中心とする各地方の行政責任者たちは，地域に応じた独自の経験をつみ上げていた．1596年の冬から97年の春にかけて，凶作など悪条件が重なって多くの餓死者を出した事情が，救済施策の拡大整備を必要とし，それらを盛り込んだかなり体系的なエリザベス39年と40年の法を制定させることになった．有名なエリザベス43年の法，すなわち1601年の貧民法は前の2法を若干修正したものだった．

# 第 2 章
# エリザベス貧民法

## 1. エリザベス貧民法の定着

　通称エリザベス貧民法と呼ばれている1601年の法律は，1349年からはじまった貧民に対する抑圧政策としての労働者条例200年の試みの後に，徐々に自分の力では生活できない人がいる事実を認めて，その条例の中にそのような人々に対する救済方法を盛り込まざるを得なくなり，16世紀後半には貧民の増大に対処するため労働能力者をも含めて各種の貧民への諸政策を多様化し調整し整理した結果ゆきついた総括的な法律で，その時点での貧民全体に対する取り扱い方のすべてを集大成したものであり，事実上1834年まで書き替えられることなく維持されたものである．その後も浮浪や高賃金を禁ずる労働者法や，主従法などは存在しつづけるが，貧民の取り扱いはこの法に任されるようになった．

　W．コベットによると，法律の起草者がその立法理由を述べることを恥じて前文を付けなかったというエリザベス貧民法の規定は包括的ではあるが短くて，次のようなものだった．「本議会の権威により以下のごとく制定する．各教区の教会役員および次のごとき人々をその教区の貧民監督官に指名する．……同教会役員ならびに監督官全員またはその過半数は……治安判事の同意にもとづき，その両親が子供を養い得ないと考えられるすべての子供を就業せしめまた自らを維持し，生計の糧を得べき日常の生業を持たない既婚，未婚のすべての人々を就業せしめるものとする．そしてまた教区の聖職者，教

区牧師その他，土地家屋の占有者，聖俗の 10 分の 1 税取得者，炭鉱所有者，販売用木材所有者にたいし，週毎その他により課税を行うこと．それにより貧民を就業させるために，適当と考える十分な貨幣額と，亜麻，大麻，羊毛，糸，鉄，その他必要なる製品および原料を準備すること．そしてまたちんば，無能力者，老人，盲人，その他貧しく働けない者の救済と，その子供を徒弟に出すために十分な貨幣額を当該教区の能力に応じて徴収すること．そしてそれらストックの管理に必要なことと都合がよいと考えることすべてを果たすべきこと．……上述の治安判事あるいは上記の者のいずれかは，上述のごとく命ぜられたる仕事に就こうとしない者を矯正院あるいは普通の牢獄に移送するものとする」（Bland *et al., op. cit.,* 邦訳 160-2 ページ）．

　この貧民法は，チャールズ 1 世 16 年の法によって永久化されるとともに，彼による枢密院を通した地方治安判事への締め付けにより「全く奇妙にも最終的にイギリスの土壌に深く根を下ろした」のだった（Ashley [1949] p. 112）．

　エリザベス貧民法の特色は，それが目標としたものを達成したというよりも，むしろそのためにとられた行政的包括性にこそあるというべきであろう．そしてその抑圧と強制，救済と慈善を組み合わせた包括性がその法の長きにわたる存続理由を説明している．それは第 1 に，対象とする貧民を理論的に整然と区別し，うまくいったわけではないがそれぞれに対する措置をその根源において規定しようとした．ブルースの言葉を借りれば，浮浪民の処罰を一方の課題としながら，それは「第 1 に考え得る限り貧困の根源を除去し，「貧民を労働に就ける」ことによって貧困を予防しようとし，第 2 にそれが避けられない場合，貧困を救済しようとした．囲い込みを食い止めようとし，労働不能で後にそう呼ばれる無能力貧民を「滞留所 abiding house」で救済し，彼らの子供に仕事を覚えさせて自分で生活できるようにするために徒弟に出した．……有能貧民は 1576 年法にあるように異なる 2 つの方法で取り扱われた．働く意思のある者はこのための材料が与えられ，怠け者と乞食は罰せられて矯正院へ送られることになっていた」（Bruce [1968] p. 29）．

第2にこの法は，貧民監督官を各教区に任命して1572年法による救貧のための地方税課税を制度的に確立し，慈善にもっぱら依存する体制を改めた．たとえ慈善が得られなくても救貧行政を可能にするためである．慈善を含めて救貧行政資金が不足する場合，治安判事は課税範囲を教区から郡や州全体にまで拡大する権限を与えられた．第3に地方行政の責任者である治安判事は，無給の王の役人として枢密院から救貧義務の遂行について直接指揮を受けることになった．治安判事は教会委員としばしばその中から指名される貧民監督官を指揮して，中央の指令を地方的に修正して実施することになったのだった．

　ところで，この教区 parish とは元来町を意味した聖職者の言葉であり，封建制の衰退によって地方の行政機関がないに等しくなるにつれて，その代表者の集会として重要性を増してきたものだった．浮浪と貧困が重大な社会問題となるにつれて，従来から救貧を義務としてきた教会を中心とした集会が，国王とその政府により社会問題としての救貧を取り扱う機関としての役割を与えられたのだった．「1601年の偉大な貧民法の時代から地方政府の機関としての教区や町会の復活があった」（Jenks［1930］p. 17）．

　しかしながら，このような法の整備と行政制度の一応の確立は，貧民の発生の抑止や，有能貧民の就労や，無能力貧民の救済や，彼らの子供たちの徒弟化等の首尾良き実現をほとんど意味しなかった．チューダー期の諸王は，またスチュアート期の諸王も，貧民の最大の発生源が囲い込みにあることをよく知っており，何度も囲い込み禁止法を成立させた．しかし商品・貨幣経済の浸透しつつある中で急速に土地の私有化が進んでおり，囲い込みによる土地の確保とそれによりもたらされる利益は余りに大きくて新貴族と農業家を刺激しており，国王とて財政的理由から貴族や商人による土地獲得を追認してゆかざるを得なかった．その上，地方行政の要であった治安判事達はそのような土地貴族であり「農業革命と密接に利益を共にしていた」（Lipson［1920］p. 156）．囲い込み貴族は，囲い込んだ土地の規模，追い立てた住民数，破壊した小屋の数，羊の数などを王立委員会から隠したり，嘘の報告を

公然と行った．オーウィンが指摘したように，囲い込み禁止法の管理は「主として法律を破ることを利益とした人々の手中にあった」わけである．リプソンは言う．「チューダー政治の基本的誤りは，イギリスの農民に明確な法的所有権を与え損なったことにあった．この措置のみが人口減少を食い止め，共有地を救い，農村社会のひどい苦しみと悲惨を免れせしめえたであろう．領主が彼らの法的権利を保持することを許される限り，借地人を保護するためのすべての手段は全くの言い訳にすぎなかった」(*ibid.*, p. 157)．

　貧民法を現場において実際に取り仕切った治安判事，教会役員，貧民監督官もまた，地方の地主や商人，農業家，酪農家など課税対象となる土地や財産を所有する人々であり，地域社会の安全や安定を望んだが，そのための支出や労役の提供を最小限にしようとしていた．王権と議会が一致して貧民法の運営に当たった17世紀前半でさえ，それは特に枢密院の指揮が強力に行われたために比較的うまくいったにすぎず，「もしもそれが無かったならば，治安判事達はその全制度を崩壊させていただろう」といわれる（Hamilton [1947] p. 493）．治安判事達が余りに法の執行を怠るので，チャールズ1世は1629年および30年の凶作後貧民法の執行を調査する委員会を任命し，1631年上院に設置された委員会は治安判事に貧民法の執行に関する報告書を提出するよう命じた．この時貧民法は幾らか人間味を帯び，各教区で形を整えたという（*ibid.*, p. 494 ; Bruce, *op. cit.*, p. 42）．

　その時でさえ，貧民法は極貧者にとっての最後のよりどころ以上のものではなかった．浮浪は罪悪視され，就労が強制されたのであるから労役所や仕事先での労務は低劣なものであったし，無能力貧民も極力親類縁者に引き取らせ「滞留所」での生活も最低だった．治安判事達は貧民の自教区への流入を阻止し，逆にどのような条件でも貧民を要求のあるところへ証明書を持たせて送った．徒弟化といっても職人のもととは限らず，農業や家事奉公が強要された．貧民法による就労と救貧は懲罰的色彩を帯びざるをえず，それは立法の意図に反して貧民税節約のための貧民処遇という逆転の必然性を内包していた．それが地方の有力者達によって施行されるとき，その逆転が現実

化したのである．

## 2. ピューリタン革命

　1649年からのピューリタン革命は，それまで提出され続けた囲い込み禁止法に終止符を打つことになった．囲い込みに反対する小農民達は議会側に立って戦い，とくに平等派は囲い込み反対とコピーホールドの廃止を要求し，クロムウェルでさえ内乱中はロンドン周辺に4エーカーの土地のついていない家を建てることを禁止していた．しかし議会は次第に新貴族としての階級的本質を明らかにして，以前から進展中の土地の私有財産化を追認し，ディガーズにその典型をみる土地の共有化運動を弾圧していった．1656年，軍政官ウェーリが出した囲い込み制限法案は，「議会にこれまで提出されたうちで最も有害な法案として否決されてしまった．……議員の多くは自分自身が土地を囲い込んで利益をむさぼっている地主達だったのであり，私有財産を犯すような法案を好むはずは無かったのである．こうして15世紀の末以来，絶対王政が続けてきた囲い込み禁止法は，イギリス史の舞台から永久に姿を消すことになる」（浜林［1959］233ページ）．

　イギリス市民革命は，土地の耕作者に対して土地の近代的所有権を与えはしなかった．「領主の土地に関する限り，国王への封建的義務は廃棄されたが，農民の土地，とりわけコピーホールドでは荘園領主の権利が残された」（竹内［1960］13ページ）．この事情は，農民や農業労働者の土地喪失の決定的な原因となるのであり，革命後のイギリスの経済社会体制に大きな影響を与えることになる．「イギリス革命の農業＝土地問題解決方式は，完全に自由な農民的土地所有の創設を否定した点において，また没収財産の配分過程から小土地所有者を排除した点において，さらに共同地の平等分割を退けた点において，フランス革命のそれとは対照的な性格を持っていた」．ここに「市民革命以後およそ1世紀にわたる「固有の」重商主義段階で，農民層の徹底的収奪がなされた根拠」がある（同上，20-1ページ）．

法律は今や，旧習を脱して自由に私有財産を増加させようとする人々の側にあった．王政復古と1688年の名誉革命は彼らの支配を確立することになった．新しい時代に適応した地主，利殖家たちは競って土地を買い求め，新地主＝新貴族に成り上がっていったが，その訳は，当時の貴族的寡頭政治への参加，国家権力の利用のためには，大土地所有が不可欠の条件だったからである．「産業的転換のイングランドでは，土地を持つことが唯一の安定的で確実な地位の証明と考えられており，18世紀にこの考え方は増幅した．……土地を持つことが政治的影響力をえる最も容易な道であった」(Johnson [1909] p. 120).

　市民革命は王権を弱め，また中央からの統制機構としての枢密院の力を挫くことによって，貧民法行政における各地方と教区の大幅な独自性を許すことになった．かつて国王が理想としていた全国的な統一性は失われ，各教区は独自の施策を講ずるようになり，その状況が19世紀まで続くことになる(Lipson [1959] p. 290). 現場で日々貧民行政を取り仕切っていた治安判事と教会役員，貧民監督官は，ほとんどすべての貧民統制上の権限を自らの手に握ることになった．毎年任命されて貧民法行政の実際上の中心となる無給の貧民監督官は，ミンゲイのいうジェントリとフリーホルダー上層部の出が多く，中央政治の場や地方長官として政治的統治の責任を負う貴族ほど彼らの社会的機能を自覚していなかった．彼らの主要な関心は，支出を少なくし，任期をできるだけ平穏に終わらせることだった．彼らは他教区から無免許の住人が流入することを防ぎ，他教区の親方のもとに貧民の子供を徒弟に出そうとした．「貧民税を減らすために教区の人口を減らそうとした」(Hamilton, *op. cit.*, p. 494) のだった．

　各教区が内乱終息後の元兵士や貧民の流入を嫌い，特に教区負担を増すような大家族，母子，病人，妊婦，老人などの居住を阻止しようとしたことから，取り決められたのが1662年の「定住権法」であった．これは貧民が，最終的にどの教区において就労や救済を与えられうるか，逆に言えば，どの教区がその貧民の就労や救済に最終的な責任を持つのか，を明らかにしよう

とするものだった．エリザベス貧民法にも，浮浪者を出生地その他適当な教区に帰そうとする規定はあったが，それを決めるのはなかなか難しく，各教区の貧民監督官同士が，1人の貧民の定住地を巡ってよく法廷で争い，当人は「安息」の場所を求めてあちこちと移動させられたりした．「定住権法」は法的定住権を，出生，結婚，徒弟，相続によって，また教区税支払い，年価値10ポンド以上の土地や住宅の購入，40日間の合法的居住等によって与えるものではあったが，貧民の移動とそれによる教区負担を避けようとの新しい地主的意図をも盛り込んで，流入者を「40日以内に彼らが最終的に合法的に居住していた教区へ立ち去らせることを合法」としたため，貧困な者ほど退去を強要され，「定住・退去法」と通称された．中央政府の統制力の弱まりにより，その後も定住権を巡る教区同士の訴訟はたえず，貧民税の多くがこれに費やされたといわれる．

　市民革命による貧民法行政の中央統制力喪失のもう1つの結果は，教区が貧民に仕事を与えるという義務と習慣を放棄したことだった（Lipson, *op. cit.*）．もともと就労という措置は，働くことができるのに自分を養うための仕事を持たず，ぶらぶらしていることを浮浪，乞食，窃盗，強盗などあらゆる悪徳の源泉と見なした絶対王政とそのもとでの，地主達による労働力確保と治安維持のための規範的な定めにすぎなかった．有能者に教区内で就労させる場や彼を引き受ける雇用主や親方がみつからないとき，教区として無為に救済することなく，何かの仕事をすることを条件にせよ，というのが教区に労働の原材料を用意させた趣旨であり，それ以上のものでは全くなかった．当初から仕事がなくて生活できない者は，自宅がある場合には僅かな援助を与えられながら，季節的・一時的な農業手助け労働につけられたり，家事奉公に就けられた．自宅を取り壊されて放浪を余儀なくされ，何処かの教区で捕らえられて強制労働を強いられた者は，採り入れ等が終われば出身教区へ帰された．彼らは教区内で必要最低限の時々の援助を受けながら，共有地や荒廃地，森林などから食料をえて生活を続け，仕事がくるのを待った．「3部門への分割，すなわち無能力者に対して貧民院，有能者に対して労役所，

怠け者に対して矯正院ということは，実際上決して行われなかった」(Fraser [1973] p. 32)．

## 3. 貧民就労論

　市民革命後，貧民の実際上の取り扱いについて様々な実験が行われていた．当時オランダは世界貿易の覇権をイギリスと争っていたが，人口稠密なオランダが繁栄しているのは，その航海術と商業，そして原材料を優秀な輸出品に仕上げる製造業とそこで働く職人の技術によるものと考えられた．古典経済学の父ウィリアム・ペティは，オランダの毛織物技術が優れていることを認めながらも，富の獲得に当たっての人間労働一般の積極的役割を指摘していた．「1人の人でも技倆があればそれの無い多数の人と同じだけの仕事をなし得る」．土地と人民の労働がどれほどの富を生産し得るかは，「それらの位置，産業，政策に由来する」(ペティ，訳書 [1955] 30 ページ)．主任治安判事だったサー・マシュー・ヘイルは彼の死後 1683 年に出版された『貧民のための施策にかんする論』の中で，各教区が協力して金を集め労役所を建てて，原材料を集めて貧民とその子供を仕事につけたり教育することを勧めている．「それによって国の富は増え，製造業は発展し，あらゆる人が自分でパンを食う力が与えられる．……おそらくこれによって相当大量の貧民が雇用される」．東インド会社首席サー・ジョサイア・チャイルドもこれを支持した．「それが現在の利益となるかどうかはたいした問題でない．国の大きな仕事は，第 1 に貧民を乞食や飢えたままにしておかず，労働させ規律をつけさせることである．そうすれば彼らは王国の有用な構成員となろう」(Schweinitz, *op. cit.*, pp. 50-1 より引用)．ロバート・オーエンが師と仰いだジョン・ベラーズも，貧民の労働が富の源泉であることを指摘して「産業専門学校」の設立を説いた．

　商人で製造業者，博愛家でもあったトマス・ファーミンは，自分の経営する亜麻紡績工場に実際に貧民と児童を雇い入れた．それは利益をもたらしは

しなかったが，貧民と児童への教育効果の観点から，彼の死まで約20年続けられた．1696年，ジョン・ケアリーの指導によってブリストル市に，貧民に救済と仕事を与えるための「協同組合」が設立された．それは各種の貧民の救済を試み，たとえば病人には仕事ができるようになるまで医療を与え，生活の面倒を見た．仕事をする道具や原材料のない者には，それを貸し与えた．中でも注目を浴びたのは，少女用とそれ以外の者用の2つの労役所を設けて，貧民を良い状態に置いて訓練し，仕事を与えたことだった．2年後，ケアリーは書いた．「その成功はわれわれの期待にこたえた．乞食はおらず，老人達は快適に養われている．少年少女はまじめに教育され，労働に喜びを感ずるようになっている．幼年児は良く面倒を見られており，まずい看護による害は見られない．われわれの市の顔はすでに一変しており，われわれはこれらの若木達が有徳で勤勉な世代を生み出すという希望がもてる．彼らのもとでは不道徳や神への不敬がはびこることはあるまい．そうした希望は根拠なきものでない．というのは，われわれが世話をしている施設内300人の間に呪詛，悪口，不敬の言葉は聞かれなくなったから……」(Schweinitz, *op. cit.*, p. 54).

　貧民を救済し訓練することによって，彼らを有徳で勤勉な労働者にし，「ブリストル貧民協同組合」をも自立可能な事業にしようとしたケアリーの実験は，不幸にして10年足らずのうちに失敗であることが明らかになってきた．収容された貧民を良い状態に置き，系統的な教育訓練を施すには，多くの費用と労力と時間を必要とするが，そのようにして育てられ一人前の労働者となった者は，より有利な条件を求めて施設を出て行き，利益をもたらしえない貧民だけがそこに残ることになったからである．1714年には「協同組合」は収益をすべて自らの事業に費やし，そのうえ市当局から多額の借金をしていたのだった．しかしブリストルで始められた実験は，貧民用施設をできるだけ安価に，できれば自賄いで運営したいと考えている多くの教区を刺激し，労役所の建設にはしらせた．怠惰な貧民は金食い虫であるが，勤勉な貧民は富の源泉になると考えられた．教区の負債を資産に変えようとい

うわけである．資本主義経済の勃興期，労働の生産力への注目は多様な貧民雇用論を登場させたが，すべての有用労働が価値を生み出すわけでなく，まして資本主義的利潤を生み出すものでもなかった．また労働力への注目は労働力の質的多様性と発展程度への見極めにまで洗練されてはいなかった．政府通商委員ジョン・ロックの過酷な貧民強制労働計画に反対して労役所による貧民雇用を擁護した人々は，偉大な人道主義者であったが，当時において彼らの計画は成功を収めえなかったのである．

　貧民の救済と労働が必ずしも生産的成果をもたらさないことを指摘して，労役所建設熱に水を差したのが現実主義者ダニエル・デフォーだった．彼は1704年匿名で出したパンフレット『施しは慈善にあらず，貧民雇用は国民の不幸』の中で次のように説いた．「仮に貧民を救済し雇用したいとの立派な願いを持つ価値ある紳士が，作ったものが売れる新しい貿易と市場を見出し得るならば……その時に彼は本当に価値あることをやるのであり，この国が貿易国としてその特有な偉大さを負うているエリザベス女王と同じ栄光ある利益のために貧民を雇うことができるのである．……仮に彼らが以前イギリスで建てられていなかったり，ここで建てられたもので購入されたのでないマニュファクチャーに貧民を雇用するならば，彼らは非常に大きなものを与えることになる．しかし以前他の貧民が雇用されていたのと同じものに貧民が労働に付けられるとすれば，そして同じ時に消費が増えないならば，それは他人から取り上げたものを別の人に与えることになる．すなわち1人の貧民を富ませて他の人を飢えさせ，浮浪者を正直者の代わりに雇い，その勤勉を家族扶養のための他の仕事捜しに変えてしまうのである」(*ibid.*, p. 56から引用)．デフォーによる貧民への慈善や貧民就労政策にたいする批判は，それらを以前から煩わしく厄介な義務と感じていた教区役員や，労役所の経営の難しさを痛感していた都市教区にとって，それらを軽視したりそこから撤退する格好の口実を与えることとなり，諸教区における経験もデフォーの意見を裏づけているように見えたため，博愛主義者の貧民雇用論は急速に影響力を失った．

市民革命後，経済的利益の追及が公然と行われるようになり，社会的連帯感や同胞にたいする博愛精神が薄れてしまったことについて，R.H. トーニーは，それが経済社会の大変動と軌を一にする道徳観念の恐るべき転換でもあった歴史的事情を明らかにした著書の中で，清教主義が大きな役割を果たしたことを指摘している．清教主義は本来，個々人を神と結び付けることにより，その人に精神的独立と人格的強さ・高貴さを与え近代民主主義の基礎となるとともに，それ以前の社会において尊重されていた社会的連帯をも不可欠の理念とするものだった．しかし，清教徒達の精神的独立と人格的優越を武器とした古い社会との戦いは，しだいに社会的秩序や社会的義務にたいする感覚を失わせた．「彼らはたゆまぬ活動という道徳的義務，自己目的としての労働を強調し，贅沢と浪費を悪徳だと主張し，用心と節約，節制と自己訓練と合理的打算などを力を込めて説くことによって，キリスト教徒にふさわしい行為についての１つの理想を創造したのであり，その理想は経済学者達が社会の無秩序にたいする妙薬として説いていた能率なるものを，１つの倫理的原則として聖化した．その理想は目新しいもので……人の心を魅了した．……打算的な商業主義，……欲深さ，社会的な権力を愛し経済的利益にかつえること――こうした抑圧しがたい欲望は，何時とも知れぬ大昔から，聖賢の警告と非難を呼び起こしてきた．ところが後期清教主義の清めの水の中に飛込むと，蒙昧な時代の人々が社会悪として非難してきたそれらの性質は，経済的美徳となって浮かび上がってきた．それはまた道徳的美徳ともなった．というのは世界は享楽されるために存在するのでなく，征服されるために存在するものだからである」（トーニー，訳書［1956］168-9ページ）．

　産業階級に都合よく解釈し直された清教主義は，「富の獲得をこの上なく大きな幸福」としたから，貧困は呪われるべきものになった．「……貧困をあまやかすことは危険だという教理は，社会の弊害にたいするこの上ない治療法として新興の政治算術家たちから喜び迎えられた．……貧民法は怠惰の母である，男も女も怠け者になり傲慢になって働こうとしない，……賃金が下がらない，……貧民税を呪っていた地主や，賃金が高いと不平を鳴らして

いた織元にたいして,今や宗教思想の一派が,貧民税を下げ賃金を下げれば道徳にも好ましいと請け合ってくれたので,彼らはやれやれと胸をなで下ろした」(同上,197ページ).新しい「自然法」的社会解釈は,貧困の原因をも社会環境からでなく個人の欠陥から導き出すようになった.彼らはそれぞれの「怠惰な,規則正しくない,放縦な」生活の結果,その当然の報いとして貧困に陥ったのであり,それへの慈愛は彼らを救うことにはならず,かえって無気力を助長する.最大の悪徳である怠惰への「飢えという痛い天罰,厳しい鞭打ち」のみが彼らを矯正する.救済は最小限とし,無能力貧民にもそれを味わわせるべきだというわけである.

働こうとする意欲があれば仕事はあるはずで,教区は貧民の就労策をとる必要はなく,また貧困は貧民自身の責任であるとはっきり言ったのはデフォーだった.「1. イギリスでは人手よりも仕事が多く,そのため雇用ではなく人が不足している.2. イギリスで健全な心身を持つ人は,仕事がないだけで貧困にはなりえない.3. 現在のような貧民を雇い仕事に付けるすべての労役所,協同組合,慈善,あるいは貧民の雇用を教区監督官と教区そのものに強要している議会法は,今後廃止されるものを除き,すべて公的不都合物であり国家に有害であり,家族の崩壊と貧民の増大を招く.4. イギリスで必要なのは,貧民を仕事に就けることでなく彼らを規制することである.イギリスの貧民の貧困と急迫は,明らかに2つの特別な原因,不慮の災難と己の罪による.不慮の災難とは,家族の病気,身体の一部や視力の喪失,自然的にか事故により働けなくなることである.わが人民の罪とは,そして目に見える形で直接貧困の原因となっているのは,1. 贅沢,2. 怠惰,3. 高慢である.……イギリスの労働者は外国の労働者より3倍も多くの金を酒に費やしている」(Bland et al. [1914] pp. 649-50 より).

## 4. 労役所テスト法

労役所を,貧民の救済よりも救済費用の縮減のために利用した男が,マシ

ュー・マリオットであった．彼は言った．「教区にとっての労役所の利点は，貧しい人々が生計の資を入手し得るという点にあるのではなく，貧民が労役所を嫌がるという点にある」と．彼は多くの労役所を企画・運営して成功を収め，その成功がサー・エドワード・ナッチブルによる1723年の「貧民の定住，雇用，救済関連法を修正する法」，通称「労役所テスト法」を成立させることになった（Longmate [1968] p. 24）．その法は「教区，町，町区，その他の場所の教会役人と貧民監督官は，教区民ないし住民の過半数の同意のもとに当教区［等々］内で建物を購入ないし賃借し，ある人あるいは人々と，当教区［等々］の貧民を宿し，維持し，扶養し，雇用する契約を結ぶことを合法とし，……その教区［等々］の貧しい人々がそのような建物内で宿り，維持され，扶養されることを拒んだ場合，当該教区［等々］の徴収金割当名簿からその人の名前を削除し，……徴収金や救済金を申し込んだり受け取ったりする資格を与えない」こととした（Bland et al., op. cit., pp. 650-1 より）．それまで自分の家で僅かな救済金や援助を受けて生活していた人々は，労役所入所を断ると救済を受けられないことになった．地域の負担で維持され，冷酷な業者が経営する労役所に入所を希望する人は少なかった．この事情が受救貧民を減少させ，救済費を減少させた．

　当初，労役所テスト法は貧民税の引き下げをもたらしたことで喝采を浴びた．その原因は，いうまでもなく，貧民が労役所に寄り付かなくなったことと，請負業者による労役所維持費の節減であった．貧困を個人的欠陥の証しとする清教主義と，贅沢，怠惰，傲慢の結果とする重商主義経済学の理念は，労役所の哲学にも貫かれた．貧民はその罪のゆえに罰せられねばならなかった．労役所の生活は，普通の貧民をそこから遠ざけるために，また経費を押さえるために，意識的に厳しくされた．すべての者が守るべき細かな規則があり，違反者への罰則がたくさんあった．氏名の公表や受救貧民であることを示すバッジや衣服の着用という嫌がらせもあった．新しい労役所の擁護者たちは，「貧民を年齢や性の区別なく1つの建物の中に集めることは，老齢者と無能力者を救済し，有能者と勤勉者を労働させ，怠け者と放蕩者を矯正

し，若年者を宗教と勤労で教育することになると吹聴した」(Lipson, *op. cit.,* p. 291)．「18世紀の労役所は，あらゆる種類の社会的悪弊にたいする万能薬となった．……そして18世紀の終わりにはほとんどの施設が「一般混合労役所」という共通の型になっており，そこにはあらゆる種類の収容者が雑居していた」(Hamilton, *op. cit.,* p. 497)．

しかし当然にも，抑圧的で安上がり経営の「一般混合労役所」内の貧民の状態は最悪のものになった．老若男女の事実上の雑居，病人と健康者の未隔離，収容面積の狭隘，最悪の栄養状態と衛生状態，極少人数による不十分な管理，管理者の低いモラル，各種収容者に対する不適切な処置などは，労役所の悲惨な状態を日常化し，病気の蔓延と早死の恒常化をもたらした．「そのような労役所は恐怖と絶望のシンボルとなっており，それを恐れるのは貧民ばかりではなかった．労役所の近所に住んでいる人は皆，そこの不潔さが発生させる恐るべき熱病の恐怖に捕らえられながら暮らしていた」(*ibid.*)．労役所はまさに「恐怖の家」であった．

設立当初は，貧民税の節減により地方地主達の期待を集めた労役所であったが，次第にその非人間的な貧民処遇にたいする批判が高まり，また労役所請負は経費の面でも余りよい商売でなくなってきた．イーデンは，16の教区について労役所の設立前，設立直後，そして1776年から1785年頃の貧民救済経費を研究している．それによれば，労役所のほとんどは1723年の「労役所テスト法」成立後に設立され，経費を一時的に大幅に節約した後，1776年にはすでに設立以前の経費を大幅に超え，85年にはさらに大きく支出を伸ばしていることを示している．「労役所施設を最も多く企画し引き受けた主たる人物は，バッキンガムシャー・オルニーのマシュー・マリオット氏で，彼の活動が幾つかの場所で貧民税を著しく減少させたようである．いろいろな労役所立案者達の根気よい熱意は，ほとんどの場合，マリオット氏が契約者・管理者でない所でも『労役所会計』の出版［1725年，増補版1732年，イーデンはこれをよく利用している］に先立つ時期には成功しないことなどなさそうに思われた．しかし，この法によって労役所を建てた教

区の，現在の状態を70年前の状態と比べてみると，この施設によって大きくかつ恒常的な利益がもたらされると予想した国民の期待は実現しなかったようである．……貧民を維持するための費用は，労役所の利用にもかかわらず非常に急速に増大しており，おそらく時々の援助金を与えることによって貧民を自分の家で救済し続けている教区でも同様であろうと思われる」(Eden [1966] pp. 269-70)．ポインターも次のように指摘している．「労役所の請負経営は，18世紀の行政において人気のある政策で，橋作りから街灯の点灯まであったが，貧民法問題としてはかなり早くから大変な悪評をえていた．……請負経営は教区汚職を防ぎ，請負業者は貧民に倹約と勤勉を仕込むなどと主張されたこともあったが，まもなく，請負業者の利益は弾圧から得られているとの非難や厳しい告発が行われた．……非常に多くの教区で請負経営は廃止されたが，それは人間的な不人気によるよりは請負が商売としてますます不確実になってきたからだった」(Poynter [1969] pp. 16-7)．

## 5. 貧民行政の人道主義化

貧民問題処理の切り札と考えられ，広く普及していた労役所に対する批判は，1750年頃になると2つの方向から公然と出されるようになった．その非人間的な貧民への処遇と労役所の経営の在り方への告発としてである．たとえば劇作家ヘンリー・フィールディングは，1753年に『貧民に対し効果的措置を取るための提案』を出版し，貧民の余儀なき貧困状態に同情をよせ労役所の悲惨な有様を告発しながら，労役所を真の意味の生産の場に変えることを訴えている．しかし現実に労役所行政に一定の改善をもたらした人は，若い時にイギリスの布地を世界中に売りさばいて成功した商人で，キリスト教の慈善を復活させようと活躍したジョナス・ハンウェイであった．

ハンウェイの博愛家としての努力は，彼自身が捨て子養育院の管理者となった1758年に始まった．彼は捨て子や孤児への望ましき措置を希求するなかから労役所内の乳幼児の運命に注目するようになった．彼はそこで，貧民

の乳幼児達の命が「草のように刈られる」実態を目の当たりにした．「これらの子供達は，貧しく不潔でひどく年老いた女性の手元に3～4人に1人の割合でゆだねられ，よく彼女らとともに眠る．これらの女性への手当ては僅かであるから，幼児のために与えられるパンとミルクの一部を自分でたべる誘惑に駆られる．子供は食べ物を求めて泣き，世話の女性は泣くといって彼らをぶつ．かくして彼は打たれ，飢え，よどんだ空気により，加えて虱や疥癬の不潔の中で，まもなく自分の死を迎える」．シュワイニッツはいう．「ハンウェイは長年労役所を訪問し，子供に与えられるケアや幼児の死亡率を研究して，彼が摑んだ事実を公衆と議会に訴えた．彼は他の研究と並行して，最大の教区のうちの14区の記録を1750年から1755年まで調査した．この6年間にこれらの労役所で生まれたり，そこに引き取られた子供2,339人のうち，1,074人は2～3日から2～3週間のうちにそれぞれの母親のもとへと労役所を去った．残りの子供のうちで168人だけが1755年にまだ生きていた．ある労役所では，53人の子供がいたが，だれも労役所を去らず，だれも生き残っていなかった．彼は1764年と65年の多数の労役所の記録を調べ，1年未満の子供の死亡率が82％に達することを発見した．……これらの事実は数字とともにジョナス・ハンウェイによって1766年『貧民の子供への慈悲を真剣に訴える』というパンフレットの中に公表された」(Schweinitz, *op. cit.,* p. 65)．ハンウェイの活躍は1761年の労役所の幼児登録法と，1767年の，幼児を6歳になるまで3週間以上労役所内においてはならじとする法律を成立させ，教区貧民幼児の死亡率低下に寄与した．

　ハンウェイは下院の中に同盟者を持っていた．それは下院において財政問題で重きを成していたトマス・ギルバートだった．彼は，1763年にストラトフォードシャーの田舎選挙区から議会に出てすぐに貧民法問題にかかわり，労役所の調査によって貧民法行政が貧民を救済するよりも，むしろ苦しめていることを確信し，地方長官としての経験をもふまえて真に貧民のためになる「勤労の家」や「貧しき老人のための年金」などを構想した．これらは実現しなかったが，彼は友人である地方長官達の意見をも取り入れて，1782

年，ついに「貧民のよりよき救済と雇用のための法律」（通称ギルバート法）を成立させた．

この法はまず，従来の多くの法律と多額の費用にもかかわらず貧民の苦しみと貧窮が増している実態を指摘し，それが貧民監督官の無能力と，金銭の定住権訴訟などへの間違った支出によっていることを批判した後，教区役員が契約している業者らへ適切な統制を行わず，また請負業者が貧民院や労役所を適切に管理運営していないことが「保護と救済の代わりに抑圧をもたらしている」として，「契約により貧民を維持し下請けに出すことに関する条項を撤廃」した．そして「老齢，病気，虚弱により貧窮に陥り，その労働による生活を確保できない者，および身よりのない子供以外，そのような貧民院に送ってはならない……各教区に貧民保護官を任命し……労働することができその意思があるのに雇用を得ることのできない貧しい人が教区にいる場合，貧民保護官が彼または彼女の住んでいる場所の近くに彼らの力と能力に適した仕事か雇用を与えて労働させることに同意し，そのような雇用が得られるまでそのような人々を……扶養することを合法」とした（Bland et al., op. cit., pp. 652-4）．

この法律は実質的に1723年の労役所テスト法を無効にし，労役所外での救済 out relief を拡大した．ギルバートは労働能力ある者の浮浪の主たる原因が，定住権を持つ教区内で十分な量の仕事を得られないためであることを知っており，田舎の教区から工業の町への移動を容易にするために，一定期間浮浪への罰則を猶予した．また彼は，病人と妊婦の退去を禁ずることによって，貧民法に本質的だった抑圧を緩和した．地方長官を務めたことのある彼は，貧民監督官達の無能力，非効率をよく知っていたので，彼らの任務を集金業務に限定し，貧民状態を改善する業務を有給の貧民保護官にゆだねようとした．彼はこのための行政組織として，田舎でかかわっていたターンパイク・トラスト事業やグランド・トランク・キャナル事業の管理組織をまねた法的機関を考え，一部実行に移したが，これを州規模のものに拡大するための法案は1788年，教区役員らの権限を無にするとの反対論にあって否決

された．しかし，貧民が現実に教区救済を求めてくるまで退去を命じ得ないとする法律や，妊産婦・病人の退去を禁ずる法律，また労役所入所を強要せず広範に院外救済を認める法律などは，「スピーナムランドの年」である1795年に次々と成立したのだった (Cowherd [1977] pp. 9-10).

1781年にギルバートは法案を準備していた時，アメリカとの戦争が終結にちかいことを予想していた．「招集をとかれた兵士に仕事を与えるために，彼は荒れ地を排水し，荒廃地を再植林する公的機関の設立を勧告した．道路と運河のプロモーターとして，彼は公共事業が特に季節的雇用の多い農村地域に雇用を生み出す手段であることを知っていた」(*ibid*., p. 5). 彼の目は新しい国民経済の形成へと注がれていた．

ギルバート法は，18世紀の後半から沸きおこってきた福音主義派宗教を背景とするヒューマニズム思想を体現したものであり，これによって初めて貧民法は一定の人間味を帯び，抑圧の中にも救済の名に値する措置を発展させることになるのである．これはまたアメリカ独立革命とフランス革命に象徴されるような政治上および経済上の社会の大きな転換を反映するものだった．ところでリムリンガーは，ウェッブ夫妻が15世紀から19世紀初めまでのイギリスの救済制度を「抑圧の枠内での貧民救済」と特徴づけたことに賛意を表しつつ，次のように指摘している．「ウェッブ夫妻はエリザベス貧民法で掲げられた救済と労働への「貧民の権利」が個人の権利ではなく，教区の義務であったことを強調している．この区別は労働者の立場を理解するうえで非常に重要である．イギリスの内乱後，中央政府は彼らの義務をいかに遂行するかという決定を完全に地方当局，すなわち治安判事や教会役人あるいは貧民監督官の自由裁量にゆだねた．こうした状況が貧民の措置の在り方についての［監獄と労役所の混在という］一般的見解を形作った多様極まりない方法と実験を導いたのである」(Rimlinger [1971] pp. 19-20).

# 第3章
# フランス革命とスピーナムランド制度

## 1. 第2次囲い込み運動

　名誉革命後の国家権力は，貨幣経済の拡大の時代に時流に乗って大土地を買い入れた大商人と新貴族の手に握られたが，彼らにより新たに確立された貴族的寡頭政治体制は，一方では貨幣資本の急速な蓄積のための，他方では新時代に見合う土地所有のための諸条件を整備していくことになった．いろいろな名目による土地の囲い込みは，チューダー時代以来止んだことはなく，囲い込み者による排他的土地所有権の確立は，18世紀半ばまでに慣習的土地保有者である豊かな自営農・ヨウマンリを1つの経済階層としては消滅させたが，大土地所有者の政治的寡頭支配もまた彼らの伝統的な政治的影響力を奪い去ったのだった．

　囲い込みがもう一度，より大規模に遂行されようとした時，大地主達の政治力が中央においても地方においても遺憾なく利用され得る前提が出来上がっていた．約150年間，比較的安定していた食料価格は，1750年代から上昇を続けることになるが，これが速度が落ちていた囲い込み運動を再び活発化させ，18世紀後半からの「第2次農業革命」を誘発したのだった．それまで農業技術は着実に前進し，囲い込みも牧羊より農耕を目的に進み，増大を続ける人口に悪くない食料を提供していた．

　貨幣価値の下落を契機として起こった農産物の価格高騰は，農業を割のよい投資先たらしめた．農産物の高騰は，農業利潤と地代を上昇させたので，

囲い込みは新たな刺激を与えられたのだった．従来のような緩慢な土地の交換や整理・統合では間に合わなかった．またこれまでも，法的未整備や妨害問題が無数に繰り返されてきた．「18世紀の進歩は，法律そのものが今では人民共有地の盗奪の手段になるということのうちにはっきりと現れている」とはマルクスの皮肉な表現だが，「18世紀の初めには私法律 private act of parliamentによる囲い込みの方法が始まった」（オーウィン，前掲書，46ページ）．その方法とは次のようであった．「関係者によって委員を任命する法案が提出された．そして関係地の5分の4を下らぬ所有者の同意が示されれば，法案の議会通過はほとんど形式的なものであった．ひとたび法律が成立したら，後の仕事は法律によって任命された委員の手に移された」（同上）．

私法律は特定の土地や教区にのみ適用されたが，後に「一般囲い込み法」が成立して土地の整理を容易にし，また効果的に妨害を排除していった．「それは普通，教区の指導的な土地所有者とより重要な借地農の仕事であった．囲い込みに関する決定はすべて事実上彼らの合意にもとづいていた．1774年からは下院で次のように定められた．囲い込みの予定がある場合，その旨の掲示を教区の教会のドアに8月あるいは9月中，3回の日曜日にわたってはりださなければならない．囲い込みを意図する人が，その土地に関係する村人の公開集会を呼び掛けることもあったが，そうしないことも多かった．次に，囲い込みを許可するよう議会に請願が出され，計画遂行の詳細を書いた法案が作られる．この法案は下院の委員会に諮問されるが，反対者はそこで意見を述べることができる．囲い込みの影響を受ける人の4分の3が同意を与えなければならないが，その割合は村人の数でなく土地の広さなので，問題の土地の4分の3を所有している人の承諾を得るという形になる．法案が通ると，それを実行するための何人かの委員（習慣では3人）が指名される．彼らは適当な時，その土地へ行き，測量し，分割に必要な事柄を調べチェックする．彼らは村人に対していろいろな土地を割り当て，法を執行する．その時，マナの領主や教会に特別な割当をしたり，村の貧民用に小土地片を与えることもある．柵の費用，新農場への通行権，放牧地の要求，森

林の所属等にかかわる委細を決裁するのは委員の責任である．彼らの仕事が終わった時，村は永久に変貌する．オープンフィールドとストリップは完全に消え去り，そこに垣根とまとまった農場が出現する」(Hill [1961] pp. 30-1)．

この囲い込み法案にたいする反対は，反対者が比較的大きな土地所有者である場合にかぎって意味があったにすぎない．小土地所有者や農業労働者などは頭数こそ多かったが，その大部分は字が読めず，有効な反対行動もとれぬままにそれまで村の共有地だった土地の用益権から排除されていった．古い囲い込みは，小農民達を浮浪者にしたり，教区に頼らせたりしたが，「社会的生活単位としての村をほとんどそのまま残し，……昔からの習慣的生活を保証していた共有地 commons や荒蕪地 wastes を残した」．これにたいして 1750 年以降の「議会囲い込み」は，それまで残っていたほとんどすべての開放耕地，共有地，荒蕪地を囲い込み，無断定住者 squatter や小屋住み農 cottager，農業労働者から利用権，放牧権，入会権を奪った．「これらの囲い込み法は事実上，農民的所有の時代 the era of peasant proprietorship を終わらせた」(Stone [1921] p. 177)．

ハモンド夫妻とジョンソンとによれば，第 2 次囲い込み運動は 1800 年頃，ナポレオンとの戦争によって国内食料生産の差し迫っていた時期に頂点に達した．彼らによれば，1700 年から 1760 年までに議会を通過した囲い込み法案は，共有地・荒蕪地にかんして 152 件，囲い込み面積 237,845 エーカー，荒蕪地のみ 56 件，面積 74,518 エーカー．1761 年から 1801 年まで，共有地・荒蕪地にかんして 1,479 件，囲い込み面積 2,428,721 エーカー，荒蕪地のみ 521 件，面積 752,150 エーカー．1802 年から 1844 年まで，共有地・荒蕪地にかんして 1,075 件，囲い込み面積 1,610,302 エーカー，荒蕪地のみ 808 件，面積 939,043 エーカー．1845 年以後，共有地・荒蕪地にかんして 164 件以上，囲い込み面積 187,321 エーカー，荒蕪地のみ 508 件以上，面積 334,906 エーカーであった」(Hammond [1967] p. 41, Johnson [1909] p. 90)．この時囲い込まれた土地の総面積は「約 650 万エーカー，イングラン

ド総面積のほぼ20％を占めた」(Johnson, *op. cit*., p. 91) という.

「議会囲い込み」は，イギリスの様相を一変させることになるのだが，最大の犠牲者は，農産物の生産に適した農村地帯に住んでいた小農民，小屋住み農，農業労働者など貧しい人々だった．商品・貨幣経済は数世紀にわたり農村の中にも浸透してはいたが，それはまだしばらくは農村の自然経済と共存していた．中西部にはマニュファクチャーが発達し，北部では産業革命が始まっていたが，それはまだ農村の生活を大きく変えてはいなかった．村人の生活は，古くからの習慣的な土地の利用権によって補われていた．収穫後の畑での落ち穂拾い，刈り株による家畜の飼養，草地への共同放牧，荒蕪地や森林での薪や食料集め，河川や沼沢での魚取りなどは貧しい人々の生活にとって不可欠の補足であった．したがって，共有地や荒蕪地あるいは森林や沼沢の囲い込みによる彼らの利用権の排除は，「精一杯の寄せ集めで生活している貧民の生活経済 subsistence economy を破壊した」のである (Thompson [1968] p. 237). 囲い込みは「小農家，小屋住み農，無断定住者という3階級にとって致命的だった．これらの階級の者にとって共有地利用権は，その見返りに入手し得る何物よりも価値多きものだったからである」(Hammond, *op. cit*., p. 97). これらの人々は，主として農業関係の仕事に携わり生活資料を得ていたが，多くの場合，自宅で家族と羊毛，木綿，麻，亜麻などの紡ぎや織物関係の仕事をして家計の足しにしていた．また一部の人は，近くの都市の手工場で賃仕事をして農村で暮らしていたが，この時同時に進行していた産業上の大転換は，徐々に羊毛を中心とする繊維関係や日用品にかかわる農村副業や小規模な手工場の存立基盤を奪っていった．この意味ではこの時期の産業上の転換も，農村的な家族経営を崩壊させて貧しい人々の生活を一層急迫させることになるのだった．

## 2. 農村住民の窮乏とフランス革命

こうして18世紀後半には，北部を中心とする綿紡績業と綿織物業におけ

る工場生産の勃興を一大契機として新しい産業構造が作られつつあり，産業間と地域間において労働者の賃金水準に大きなばらつきはみられたものの，特に南部農村地帯の貧民の状態は著しく悪くなっていった．シュワイニッツは「それは貧民の苦しみが非常に大きかった時期で，農業労働者の苦しみはこの200年間で経験された何物よりも大きかった」と表現している（Schweinitz, *op. cit*., p. 69）．ナポレオン戦争期に囲い込みは食料増産という愛国的スローガンの下に加速され，土地から追い出された多くの人々が教区に救済を求めることを余儀なくされた．この運命は農業家に雇用されている農業労働者やその他の労働者をも襲うことになった．主食である穀物の価格が賃金以上に上昇したからである．囲い込みと農村副業の壊滅で生計の資を失った人々は，徐々に都市や工業地帯に移動してゆくことになるが，しばらくの間は囲い込まれた土地に滞留して必死に雇用を求めた．しかし，多くの人にとってどんなに低い賃金でも雇用を見出すことは困難だった．こうした農村過剰労働者が教区救済に殺到したのである．

この期間には「食料暴動」が頻発しているが，たとえば1766年のそれは，グロスタシャー，ウィルトシャー，エグゼター，コーンウォルなど南部一帯を覆っている．「暴徒達」は農業労働者とは限らず，坑夫や織布工，その他の製造業労働者でもあったが，暴動の直接的原因は収穫不良と食料価格の騰貴だった．「食料暴動の地理学はどの消費地区が穀物市場の品薄と高価格の影響を最も受けやすいかを示唆している」（Rule [1986] p. 352）．

貧民の状態の悪化は貧民税の一貫した増大に示されており，それは1775年の議会委員会報告で確認されていたが，アメリカと戦争状態にあったトーリ政府は税負担の一層の増大を恐れ，何らの解決策もとらなかった．ウィッグ政府が1782年にアメリカとの戦争を終結させた頃から，ようやく「ヒューマニティが流行り」貧民，教区徒弟，煙突掃除児童問題が議会で取り上げられるようになり，ギルバートは「エリザベス43年の法が明確に規定しているように」貧民に仕事を与えることを主張したのだった．「必要なのはエリザベス法の当初の原理への復帰である」とギルバートは強調したのだが，

この時，エリザベス貧民法は時代の雰囲気を反映して人間的に解釈し直されることになったのだった．1785 年，神学者ウィリアム・ペイリーは『道徳的政治哲学の原理』を出版して，「貧民へのケアがすべての法の主要目的である」と説き，富が一部のものに集中して貧民を大量化させている社会の根本的欠陥を指摘し，この見解は哲学者リチャード・プライスや化学者 J. プリーストリ等にも共有されていた．「1780 年代は，社会がいかにその資源を有効にすべての市民の利益のために——特に貧民のために用い得るかという理論の画期的萌芽をみた．その時から普通になってくる福祉立法のほとんどすべては，この時にさかのぼり得る」とブライアン・イングリスは言っている (Inglis [1971] p. 27)．

　ところで，より大規模な国家の組み替え実験だったフランス革命は，一方ではイギリスの急進主義思想に哲学を与えたが，他方では支配階級による約1 世代にわたる急進主義思想とその運動に対する弾圧政策を呼び起こすことになった．当時のイギリスには，独立革命を戦い抜いたアメリカ人に対する強い同情心があったが，フランス革命はアメリカ独立革命における人間の自由，平等，個々人の自由な連帯による国家という理想を一層推し進めるものだった．圧制の象徴と見なされていたバスチーユ牢獄の襲撃当初，イギリスの世論は革命に好意的であり，いち早く変節して革命思想全般とあらゆる改革に反対を唱えたエドマンド・バークの『フランス革命についての省察』(1790 年) は，反論としてメアリー・ウォルストンクラフトの『人権の擁護』(1790 年) や，トマス・ペインの『人間の権利』(1 部：1791, 2 部：1792 年)，ウィリアム・ゴドウィンの『政治的正義の探求』(1793 年) 等を次々と生み出し，後者はまた詩人ワーズワースやサウジー，コールリッジ等を熱狂させた．1792 年には，議会改革と普通選挙権を求める「イギリス史上最初のはっきりとした労働階級の政治団体であるロンドン通信協会が出現した」(Cole [1948] p. 29，邦訳(1) 47 ページ)．1793 年には首相ピットの友人であるチャールズ・グレイやローダデール伯，リチャード・シェリダン等が下院議員選出方法の不合理と腐敗を暴露し，議会改革の必要性を示したのだっ

た．

　このような国内における素早い動きはイギリスの支配階級に大きな恐怖を与えることになった．政府は全国に諜報員をおいて弾圧を強め，92年にはペインから法律上の保護を奪って出版人を投獄し，93年には多くの指導的な急進主義者を流刑に処し，94年には「人身保護法」を停止して事実上彼らの一切の活動を禁止した．フランス革命が1792年に共和制を宣言し，93年1月にルイ16世を処刑してイギリスと戦争状態にはいり，またその年のうちにジャコバン党の支配が確立して「恐怖」政治が行われていくにつれて，イギリス民衆のフランス革命への熱狂は冷めていったが，新しい社会組織を求める先進的な労働者と北部・中部の炭鉱労働者や工場労働者が結び付くことを恐れるピット政府は，1799年と1800年に相次いで一般的な「団結禁止法」を成立させ，労働者のあらゆる形の団結と労働組合運動を抑圧した．戦時下における生活苦を理由とするストライキや工場の機械に職を奪われた編み物職人らによる機械打ち壊しは，散発的なもので組織的運動ではなかったけれども政府の無慈悲な弾圧を受け，そのような抑圧体制はナポレオン戦争終結まで続いた．

## 3. スピーナムランド制度

　貧民の状態の急速な悪化は南部一帯に貧民法の人道的な適用を促すことになったが，1793年からのフランスとの戦争は生計費を大幅に押し上げ，94年からの天候不順による凶作は食料価格を一層押し上げた．「例外的状況のもとで新しい救済策が見出だされなければならなかった．というのは失業者の生活を維持してゆかねばならないのみならず，働いている者もまた食料不足と高物価のために絶望的貧窮状態にあったからである」（Fraser, *op. cit.*, p. 33)．解決策はまだ議会において用意されておらず，このたびも地方における先行例に頼るしかなかった．

　1785年にバークシャーでは非公式に新しい救済方法が採られ始めていた

が，1795年5月6日，そのバークシャー州ニューベリ近郊スピーナムランドの宿屋ペリカン・インにおいて，州内の各地方から集まった治安判事達は貧民救済の方法についてエリザベス時代やジェームズ1世時代の賃金規制法を材料として知恵を絞り，結局，統一的な基準にもとづいて貧民に手当てallowanceを与える方法を採用することに決したのだった。「議長チャールズ・ダンダス以下出席者19名の賛同により満場一致で次のことが決議された。……貧民の現在の状態は，これまで一般に彼らに与えられてきたよりもより多くの扶助assistanceを必要としている．……エリザベス5年の法律およびジェームズ1世の法律の命ずるところにしたがって，日雇い労働者の賃金を規制することによって扶助を与えることは，治安判事にとって不便であること，そこで治安判事は同州中の農業家その他に対して，現在の食料価格に比例して彼らの労働者の賃金を増額するよう熱心に勧めること．……それぞれの管区において，すべての貧民と勤労者とその家族の……救済のために次のような計算をなして補助金を決めることである．すなわち，8ポンド11オンスの重さのある2等小麦粉でつくった1ガロンのパンの価格が1シリングである時，あらゆる貧民と勤労者は，彼自身の生活維持のためには1週3シリングを，彼の妻とその他の家族成員の生活維持のためには1人につき1シリング6ペンスを，彼自身の労働によってか彼の家族の労働によって，あるいは貧民税からの補助金によって，生み出さなければならない．

1ガロンのパンが1シリング4ペンスである時，すべての貧民と勤労者は，彼自身のためには1週4シリングを，彼の家族成員の生活維持のためには1シリング10ペンスを得なければならない．

そしてパンの価格が騰貴ないし下落するのに応じて，すなわちパンの価格が1シリング以上に騰貴する時には，その値上がり分各1ペニイにつき，労働者本人に対しては3ペンス，家族の他の成員に対しては1ペニイ」(Bruce [1973] p. 48; Bland *et al.*, *op. cit.*, p. 656, 邦訳278-9ページ)．

イーデンによれば，上記の救済のための基準は「普遍的に実施できる表」として出版されたので，南部諸州とミッドランド地方に急速に広まり1世代

にわたり効力を持つことになった．1795年は戦時インフレと凶作が重なって食料価格が高騰し，各地に食料暴動と略奪が頻発して軍事輸送でさえ危ぶまれる状態だった．10月の議会で国王は生活物資の高価格に懸念を表明せざるを得なかったし，ピットのトーリ政府も食料輸入の奨励や穀物からのアルコール醸造禁止，小麦価格の調査など，次々と手を打っていた．ウィッグ党のサムエル・ウィットブレッドは，賃金が生計費上昇に追いついていない実態をリチャード・プライスの生計費指数によって確認し，治安判事が賃金を規制できる権限を根拠として，戦時インフレから労働者を守る方策として最低賃金法案を提出した．しかしこの方法は，「小家族には余りに多くの賃金を与え，大家族には余りに少ない賃金を与えることになり」家族数の違いにより実際上混乱をもたらすとして否決された．最低賃金法案を葬り去ったピットは，一方では「最も有名な政治経済学者」アダム・スミスの経済学説を下敷きとして「経済法則の自然の働き」への介入の無益さを説くとともに，他方では国内の不満を解消し暴動の危険を回避しながらマンパワーの健全な育成を図る必要を訴えた．彼は貧民の速やかな救済を阻んでいる定住権法を修正し，大家族を富の源泉になるとして条件付きで救済を与え，工業学校をつくって貧民に仕事を教え自分で生活できるようにすることを目指す法案を出したが，これも教区に過剰負担を強いるとの理由で撤回を余儀なくされた．この政治的・経済的危機の時期に議会は統一的な貧民政策を打ち出すことができなかったのである．しかし，1795年に議会は応急的に貧民救済を寛大化し院外救済 out-relief を奨励する多くの法を成立させたので，各地方において多様な応急的施策が広まっていった．

「議会が主導権をとれなかった結果，解決のイニシアティブはいつものように地方にゆだねられた．有名な1795年のバークシャー州スピーナムランド・ペリカンインでの会合は，例外的問題に対処する新たな解決法を模索していた治安判事や貧民監督官が数多く持った諸会合の1つにすぎなかった．……われわれは単一のスピーナムランド制というよりもいろいろな形のアローワンス制について考える方がよい．……2世紀にわたる習慣が示している

ように，院外救済は1790年代の新しい現象ではなかった」(Fraser, *op. cit.*, p. 33)．教区がパン価格を基準に賃金の不足額を補助するアローワンス制は，1796年のウィリアム・ヤング法により原則的に確認されて広まったが，現金あるいは現物による貧窮者に対する援助は実に様々な形を取っていた．ブローグによれば，パン価格を基準としないものもあったし，本人ではなく子供や家族にたいする補助支出が多かった．「労働税の形でのラウンズマン制はどこでもアローワンス制と結び付いており，それなしに用いられなかった．しかし賃金が恒常的に地方税から補足されている州においてさえ，第1子に対して特別手当てを与えることは共通の習慣とは言えなかった．同時に，すべての教区が大家族に対して手当てを与えることを当然と認めていた」(Blaug [1963] p. 160)．ラウンズマン制とは教区救済を求めてきた労働者を農業家その他に貸し出して労働させ，それを条件に賃金と生計費の差額をアローワンスとして与えるもので，なすべき仕事を用意することのできない農村教区の苦肉の策だった．囲い込みと農業技術の発達によって，農業生産力が著しく向上しているそのただなかにおいて，その対極では古くからの習慣だった土地の利用から排除されてその利益を全く享受できず，貧窮に陥って働く場を求める人々が大量に発生した．そのような人々は，従来からの労働者の賃金をもおし下げることによって南部農村地帯における貧窮を一般化した．「アローワンス制は明らかに，実際に生活基準を下回る低賃金を補足するものだった」(*ibid.*, p. 162)．政治的な弾圧と貧民に対するいろいろな形でのアローワンスによって，ナポレオン戦争期の危機ははじめて乗り越えることができたのである．

## 4. ペインの「福祉国家論」

ところで，フランス革命とスピーナムランド制の普及を背景として，ペインやゴドウィンに代表される社会改革論，バークシャーの治安判事やピットにみられる臨機応変な貧窮緩和論，アダム・スミスの弟子達による自由放任

論などが入り乱れて展開され，各々がその正当性を主張したのだが，彼らにはそれぞれの社会観と貧民政策があった．ペインは『人間の権利』第2部において，人間は本来，社会的な動物なので自然的に合理的な社会を作る，と主張した．「社会の偉大な法律はいずれも自然の法である」（ペイン，訳書 [1971] 215ページ）．アメリカ独立革命は統治の諸原理を発見し，「社会の諸原理と人間の権利にもとづいて政府をつくったおかげで，あらゆる困難は消えてなくなり，あらゆる部分は和やかな協調で結ばれている」（同上，217ページ）．

これに対して，イギリスにおいては王や貴族の浪費を賄うための重税が人口700万人の5分の1，約140万人を貧困に陥れている．このうち14万人が働きがわるくなった老人であり，残りの126万人約25万2千世帯は14歳未満の児童扶養によって貧困になっている．そこで税金をうまく使って，「14歳未満児1人につき年4ポンドを支給すると同時に，その子供の両親に命じてわが子を学校に通わせて読み書きと簡単な算術を学ばせる……この方法を採用すれば，両親が貧しさから救われるだけでなく，若い世代から無知が追放され，その能力が教育の助けを借りて一段と大きくなるだろうから，貧困者の数は今後次第に少なくなっていくであろう」．もう1つの貧困は老人の生活にみられるものであるが，老年期は2つに分けられる．「第1は老齢が次第に近づいてくる時期で，50歳から始まる．第2は老齢そのもので60歳をもって始まる．人間50歳ともなると，精神能力は充実して活発に働き，判断力はそれ以前のどの時期よりも勝っているとはいうものの，労働生活を営む体力は衰えはじめる……自分もそろそろ追い出されることになるのではないかという気がしはじめる．60歳になったら，労働は，少なくとも直接の必要からの労働は，すでに終わっていなければならない．老齢の人々が文明国といわれる国々で，日々のパン代を稼ぎだそうと死ぬまで働き続けているのは，見るも痛ましい光景である」．50歳以上人口42万人のうち「扶助を受けていいのは，農夫，下層労働者，あらゆる種類の日雇い職人とそれぞれの妻，船員，除隊兵，働き疲れた下男下女，貧しい寡婦……没落し

てしまう相当数の中流の小売商人……あらゆる階層からたえず振り落とされていく多くの人々がいる……50歳以後のある時期になって自力で生計を立てていくのが難しく，他から扶助してもらうことを，それも恩恵とか慈善としてではなく，自分の当然の権利として……必要と感ずる……者の数を14万人と算定する．……その半分に当たる7万人が50歳以上60歳未満とし，残る半分が60歳以上であるとする．……その境遇を安楽なものにする方法とは……余剰の税金の中から，この種の人々で50歳に達したすべての者に対して，60歳に達するまでは毎年6ポンドの額を，60歳以後は終身10ポンドずつ支給するのである．……この扶助は……権利に属するものである」．イギリス人はすべて，生まれた日から間接税などにより相当額の税金を納め続けるから，50歳以上の老人の3分の1程度にたいする支給総額は，納税総額の法定利息によって賄うことができる，というわけである（同上，336-41ページ）．

　ペインはさらに，税の残額によって，40万人の児童に対する毎年10シリングずつ6年間の教育費補助，母親に対する20シリングの出産祝い金，身元不明者に対する葬式代をだすことができると言い，最後にロンドンなど大都市特有の寄る辺なき人々を受け入れる施設の必要性について語っている．「第1に少なくとも6千人を収容できる建物を2つないしそれ以上建てるか，既設の建物を利用するかして，どの場所にも考え出せる限りの様々な種類の仕事を用意しておき，そこを頼ってやって来るだれにでも仕事が何かしらある，というようにする．第2にここに身を寄せるものは，名前，身分，素性など一切問わないで受け入れる．ただ条件といえば，だれもが一定量の，あるいは一定時間の仕事をすれば，それに対して健康によい一定量の食事と，少なくとも仮小屋以下ではない程度の暖かな寝起きする場所とが与えられ，各人が働いて稼ぎだしたもののうち一定の部分は保留しておいて，ここを出て行く時に渡すことにするというだけで，……長く滞在しようが短く滞在しようが勝手であり，また何回やって来ようと自由であるというようにする．……こうした収容所を設けておけば，一時的な困窮に陥っても人は更生の機

会が与えられ，よりよい働き口を求めることができるようになる」(同上，346ページ).

ペインは現下のイギリスにおける貧困問題に対して以上のような積極的な政策を提示し，税金の用途を変えることによりこれを実行すれば「かの牢獄に代わる責め道具ともいうべき貧民法はその存在の意義を失い……貧しい者も政府の支持に関心をもつようになって，暴動や騒擾の原因も懸念も全くなくなる」(同上，348ページ)と展望している．イングリスが注目しているように，「ペインの提案は家族手当て，老齢年金，失業救済といった将来の福祉国家を予言した」といい得るものだった (Inglis, *op. cit.,* p. 38)．しかし『人間の権利』は既存の国家体制を転覆させる扇動の書として弾圧され，ペインは死刑を宣告された．逮捕直前，ペインはフランス国民議会議員に選出されてフランスへと去っていたが．

## 5. バークの救済反対論

1795年の議会において，貧民保護政策が話題に上った時，エドマンド・バークは早速ピットに宛てた1論文を書き上げた．『穀物不足に関する思索と詳論』のなかでバークは，ピットと同じくアダム・スミスの弟子として市場への不介入を主張した．「労働する人々の条件は，仮に食料の量や質を改善の基準とすれば，全体として大いに改善されている」(バーク，訳書 [1955] 248ページ)．労働は商品であって「商業の法則」に従うのであり，これは「災害的な時代」にあっても変わらない．「市場がその価格を決定するのであって，市場だけがそれをなし得るのである」(同上，259ページ)．「為政者の手で人民を養おうとしてはならない．もしひとたび彼らがたとえ僅か半年間でもそれに慣れれば，彼らはそれ以外の方法には決して満足しないであろう……民衆の生活資料に対する干渉には強く反対する」(同上，261-70ページ)．じつにバークらしい言い分であるが，彼はこの中で貧民全体が救済の対象とされていることにも異議を唱えたのだった．「労働する貧民

the labouring poor というもったいぶった政治用語ほど卑しく悪質なものはない．［あわれみではなく］忍耐，労働，謹厳，節約，宗教が彼らに勧められるべきものである」（同上，248 ページ）．

　ここでバークが言おうとしていることは，労働する人 labouring people と貧民 poor を同一概念で捉えてはならないということだった．労働貧民という用語を用いると，労働者の状態が常に嘆かわしいもので貧民としての救済を正当化することになる．しかし労働者の貧困は救済されるべきものではない．「労働する人々は彼らの数が多いから貧困であるにすぎない．数はその性質から言って貧困を意味する」と言うのだった．

　2〜3カ月後，バークは再び論説を書いてより明確にこの点を主張した．「われわれは「労働貧民」救済の多くの計画を聞いた．この意気地のない仲間言葉 puling jargon は愚かであるが無垢ではない．これまで貧民という名前は（感情を引くために使用されるという意味で）労働できる人々には用いられず，労働できない人に用いられた——病人，虚弱者，幼い孤児，衰弱した老人に．しかしわれわれが貧民として，労働しなければならない人を憐れむことになれば，われわれは人類の状態をもてあそぶことになる．額の汗によって，すなわち体の汗か心の汗によってパンを食わねばならぬのは，人間の共通の運命である．われわれは健康な若い男，精神ははつらつとし腕に活力のある人を貧民とは呼ばない．私は種としての人間を，人間という理由で憐れむことはできない」．「貧民とはただ働くことができない人々——病人，虚弱者，幼い孤児，衰弱した老人であり，彼らだけが憐れみ pity の適当な対象であり，また慈善の適当な受け手である」（Himmelfarb［1984］pp. 68-9 より引用）．

　労働貧民などという政治用語を用いることによって，「勤勉と倹約，禁酒」で自活してゆくべき労働者を憐れんだり，救済を与えている現状は，市場経済の法則に反している．真に貧民として憐れみと救済の対象となるのは，働く能力のない者のみであり，それも国家救済制度によるのではなく慈善によるのがよい，と反動の知恵者バークは早々と主張したのだった．

マルクスが厳しく批判しているように,「労働貧民」という用語は決してためにする政治用語ではなかった．先に見たように，資本主義的経済社会の形成という長い過程の中で，土地を失って生活のために労働しなければならなかった人々は皆貧民と呼ばれていた．逆にいえば，貧民は皆労働しなければ生活してゆくことができなかったという意味で労働貧民なのであった．

　スミスに決定的な影響を与えたバーナード・マンデヴィルはその『蜂の寓話』(1714年)のなかで問うている．「所有権が十分に保護されているところでは，貧民無しで生活するよりも貨幣無しで生活する方が容易であろう．なぜかといって，もしも貧民がいなければ一体だれが労働するだろうか」と．生計のために労働によっている人は貧民であり，マンデヴィルが言ったように「貧民は日々の労働によって日々のパンを得ることを強いられていた」．彼らはまた，その稼得額や稼得物が生活するためには不十分であるという意味でも貧民であった．彼らの稼得は余りに不規則であったり，少なかったために，その大部分は生涯のある時点で，とりわけ老齢期に，私的慈善か公的救済に頼らざるを得なかったのである．イングリスは言っている．「その当時使われていた「貧民 the poor」という言葉は，今日なおそうであるように多くの意味を持っていた．それは「金持ち」から彼らを区別するために大衆を指して使われた．あるいはそれは実際に貧窮である人にも限定して使われえた．しかしそれが使われた最も普通の意味は，生活のために働かなければならない人を言うものであった．というのは，もしも彼が仕事を失えば，ただちに貧窮になるだろうからであった．もちろん理屈の上では，これは所得の限界まで使って生活している裕福な人にも適用でき，それを超えてさえ適用できた．しかし彼らは通常，別の仕事を見つけるまで信用を得続けることができたが，失業した農業労働者は慈善あるいは貧民税に依存しなければならなかった」(Inglis, *op. cit.,* p. 45).

　このような意味で使われる時，農業労働者とともに農村住民の多数を占めていた小屋住み農は貧民とは言えなかった．彼は農地とは見なされない程度の小さな土地の一片を持ち，共同地の利用権を持ち，大工や織り手と言った

手職を持ち，農場の繁忙期には賃仕事にも出て独立を保っていたからである．他方で農業労働者は，その雇用主である主人が寛大である場合には，小屋住み農以上によい安定した生活をなし得たけれども，恒常的な仕事を得られない農業労働者は頻繁に教区へ救済を申請しなければならなかった．ナポレオン戦争時の急速な囲い込みの強行は，農業労働者，小屋住み農のみならず小土地所有農民までも貧民の中へと転落させ，教区救済を一般化させたのだった．

## 6. スミスの政治経済学

さて，労働貧民という言葉は長い歴史をもちごく一般的に用いられていたのであったが，バークが主張した労働者と貧民の区別は，産業革命が進行して農業を中心としていた社会が工業中心社会へと変遷をとげていく中で，次第に政治的に重要な意味を持ってくる．急速に拡大を続ける工業都市を中心に新しい形の労働階級が成立してくるからである．工業労働者の労働と生活をめぐる諸条件は，農村を中心に労働し生活していた貧民のそれとは著しく異なっていた．農村地帯で極貧に陥れられていた働く人々は，徐々に新しい工業発展地域へと移動し，独自の階級意識をもつ工業労働者や商業労働者となっていくのである．

18世紀後半以降のヒューマニズムの発展とスピーナムランド制を契機に広まった貧民の人道的救済と，バークが口火を切ったそれに対する反対論はどうなってゆくであろうか．先に挙げたマンデヴィルは，著書の中で徳を「他人の利益のために自分の情念と自然的衝動を抑えて努力する行為」，悪徳 evil を「公共のことを顧みず自分の欲望を満たすためにする行為」と規定し，悪徳渦巻く大都市の活況と繁栄の現実を根拠として，「私悪が公益」をもたらすとの問題提起を行った．予想どおり，悪徳を肯定し，貧民が多くて無知であるほど社会の富の増大に有利であるとする彼の主張は，各方面から反論を呼び起こしたが，その中にはフランシス・ハチスンやアダム・スミスがい

た．彼らはむき出しの悪徳の擁護を「邪悪」と考えたものの，その自然神学から推論して自愛 self-love が人間本性の基本的事実であることを承認しないわけにはいかなかった．彼らの課題は自愛心や利己心 self-interest を他人への愛や公共の善といったより高度の美徳と調整することだった（Himmelfarb, *op. cit.,* p. 35）．

周知のように道徳哲学者として出発したスミスの中心テーマは，現世における人間の幸福であった．『道徳感情論』（1759 年）で彼は「幸福は安定と豊富から成り立つ」とし，ルソーの「自然状態」の中の幸福を批判し，自然的欲望を超える社会的野心が豊富をもたらし，社会全体の利益が増進されるとした．「富と名誉と地位を目指す競争において，できる限り力走してよい．しかしその力走は，公平な観察者がフェアーでないと見なした時，悪徳に変わる」．「自愛はしばしば有徳な動機となり得る」．「徳への道と財産への道は幸いにも多くの場合ほとんど同じである」．利己心であっても，それが公平な観察者が是認する程度に抑制されている場合には悪徳にはならなず，かえって社会全体の利益を増進し得る．スミスは利己心を程度の問題として肯定したものの，それを社会的関連の中で直接有徳な行為として示すことはできなかったために，利己的行為の社会的結果としての富の増大を媒介としてその社会的有益性を明らかにしようとしたのだった．『国富論』（1776 年）においては，「私益」と「公益」の関係は次のように結びつけられる．「彼は自分の安全だけを意図し，自分の利益だけを意図しているが，見えざる手に導かれて，自分が全然意図してもみなかった目的を促進するようになる．彼は自分自身の利益を追及することによって，実際に社会の利益を促進しようと意図する場合よりも一層有効にそれを促進する」（スミス，訳書［1966］56 ページ）．

スミスの場合には常に，自己利益の追及にも利潤の追及にも「人間性に合致する」という縛りがかけられていたものの，国家のどのような慈善的政策よりも人間の交換本能が発露する交易市場における自己利益の追及が最も効果的に公益を増進すると説く説得力あふれる大著は，1 世代のうちに支配的

階級の間に浸透していった．私益が公益と堅く結び付けられた結果，地主，商人，金融業者，資本家，農業家が行っている経済活動は無条件に是認されるのみならず，正当化され促進された．反対に，国家の経済活動は慈善を目的にしたものでさえ無意味であるのみならず，有害とさえ見なされかねなくなったのである．ピット自身がアダム・スミスを師と仰ぎ，「最も有名な政治経済学の著者」が唱える価格決定メカニズムへの国家不介入の教えを根拠としてウィットブレッドの最低賃金法案を葬り去ったのであったが，社会的安定を図るために彼が立案した慈善的な諸政策を実施するための法案もまた，新しい政治経済学による攻撃を受けることになったのである．

　先に挙げたバークの，政府による貧民への慈善施策反対，価格決定過程への介入反対もスミス経済学によったものだったが，ジェレミ・ベンタムの『貧民法案への考察 Pauper Management Improved』(1797年) もまたピット法案に対するスミス経済学による批判だった．彼はまず，資本を増やすことなしに人々を富ませることはできないとするスミスの大前提を根拠として，最も効果的に生産を増大させ資本を蓄積する方法が，政府ではなく個々人にそれをゆだねることであるとし，現下の囲い込みが金持ちにも貧民にも利益を与えている「最も確実な証拠」なのであるから，貧民救済案は「豊富な救済」となり，経済にとって「有害」であるとした (Inglis, *op. cit.,* pp. 58-9)．

　イーデンの大著『貧民の状態』(1797年) はスミスと同じく資本主義的経済社会を最も合理的で自然的な経済体制としてその歴史的形成を研究し，今後の合理的な経済社会の在り方について提言しているのであるが，イーデンもピットの法案が経済的諸原理を破壊すると考えた．法律によって雇用や扶養の権利を与えることは，経済の自然法則からいって無意味ばかりでなく，個々人の努力と勤勉を損ない，怠惰を奨励し，慈善の適当な役割を不当に奪うことである．貧民の状態を改善する唯一の方法は，国富を増大させることであり，そのためには土地の生産力をあげるために囲い込みを進めて大土地所有と合理的農業を経営することである．共同地が囲い込まれたところでは，貧民はもはや土地にへばり付いて単なる生存のために生命を浪費するには及

ばず，より有利な労働と高い賃金を求めて移動してゆける．したがって貧民は古い権利の剥奪に対して地主に多くを要求すべきでない．労働者ができることは賢明な工夫によって彼の習慣，とりわけ彼の食事を変えることである．「彼はそれによって将来の独立のための基金と報酬の増大を確かなものにするであろう」というのだった．ただイーデンは，貧民のための国家的制度の無効果と非効率はあげつらうけれども，長期に存続してきた貧民法に一定の有効性を認め「最も緊急な必要時に極端な欠乏を取り除く」意義をあげた．スミスの弟子達はいずれも師匠の権威に寄り掛かりながら，人間性への配慮を捨て去って，資本主義的市場経済を経済の自然的で合理的な秩序であると前提し，国家的救済制度の廃止と極小化を求めたのだった．

　ところで，イーデンの大著のフルタイトル『貧民の状態，あるいはイングランドの労働階級の歴史』は，明らかに貧民と労働階級を同一視していることを示しているが，かれがバークの批判を知らないわけではなかった．事実イーデンは，序文冒頭で「実際の貧民のみならず，社会の労働している部分の現在の状態について正確かつ詳細に述べる」と書いているし，「社会のどの階級から窮民が最も一般的に生み出されているか」を問題にして，「窮民は比較的にいって農業に雇われている人々の間では稀にしか見出されない」(Eden [1966] p. 7) のに対して「製造業従事者 manufacturer は農業の労働者よりもより普通に窮民になる」(ibid., p. 10) と指摘している．

　しかしイーデンは，この窮民が貧民の必然的随伴物であることをよく知っており，貧民が隷属からの解放の産物であると考えていたので，この区別を重要とは考えなかった．「それ以後，立法者によって「貧民」という名称の下に記述されることになる新しい階級の人々の出現を，私はマニュファクチャーの導入に，そしてその結果としての主人からの人々の解放に，また山師仕事で一山当てようと冒険を企てる主人の下から逃亡した人々の解放に帰する．その言葉によって人は，病気あるいは老齢により労働不能になるか，あるいは他の原因により仕事を得られず，生存のために慈善家の扶助に頼ることを余儀なくされた自由人を表すつもりだったと，私は想像している」(ibid., p.

57）．ヒンメルファーブは，イーデンが「窮民」と「貧民」をあまり区別せず，またバークでさえ「窮民」というより適切な言葉を使用しなかった理由を，「救済が非常に高価になっていた時に，貧民法の範囲内にはいった人口の一大部分に「窮民」という不快な用語で烙印を押すことがためらわれた」時代の雰囲気をあげている（Himmelfarb [1984] p. 77）．

パトリック・コルクホーンは，マルサス『人口論』（1798年）出版後の1799年の論説『首都における貧窮者の状態及び普通の貧民の状況』および1806年の『貧窮論』において，上記の区別について古典的な定式化を行った．「貧民の問題を考えるに当たっては，まず「貧窮 indigence」と「貧困 poverty」の区別について明確な概念をもつことが必要である．貧困とは，個人が剰余労働を蓄えておらず，その結果，いろいろな形での勤労の継続から引き出される以外の財産をもたぬ社会の中の状態および条件である．……貧窮とは，それゆえ貧困ではなく災難である．それは社会の中の欠乏，悲惨，困窮を内包する状態である．それは生計の手段を持たず，自然的必要物を生産するために働くことができない人の状態である．生計の資の自然的源泉は個人の労働である．それが彼のもとにあれば彼は貧民と呼ばれ，全部あるいは一部を失った時彼は貧窮となる」と（Himmelfarb, *ibid*, p. 78 より引用）．

# 第4章
# マルサスと新貧民法

## 1. マルサスの先行者

　スピーナムランド制度の拡大とそれを支持する宗教的人道主義思想にたいして，決定的な打撃を与えたのは，トマス・ロバート・マルサスであった．人口問題は18世紀半ばから，聖職者達が好んで取り上げた話題であり，たとえばロバート・ウォーレスは1753年の『古代と近代の人口数』において，完全な政府の下では人類は非常に増大し，地球はついにその食料によって住民を支えきれなくなる，との懸念を表明したことがあった．1786年，バークシャーに隣接するウィルトシャー・ピューゼイの教区牧師ジョセフ・タウンゼントは匿名で『貧民法に関する一論』をだし，一時話題になったが直に忘れ去られた．

　タウンゼントは教区牧師としての経験から，大量の金が貧民法行政のために集められていながら，貧民の困窮が減らず，かえって大きくなっている原因を，救貧制度そのものが産業の発展を阻み勤勉な者を苦しめ貧民を増大させているからだと説明した．「貧民の中にこれほど大きな困窮はかつてなかった．彼らの救済のためにこれほど多くの金が集められたことはなかった．しかし最も困ったことは貧民の快適な生存のために払われている努力に正確に比例して貧困と惨めさが増えていることである」(Townsend [1971] p. 20)．

　タウンゼントにとって貧民の存在は自然で必要なことだった．「共同社会

の中で最も奴隷的で最も汚く，最もつまらぬ仕事を成し遂げる幾人かの者が常にいなければならぬ……人間の幸福の量はそれによってずっと増幅される．他方でより優雅な人々は単調な骨折り仕事から救われ，彼らを惨めにする時折の仕事から解放されるばかりでなく，彼らの素質に適し国家にとり最も有用な職業を中断なく自由に追及する状態に置かれるのである」．しかし必要な数より多くの貧民がいる理由はない．彼が考えるには，1国の人口がそれを養う資源よりも急速に増加する時，それが雇用されない過剰人口を生むのであった．1国にとってそれを吸収するに足る資源なしに人口の増大を奨励することは，貧窮を増やすだけである．

　ところが貧民法がやっていることはまさにこれであり，勤勉な小農業家の収入や蓄えをまず「浪費者」や「売春婦」の生活に回し，いたずらに人口を増やしているのである．貧民法は不公平で抑圧的で賢明でなく，その目的達成に不適切なばかりでなく，「不条理に近い原理にまで進み，世界の性質と構成からいってできないことをやれと言っている．たとえ怠惰，不用意，浪費，悪徳によって貧困になったとしてさえ，イギリスでは人を飢えさせるなと言うのだ．社会の発展の中ではだれかが飢えなければならないことが解ってこよう．だとすれば，唯一の問題はだれが寒さと飢えに苦しむに最も値するかということである．放蕩家かそれとも倹約家か，怠惰な者かそれとも勤勉な者か，有徳な者か悪徳者か」．

　タウンゼントは人口の増大が続けば必ず飢える者が出てくること，そしてだれがその犠牲者となるべきかということを示すために，南海の孤島の話を持ち出す．ある孤島に雌雄一対のヤギが持ち込まれ繁殖を続けて島中を満たす．その時まで彼らに飢えと悲惨はなかったが，その時から彼らは飢えに苦しみ始め，弱い者は淘汰された．理性のない彼らは，その数の増減に比例して欠乏に苦しむか豊富を楽しむかだった．そこに今度はグレイハウンド犬の雌雄一対が放たれた．ヤギを食ってグレイハウンド犬は増えたが，一部のヤギは犬が登ることのむずかしい岩山を住家とするようになった．「ヤギはわずかな期間だけ恐怖と慎重をもって谷に降りて草を食べたので，不注意で慌

て者の少数だけが餌食になった．そして最も視力がよく強くて活動的な犬だけが，十分な食料にありつくことができた．かくて新しい種類のバランスが出来上がった．両方の種類の最弱者がまず死ぬことになった．最も活動的で精力的なものはその生命を長らえた」．

このたとえ話の後にタウンゼントはいう．「人間という種の数を規制しているのは食物の量である」と．食物の量が豊富であるかぎり，人間は増え続け，その力に応じて友人を助けることができるけれども，弱い者は強い者に依存せざるを得ず，食物が十分でなくなると，遅かれ早かれ怠け者は自分の怠惰の当然の帰結に苦しまなければならなくなるのである．人間の場合，ヤギとは異なり，強い者が弱い者を助けたいと思うであろう．しかしそれは無益なことである．「もしも人間が1つの求めるべき共同社会を取り入れ，同時にあらゆる人間が自由に結婚するに任せるようにするとすれば，彼らは最初はその数を増やすであろうが，彼らの幸福の総量を増やさず，ついにはだんだんとすべての者が等しく欠乏と悲惨に陥るようになり，弱い者が最初に死ぬであろう」(*ibid*., p. 38)．

人口が食物量を超える時，人間は飢えと悲惨に見舞われる．この自然の法則をなくすことはできないが，この苦しみを緩和することはできる．人の欲望を抑制し，ある種のバランスを取るもの，それは貧民の飢えである．彼らは「飢えだけは理解する」．そのうえ「飢えは温和で静かで休むことなき抑制であるとともに，勤勉と労働への最も自然な動機として最も力強い努力を呼び起こす」(*ibid*., pp. 23-4)．それなのに貧民法は飢えをなくせと言っている．これは全く不合理である，とタウンゼントは考えたのだった．

## 2. マルサスの『人口論』

マルサスの『人口の原理』は彼の生前6版まで版を重ねたが，マルサスの思想が最も率直に表現されているのは，1798年の初版『人口の原理』である．これは副題にあるように，直接にはゴドウィンやコンドルセーその他の

いう人間や社会の完全性を批判する形を取っているが，真実にはタウンゼントとスミスの理論を借用して当時のイギリスにおける人道主義を批判したものだった．出所は隠されているが，タウンゼントの論調がくりかえされている．

「イギリスの貧民法は，庶民社会によく見られる貧困を救うためにこそ，制定せられたものである．だが，個々人の不幸を多少緩和したことはあろうが，それは，一般的弊害をより広い面にまで広げたといっていいのではないか．イギリスにおいて貧民のために毎年集められる金はずいぶん巨額にのぼっているが，この人々の貧困がこんなに大きいのはどうしたことだろう……約300万ポンドが毎年貧民のために徴収されているのに，この人々の貧困が少しも減らないとは驚くべきことである」（マルサス，訳書［1935］61ページ）．

当時，社会の在り方や経済の仕組みとの関連の中で論じられていた下層階級の貧困問題を，マルサスはタウンゼントに習い，生物学的で単純な定式の中に置き換える．

「私は，2個の公準をおくことは当然許されると考える．

第1，食物は人類の生存に必要であるということ．

第2，両性間の情欲は，必ずあり，だいたい今のままで変わりがあるまいということ．

……私の公準が承認されたとすれば，今や私は，人口の増加力は，人類のために生活資料を生産すべき土地の力よりも不定に大きいと主張する」（同上，28-30ページ）．

「人類の生活には食物が必要であるという……法則があるため」，人口と食物の等しからざる増加の力は，「対等のものとされなければならぬ……人口にとっては，生活資料を得るうえの困難が不断の強い制限である……この困難はどこかへ落ちなくてはならぬ，そこでまた，人類の大部分は必ずそれを烈しく感じなければならない」．人口を食物の量に一致させる自然の大法則の働きが，「人類には悲惨miseryと悪徳viceである．前者すなわち悲惨は

絶対的にこの法則の必然の結果である．悪徳もまたかなり大きい程度においてこの結果である．さればこそ，ご覧のとおり，それが至る所にある．……人口の増加と土地の生産力との二者の間に存するこの自然的不対等と，この両者の結果を常に対等にしておかなければならぬ我々の性質に関する大法則とは，社会の完全に向かう途上の大きな困難であって，……到底打ち勝ちがたいものである」（同上，30-1 ページ）．人口増加の圧力は，「たえず社会の下層民を困窮に陥れ，その地位の永久的な大改善をば不可能ならしめるのである」（同上，39 ページ）．

このように労働者の窮乏と悲惨は自然の大法則の働きの結果であり，いかに社会が組み替えられようと，人間が完成しようと克服できるものではない．マルサスは生物学の基礎的前提から直接，労働者の悲惨を説明することによって，ゴドウィン等の社会改革による貧困消滅の可能性を否定するとともに，同時に，富の増大による労働者の豊富化という経済学者の展望をも否定したのだった．

このような法則の下に置かれた下層階級の家族を養ってゆくことの困難への配慮が，彼らの結婚や出産を抑制しているというのに，貧民法はこの法則を顧みることなくいたずらに悲惨を広げかつ深めている．「イギリスの貧民法が貧民の一般的地位を圧迫する傾向は２つある．その第１の著しい傾向は，それを支え得るに足るだけ食物を増やさないで人口を増加させることである．貧乏人は，一家の独立を支え得る望みが，ほとんどまたは全くないのに，結婚する．そのためこの法律は，ある意味では貧民を製造してそれを生かしておく法律だと言える．……第２に，あまり価値がありそうには思われない社会──貧民院の中で消費される食料は，それだけより勤勉でより大切な人々の分け前を減らすことになる．そしてこのためにまた，独立のできない人を増やすことになる」（同上，65 ページ）．

マルサスの貧民法批判は続く．「独立のできない貧民というものは，辱めておくのがいい．人類全体の幸福を増進するためには，こういう刺激は絶対に必要である．この刺激を弱めるような企図は，その明白な意図が一見いか

に慈善的なものであっても，結局みな必ず目的に反する結果を生ずる．もし自ら独立してその家族を維持するに足る見込みがないのに，救貧施設を当てにしてかろがろしく結婚するならば，自分はもちろん子供たちを不幸と従属の落とし穴に落とすものといわねばならぬ．それどころか知らず知らずのうちに，自分と同じ社会にあるすべての人を害する者である．だから一家を支える能力がないのに結婚をする労働者というものは，ある意味では彼ら同僚労働者全部の敵であるといっていい」（同上，67 ページ）．

　生物学の法則が下層階級の貧窮を必然化しているのに，それを救済せんとする貧民法が貧民を増やし，その貧窮を深めている．ここに「独立できない貧民」が登場するが，彼らこそ貧民法の対象であって，貧民法に寄生して結婚し，子供を生んで貧民を増やしているというのである．貧民法による救済を通して与えられる彼らの食料は，勤勉な労働者の食料の一部を奪ったものであり，後者はそれによって独立を失い，「独立できない貧民」となる．したがって貧民法は，独立している貧民の敵である「独立できない貧民」を増やすだけである．さらに，貧民法が「独立できない貧民」のために救済を用意しているということが，独立している労働者の倹約心や貯蓄の意欲を無くさせている．「貧民法はこの［独立の］精神を滅ぼすために，わざわざ作られた感がある」．「製造工場に雇われている貧民は，どうせ救助があるから，自分でもうけた賃金は使ってしまって，できるだけ享楽すればそれでいいと考えている」．「とにかく積極的な制度を作り，従属的な貧乏を余りにも一般的なものとするのは決していいことでない．なぜかといえば，そういう制度は貧乏を恥ずかしがるという最善の人間的な心を弱めるものであるからだ」（同上，67-9 ページ）．

　慈善的な目的で運用されている貧民法が，かえって貧民を増大させ，労働者の勤勉と独立心を損なっているとすれば，貧民法は 1 日も早く廃止した方がよいことになる．「罪は制度それ自身の本質にある」からであり，「もし貧民法のようなものを作らなければ，はなはだしい貧困の例は今より多かったかもしれないが，庶民社会の幸福の量は全体として今より遙かに大きかった

に違いない」からである．彼は，「下層社会の貧乏を無くすという仕事は，本当に骨の折れる仕事である」と嘆いて見せた後に，次のように提案した．

「第1に，現行救貧教会区法［定住権法］を全廃すべし，こうすればイギリスの農民に自由と行動の自主とを許すことになる．……そうなれば彼らは仕事があって労働の価格が高い所へ何の妨げもなく移っていくことができる．それによって労働の市場は自由となり，需要があっても価格はしばらく騰貴し得ないというような現在の障害は除かれる．

第2の方策．未耕地を開墾する者には奨励金を与え，製造業よりも農業を，放牧よりも耕作をできるだけ奨励する．……農業を奨励すれば健康な労働が今よりも多く市場に出てくると同時にその国の生産も増加する．

最後に，極度に貧困に陥っている者に対しては，州貧民院を建て，王国中に賦課される地方税によってそれを支え，州民ならだれでも，いな，国民ならだれでも自由にそこには入れるものとする．食べ物は貧しくし，仕事のできる者には仕事をさせる．ここを……たのしい避難所と考えられては困る．ここは非常に困った人が少しばかり休養するところで，それ以上のものではない」（同上，72-3ページ）．

ナポレオン戦争下の食料不足と物価騰貴，貧民の増大を肌で感じていた人々にとって，マルサスの『人口論』は，貧困の深刻化をずばりと肯定し，単純な数学を用いて明快にその原因を解明して見せた．経済学者達の，富を増大させることによる最下層に至るまでの豊富化という予言は，理論上の説得力はともかく当時現実により裏切られていたから，受救貧民の増大やその取り扱い，貧民税の上昇について心配していた有産階級の人々にとって，貧民の増大を自然法則のせいにし，弱いものが当然極貧になるといい，その慈善的な救済が意図に反して貧民自身を苦しめるとする「学説」は，非常に心地好いものだった．常に過剰気味の貧民が存在し，その一部は他人に依存せず独立して生活しているが，怠惰と不用意な者は極貧に陥るとして貧窮状態を彼らの責任に転嫁し，そのうえ，貧民救済は無益であるばかりか，かえって貧民を増やしその悲惨を永久化するというのであれば，彼らは救済の義務

をも免れることができた．「貧乏の止めどなき回生を止めること，これは人力の及ぶところではない．事の性質上到底できないことは止めた方がいい」．

『人口論』は評判となり，貧困の必然性を解明した「学説」として広く受け入れられることになった．人口を抑制するものとして，悲惨と悪徳しかあげていなかったマルサスに対して，ゴドウィンは手紙で，道徳的抑制を指摘した．1803年に現れた『人口論』第2版において，マルサスは膨大な資料を集めて初版の論旨に裏付けを行うとともに，道徳的抑制について自説を展開した．ゴドウィンに対抗しようとしたマルサスは，道徳的抑制は貧民の間では余り働いていないと主張した．なぜならば，貧民法は子供への手当てを与えることによってその必要を取り除いてしまうからである．したがって児童への手当てを廃止すれば，貧民は育て得る以上の子供を作らず，道徳的抑制を実行している貧民も報われることになる．この論旨は，貧民法が人口増大をもたらすとしたマルサスの主張をドグマに高め，ますます貧民法の廃止に力を入れさせたのだった．第2版には有名な次の言葉があった（第3版では削除されたが）．「すでに占有された世界に生まれてきた者は，もし彼が正当に要求し得る両親から生計を仰ぐことができなければ，また社会が彼の労働を欲しなければ，一片の食物に対しても要求の権利をもたず，実際彼は世界にとって何の用のない者である．自然の大いなる饗宴において彼のつくべき空席はない．自然は彼に退去を命じ，賓客のだれかの憐れみに動かされない限り，速やかに自己の命令を執行する」．

しかしプロテスタント牧師であったマルサスは，「もしも自分が貧民法の廃止を直裁に進めていると受けとられるとすれば，彼の批判者から非クリスチャン的との非難を受け得ることに気付いた」(Inglis, *op. cit*., p. 71)．そこで彼は巧妙な妥協を図り，次のような提案を行った．「旧貧民法下で世に生まれでた児童にはすべて救済の権利を与える．しかし新法を成立させ，その日から1年後以降の結婚から生まれる児童，そしてその日から2年後以降に生まれる非嫡出児童には救済の権利を与えない，と宣言する」．そうすれば，貧民の親は，もはや古い権利を享受できないことを知り，子供を生むことを

止めるであろう．第2版では初版に提案された労役所計画も捨て去られた．生活資料を与えることで人口増加に手を貸すというのだった (*ibid.*)．

## 3. 人口論の社会への浸透

医者のトマス・ジャロルドは貧民の中で働いている経験から，貧民は貧しすぎて，そんな計算をして結婚や出産をしない，むしろ彼らの生活標準を上げた方が自分達の生活について考えるようになる，とマルサスを批判した．またチャールズ・ホールは下層労働者の貧困の原因は社会の仕組みにあるとしてマルサスを批判した．「労働者はその家族が消費あるいは必要とするものの6倍から8倍を生産するが，それらが何も生産しない者によって奪われている．彼が権利をもつのは，彼の労働が作ったか生み出したもののすべて，彼の労働の全果実であり，彼の賃金が購買せしめる僅かなものではない．……彼が自分の悲運を招いているとか，自然が彼と家族の運命を決めているというのは真実でない．かの過酷な運命は，金持ちによって彼にもたらされているのである」と (*ibid.*, p. 72 より引用)．

しかしマルサスの批判者は少数だった．第2版は一層広い読者層に浸透し，貧民の救済要求を無視することを可能とし，彼らを敵意と軽蔑と冷遇と無視の対象にし，無防備な攻撃対象の立場においた．「マルサス氏の本はこの無関心とアパシーの増幅に必要なすべてのことを成し遂げた」と，批判者の1人ウィリアム・ハツリットは述べた (*ibid.*, p. 74)．

先に，最低賃金の立法化により貧民の窮状を救おうと試みたウィッグ党のウィットブレッドは，アダム・スミスの経済学を盾にした反対論に敗れたが，その後も貧民状態の改善のために努力していた．しかし彼はいまやより残酷でより強力なマルサスの人口論に直面し，なす術を失った．「1人の哲学者がわれわれの間に現れた．彼は深く現状の諸原因に浸透した．それはマルサス氏であり，彼の著書は一般に広く読まれているようで，それは貧民法に関する意見を完全に変えてしまった．……私はこの著者の作品をどの課題にも

優る注意力を注いで研究した．私は彼が赴く原理に対し正当でありたい．私はそれらが論争の余地なきものと思う．ただ私は彼がたどり着く結論の多くと全く意見を異にする」．1806 年におけるウィットブレッドのマルサスへの譲歩は，体系だった「学説・理論」に対して感情と便法しか対置できない人道主義者達の弱点をさらけ出したのだった．

福音派人道主義者達は 1799-1800 年，1810-11 年の食料危機に相変わらずスープ・キッチンによる貧民救済や慈善運動を繰り広げ，多くの人々を救ったが，次第にマルサスの理論を受け入れるようになった．1816 年，ジョン・B. サムナー師は一論文の中で，貧困を文明に必要な拍車として是認し，コルクホーンにしたがって貧困と貧窮を区別した．「貧困は名誉であり快適であるが，貧窮は憐れみで見られるとしても通常軽蔑すべきものである．貧困は多くの人々の自然的運命であるのに対し，貧窮はだれの自然的運命でもなく，普通，飲酒と慎重な配慮の欠如が貧困をそこに陥れた状態である．貧窮は下層階級の無思慮と罪ある浪費にたいする神の罰である」（Cowherd, *op. cit.*, p. 40 より引用）．極貧者に対する救済の熱意は，宗教的人道主義者の間においても急速に冷めていったのだった．

## 4. ベンタム哲学とリカードウ経済学

ジョン・スチュアート・ミルの父親であるジェームズ・ミルは，マルサスから大きな影響を受けたこの時代の知識人の 1 人だった．第 2 版を読んだ彼は次のように書いた．「人間の種の増大は常に生活資料に比例するという命題ほどよく確立されたものはない．そしてまた，人間の種の増加傾向がその扶養のために土地から生産されるものの増加の可能性よりもずっと大きいという命題ほど論争の余地なきものはない」（Inglis, *ibid.*, p. 73 より引用）．1808 年にベンタムに出会ったミルは，10 年間親交を続けるうちに「最も忠実で熱烈な弟子」となり，イギリス中に功利主義の哲学を広めようと決心した．1814 年の『政府論』は，マルサスの人口論とベンタムの最大多数の最

大幸福の原理を結び付けたものだった．個々人がその財産を自由に用いて幸福（ベンタムの場合は経験可能な快楽）を追及する時，自然資源は限られており，少ない資源を求める人間の間にたえざる抗争が起こる．それゆえ個々人の私有財産をその侵害から守ることが政府の主たる任務となる，とミルは論じた．ミルにとって政府は幸福の増大のために限られた役割を担うにすぎぬとはいえ，必要なものである限り，貴族が独占的に支配しているのは不当であり，下院の徹底した改革が必要であった．ただし，ベンタムが普通選挙権を主張していたのに対して，ミルは大衆が教育を受けて自分自身の最善の利益を知るようになるまでは，「選挙権は社会の最も賢く有徳な人々の手にのみ保持されるべし」と考えたのだった（Cowherd, *op. cit.*, p. 105）．

ミルは百科辞典に記事を書いているうちに，デーヴィッド・リカードウとも親交を結び，ベンタム主義者仲間に引き入れたのだが，このリカードウもまたスミスの『国富論』についでマルサス『人口論』に深く影響をうけた人だった．リカードウは，マルサスと友人として付き合いながらもその経済理論では鋭く対立したのだが，人口論についてはその正しさを疑わなかった．彼は後年「この大著作に対する反対論者の攻撃は，ただその力を証明するのに役立つだけだった」と述べた．株式仲買人として成功したリカードウは，地金論争で論文を書いて経済学者として認められ，穀物価格の急落を背景に1813年から15年まで盛んだった穀物法論争に刺激されて15年，『穀物の低価格が資本の利潤に与える影響』を書いた．国内の穀物価格を人為的に高く維持し，地代を高める政策が，名目賃金を高めて利潤を低め，生産規模の縮小を招くというのである．ここでは地代と利潤の対立関係が明らかにされていた．

ジェームズ・ミルは，リカードウの厳密な論理展開が地主貴族階級と他の全社会の対立関係を暴露するものと期待して，経済学原理の執筆を勧めリカードウもこれに応えたが，1817年に出版の運びとなった『経済学及び課税の原理』は，資本主義社会の仕組みとその歴史的動向を明らかにするために，地主，資本家，労働者という資本主義社会の基本的3階級の間のそれぞれの

取り分はどうなるのかを研究課題としていた．「土地の生産物，すなわち労働と機械と資本との結合投下によって，土地の表面から取得される一切のものは，社会の3階級の間に分かたれる．土地の所有者，耕作に必要なる財の蓄積すなわち資本の所有者，およびその勤労によって土地の耕さるる労働者がすなわちこれである．しかしながら，社会発達の様々なる段階においては，地代，利潤，および賃金なる名称の下に，これら諸階級の各個に割当らるべき土地全生産物の比例も，また大いに異なるであろう．しかしてそれを主として左右するものは，土壌の現実の肥瘠，資本の蓄積と人口と，および農業上に用いらるる熟練と工夫と用具との如何である．この分配を左右する諸法則を決定すること，これが経済学の主要問題たるものである」（リカードウ，訳書［1952］上巻9ページ）．

　リカードウは同じ序文に自ら述べているように，人口論とともに収穫逓減の法則をも正しいものと前提して資本主義社会の発展を資本の蓄積に基づいて推論していくため，3階級の利害の対立と平均利潤率の逓減，社会の漸次的停滞という陰鬱な展望を示すことになった．「利潤の自然の傾向は下落することである」「労働者の境遇は……国の生産物のより少ない部分しか彼が支配しなくなる限りより悪くなるであろう．唯一の真実の利得者は地主であろう」（同上，122ページ）．

　スミス経済学においては，資本の増大による労働者状態の改善が展望されていたが，リカードウの経済学では労働者状態は二重の意味で陰鬱なものとされていた．労働の自然価格とは，「労働者をしてよく衣食し，増減なくその種族を永続せしむるに必要な価格」であるが，1つは賃金すなわち労働の市場価格が労働の自然価格を上回った時，人口法則が働くからである．「高き賃金が人口の増加に対して与える奨励によって，労働者数が増加し，賃金は再びその自然価格にまで下落し」，反対に賃金がその自然価格以下に下落した場合には，「彼らの窮乏が彼らの数を減ずる」ことによって，労働者数は労働に対する需要に一致し，賃金は再びその自然価格にまで上昇する．こうして労働者の賃金は，習癖と慣習により与えられている生活の必要最低限

に，つまり労働の自然価格に収斂するというのである（同上，86-7ページ）．これは，たとえ生産力が拡大しても賃金は上がらないことを意味した．

　もう1つは，収穫逓減の法則が働き平均利潤が低落してゆくからである．蓄積が衰えてゆくことで労働需要が減り，労働の市場価格が労働の自然価格を上回ることが少なくなるからである．「社会の自然的進歩につれて，労働の賃金はそれが供給と需要とによって左右される限り下落する傾向をもつであろう．なぜならば，労働者の供給は引き続き同一率で増加するであろうが，彼らに対する需要はより遅い率で増加するであろうからである」（同上，93ページ）．

　リカードウは1821年の第3版に「機械論」を加え，ジョン・バートンにならって資本の有機的構成の高度化が労働者を過剰にすることを認めた．しかし，相対的過剰人口を人口法則による絶対的過剰人口として捉える彼の基本的立場は変わらなかった．賃金決定に人口法則を取り入れて，その自然価格への収斂を説明したリカードウの賃金理論は，その後「賃金基金説 wage fund theory」と呼ばれて労働者の賃金引き上げ要求に対する強力な障壁として資本家側に利用されるようになった．この「理論」は，労働者用に用意されている生活諸手段が一定量に決まっていて，賃金を引き上げてもそれは名目的なものにすぎず，実質賃金は変わらないという理屈を根拠づけるものとして，あるいは，一部の労働者の高賃金は他の労働者の低賃金に結果するという理屈付けとして，あるいはまた，貧民救済用に多くを与えれば，独立労働者の食料を奪うことになり，彼らを窮民化するという理由付けとして利用された．いずれも一定の食物に対して社会が必要とする数以上の人間が存在するとする「人口理論」を根拠としているのであり，「人口理論」が崩れれば成り立たない理屈であった．

　しかし自由貿易に理論的正当性を与え，議会においても活躍したリカードウの経済学者としての権威は非常に大きく，彼の言葉は社会的に重要な役割を果たした．彼はいった．「これがすなわち賃金によって左右せられ，すべての社会の遙に最大の部分の幸福がよって支配せらるる諸法則である．……

賃金も衡平自由なる市場の競争に任せられるべきものであって，決して立法府の干渉によって統制せらるべきものではない．貧民法の明らかでかつ直接なる傾向は，これらの簡明なる諸原則に正反対のものである．それは立法者の慈善的意図に反して貧民の状態を改善せず，彼らと富者の双方の状態を劣悪ならしめている．……現行法が続く限り，貧民を養うための基金は累進的に増大してついにこの国の純収入をすべて吸収する……害悪の性質は矯正の方法を指示する．漸次貧民法の範囲を縮小することにより，貧民に対し独立の価値を感得せしめることにより，貧民に教えるに系統的あるいは不時の慈善に援助を仰ぐことはならず，自身の生活のための尽力に頼らなければならぬということにより……我々は少しずつより健全で健康的な状態に近付くであろう」（同上，99-101ページ）．

先に見たように，ベンタムもアダム・スミスの弟子を自認していたが，彼の主要な関心は政治制度と行政機関の在り方にあった．プリーストリの文章から取った「最大多数の最大幸福」の実現をモットーとした彼は，それまで掲げられてきた理念としての自由を人々の日常生活の中に生かそうとした．従来の妥協的な政治体制に対して，あるいは伝統的な行政制度に対してベンタムの功利主義哲学は最も破壊的な威力を発揮した．「それは急進的な斧の中でも最も刃の鋭いものを提供したのであって，その斧によって，次のような勝ち誇った諸質問に回答できなかった伝統的諸制度を切り倒すことができたのである．その質問とは，それは合理的であるだろうか，それは役に立つだろうか，それは最大多数の最大幸福に寄与するであろうか，というのであった」（ホブズボーム，訳書［1968］385ページ）．

ベンタムの功利主義哲学は，前の世紀の革命思想であった自然法思想に替わって，産業革命を遂行中の新しい経済社会にたいして新しい指導原理を与えるものであった．それは私有財産を公認し，統治制度の必要性を肯定する点で危険な思想ではなかったが，一切の自然法的観念を形而上学と批判し，一方では封建的残滓を，他方では理想主義を排除した．また徹底して経験に基づこうとすることから，中心的な幸福概念を経験可能な快楽概念に矮小化

していった．その結果，ベンタム主義は出現しつつある経済体制を基本的に是認し，その合理化と効率化を促し，同時にそのような経済体制にふさわしい政治・行政制度の構築を求めたのだった．

　功利主義はベンタムとその弟子達の名とともに次第に社会的評価を上げていった．ベンタムは合理的な行政管理という観点から，早い時期から労役所の改革を提案しており，快を求めて不快を避けるという人間行動を利用する収容施設「パノプチコン」を計画していた．これは管理職員を最小限に押さえ，最大の収容者を管理するため円環状の建物で，中央部分に管理所を，外円部分に収容者用の部屋を配置したものだった．収容所内の食事はまずく，規律は厳しく，労働はきつくされるが，収容者の行動が善良であると認められれば扱いは徐々に良いものに変わる．逆に良くない行動を取るものには扱いが厳しくなる．良い行動に快，悪い行動に不快，を与えることで収容者を訓練し，よい行動を習慣づけることにより自ずから収容者の早期出所を促すというのだった．

　ベンタムはまた貧困と貧窮 indigence を注意深く区別した．「貧困は生活資料を得るために労働に頼ることを余儀なくされる各人の状態である．貧窮は，財産を欠いており必要物を得るために労働することができないか，あるいは労働へさえ行けない人の状態である」．貧困は自然な，本源的な，一般的で変え得ない人の運命であり，必要物を得るための労働をとおしてすべての富の源泉となるから，取り除くことはできないしそうした試みもすべきでない．それに対して貧窮は憐れみを受け，救済されるべきものである．貧窮者は救済を受ける「自然権」を持つのではないが，飢えて死ぬのは功利主義の原則と安全という一般的社会目的に反する．そこで「財産がなくて他人の労働によって扶養されている人の状態は，自分自身の労働により生活している人のそれより好ましいものに」しないという取り決めの下に救済するというのだった（Knott [1986] pp. 46-7）．1808年，ノッチンガムシャー・サウスウエル教区において，治安判事ジョン・T. ベッチャー師はベンタムの提案に基づいて労役所を運営して，収容者状態の改善と経費節減に成功し，その経

験は教区牧師をとおして各地でまねられるようになった．よく管理された労役所は収容者の社会的規律の訓練の場としても注目を引いた．貧民法の廃止ではなく，改善された運営がよい効果を生むという諸例は，マルサス主義の過酷なジレンマをとく鍵のように思われた（*ibid*., pp. 48-9）．

　ベンタム派はいろいろな政治雑誌に類似の行政改革に関する論文を発表し，今後のあるべき政治制度や行政制度について提案するとともに，僅か数百家族が支配する下院の現状の不合理，外交政策，国債処理のまずさ等をも訴えた．ジェームズ・ミルをはじめ，オースチン兄弟やローバックなど急進派の筆法は鋭く，ウィッグ党を含む貴族達を恐れさせたが，彼らの主張に耳を傾ける人々も多くなった．1820年代になると，「哲学および政治の分野におけるいわゆるベンタム派なるものに，公衆の頭の中でいまだかつてその派が占めたこともなかった……おおきな位置を与えたのだった．……彼らの考え方の特徴は，ベンタムの見方を近代経済学の見方，およびハートリー流の形而上学と結合させたものだった．マルサスの人口論の原理も我々の間では，特にベンタムのものと言えるどんな見解にも少しも劣らず，旗印の1つであり一致点の1つだった．……政治の面では，代議政体と言論の完全な自由という2つの効力にほとんど無限の信頼をおいていた」（ミル，訳書［1960］92-7ページ）．

　こうしてナポレオン戦争後の一時期，力を蓄えつつあった資本家階級と開明的貴族は新時代に向けた政治経済の改革整備に当たって，ベンタム的功利主義哲学とリカードウ的経済学を結び付けたもので理論武装し反対勢力を打ち破っていったのである．

## 5．貧民法調査王立委員会

　ナポレオン戦争終結後の不況の中で，貧民救済に必要とされる貧民税の重みはすべての階級の肩にのし掛かり，これに対する不満は臨界点に達していた．救済支出総額は1801年410万ポンド，1813年666万ポンド，1818年

787万ポンドで人口1人当たり13シリング余となった．1817年，トーリ党スタージェス・ボーンを議長として40名よりなる「貧民法調査特別委員会」が設置されたが，その報告書はマルサスの主張を基本的に受け入れた．「その制度は和らげようとしている悲惨の量を永久的に増やしつつあり，同時にもはや増やし得ない基金に対して無制限の要求を生み出しつつある」．報告書は貧民法支出の上限の設定，教区学校や労働者給付クラブの奨励，救済行政の改善，有給監督官の任命を勧告したが，上院の牽制もあり，貧民法即時廃止を打ち出しはしなかった．この勧告から教区会議の権限を強める2つの法律が成立したけれども，行政管理について明確な方針を示していなかったために抜本的改革とはならなかった．

1830年代に入るや，イギリス各地は産業革命に伴う社会変動と貧困の増大，貧富の格差拡大を反映した様々な暴動に見舞われ，内乱の状況さえ呈した．スウィング一揆に代表される農村の騒乱は，特にアローワンス制度の盛んな地帯で発生していた．1832年2月，選挙法改正法が成立する前にウィッグ政府は貧民法改革に本格的に取り組むこととなり，その前提として「貧民法調査王立委員会」を任命した．委員会は，ロンドン首教ブロムフィールドを議長とし，チェスター首教サムナー，スタージェス・ボーン，ヘンリー・ゴウラー，経済学者ナッソー・シーニョア，ベンタムの秘書エドウィン・チャドウィック等が加わった．調査委員会は補助委員を全国に派遣して貧民法の作用について報告させ，膨大な資料に基づいて2年後の1834年2月に報告書が公表されたが，それはほとんど経済学者シーニョアとベンタムの秘書チャドウィックによって書かれたものだった．彼らは当時の貧民法に対する経済学と政治学の批判を代表する有能な学者であったから，その現状への分析と改革勧告は予想どおりのものだった．

1834年の報告書は次のように述べていた．「それゆえわれわれは貧民法行政を統括するために中央機関central boardの任命を勧告する……その委員会は，労役所運営のための，またその中で与える救済および行わせる労働の質と量に関する規則を作り実施する権限を与えられる……その規則は実行可

能である限り全国統一とする……すべての条件の中で第 1 の最も重要な原則は，全体として彼の状況 situation を実質的にも外見的にも最低クラスの独立した労働者の状況ほど望ましいもの eligible にしてはならぬということである．証拠類はすべて，窮民 pauper の状態 condition が独立した労働者の状態より上になるに比例して独立階級の状態は悪くなり，勤勉は損なわれ，雇用は不安定になり，賃金額は減ることを示している……窮民の状態を独立した労働者よりも望ましいものにしそうな支出各 1 ペニーごとに，怠惰と悪徳を助長することになる……院外救済とその無限定の性質から結果するもう 1 つの悪は，受け手に必要以上のものを与えるという自然的傾向である……それは与え手の慈善的な意図を実現しないのみならず，与え手側の不正行為と受け手側の不満と暴力の源泉となっている……われわれが勧告する主たる特別施策は……有能な人とその家族への救済はすべて，よく規制された労役所内（エリザベス 43 年法の精神と意図にしたがって彼らが仕事に付けられる場所）以外では違法であると宣言し，止めさせることである……少なくとも 4 つのクラス分けが必要である．1. 老人および真の無能力者，2. 児童，3. 有能女性，4. 有能男性……各クラスは適当な取り扱いを受ける」(Bland *et al., op. cit.*, pp. 661-3).

## 6. 新貧民法の成功と失敗

　ウィッグ政府は全面的にこの報告書に依拠した法案を起草し，素早く議会に提出した．議会内ではコベットが，議会の外ではオーストラーが，貧民の救済される権利の擁護を叫んで新しい法案に反対運動を行ったが，両院ともに圧倒的多数により 1834 年 8 月，「貧民法修正法 The Poor Law Amendment Act」（通称新貧民法）は成立した．これは，貧民法を全国的に統括する 3 名よりなる貧民法委員会の創設，地方における貧民保護官の配置，教区連合の結成，労役所外での救済の禁止，劣等処遇の実施などを法制化した．ブライアン・ロジャーズは言っている．「強力な中央集権的行政管理，議会に対

する間接責任制，地方自治体民主主義，しかし何にもまして，劣等処遇と院外救済の廃止に，我々はベンタムの社会的自動装置の1つを見る．彼の理論によれば，救援を申請する労働可能者は，1つの簡単な選択を迫られる．彼は劣等処遇の労役所内で救援を受けることもできるし，そこへ入らないで自活することもできる．彼が前者を選ぶとすれば，労役所内で彼の利益になることが少ないほどそこにいる気を無くし，彼が後者を選ぶとすれば，自分自身の努力によって更生の途上にたつことになる」(Rodgers [1969] vol. 1, p. 31，邦訳29ページ)．

　全国バラバラだった貧民法行政を統一し，スピーナムランド制度でひろがった院外救済を廃止する，本当に困っている者には労役所で救済を与えるけれども，彼らは窮民として劣等処遇を受けるというのだった．この法律の前提には，貧民救済制度の存在が貧民を依存的にさせ，また独立生活をしている貧民をも依存状態に陥れて貧民数を増大させるというマルサス的な思想があったから，救済の厳格化と縮小が貧民の自立を促し，また窮民の極小化をもたらすとの期待があった．新貧民法の成立直後，ある責任者は次のように書いた．「そのような貧民救済の転換によって，新しい活力が窮民のからだの中に注ぎこまれる．彼は眠りから覚め，彼の隣人に対する関係はすっかり変化する．彼は新しい目で以前の雇用主を探す．彼は仕事を欲しがり否応いわなくなる．彼は誰もが何かをやってもらいたがっているのを見出だす．彼はある人の垣根を作り，他の人の排水を掃除し，また別の人の生け垣から古株を掘り出そうとする．彼は何事も見逃さない．彼は何か仕事をしようとして身構えている」(*ibid.*，同上)．

　労働階級の多くが，貧民法の過酷化を嫌って従来以上に自立生活に努力するようになり，貧民院への入居者が減ったという点でそれは成功であった．これ以前から徐々に「勤労と自助自立」が労働者の道徳となり，労働者は自らの労働技能を磨いて労働生涯をまっとうしようとするようになり，生活規律を身に付けるようになった．彼らは働けなくなった時に備えて蓄えを作り，友愛組合や協同組合を作り，労働組合を作って自立生活に備えるようになっ

た．彼らは支配階級とともに救済や慈善を軽蔑するようになった．しかし彼らは，貧困が逃れることのむずかしい自分達の境遇であることも知っていたから，そのような過酷な貧民法には強く反対したのだった．

「ソマセットハウスの帝王」と呼ばれた3人の貧民法委員会委員たちは，マルサス的信念を持ち救済支出の削減に努めたので，その結果，大規模な一般混合労役所が出現し，内部の規律は厳しくなったが収容者の状態は悪化した．時代は変わったがスピーナムランド制以前の労役所の状態が再現したのである．1846年，アンドーヴァ労役所で，窮民達が空腹を満たすために粉骨作業用の馬の骨に付いていた軟骨を食べ，髄えきを吸うという事件が発覚し，強い反感を買っていた委員会は廃止された．その業務は1848年貧民法庁に引き継がれ長官は議会に責任を持つことになった．

新貧民法が，貧民の自立を促し収容者数を減らし費用を減らす，という所期の目的を達成できなかった原因はいろいろあるが，重要なのは次のようなことだった．第1に，1860年代から，景気循環の恐慌局面において繊維関係を中心として大量の失業者が発生するようになった．景気循環に伴う失業者は，自分の働きたいという意思に反して仕事を失ったのであり，彼らを労役所に収容して劣等処遇を課すことは適当でなかったし，また労役所内に収容しきれる数でもなかった．彼らに対しては労役所外での措置が必要であり，公共事業による救済が計画されはじめた．

第2に，公然たる劣等処遇の強要は，人々が「最後のよりどころ」としていた貧民法の機能を大幅に狭めてしまった．明らかに困窮している身体障害者や高齢者，病人が決して貧民院に入ろうとせず，悲惨な生活の下で生涯を終える例も多かった．そしてまた貧しいながらも住宅を持ち，わずかな援助を与えて生活を続けさせた方が，労役所に収容するより本人のためによくコスト的に安上がりになる例も多かった．貧民保護官達は特別の措置を積み重ねて，院外救済を拡大してゆかざるをえなくなり，それを取り締まって縮小することはできなくなった．

第3に，それにもかかわらず，どうしても自分で生活することのできない

病人，高齢者，寡婦，孤児，身体や精神に障害を持つ人々が常に労役所の収容人数を上回って存在していた．文字通り働く能力を失っており自分で生活できない人々に劣等処遇を課することは，無意味にその人を苦しめるだけであり，法律上もそうはしないことになっていた．しかし，もしも孤児達が労役所内でよい生活を与えられていると，両親は自ら苦労して子供を育てなくなるのではないか，高齢者がよい待遇を受けていることが知れるならば，労働者たちは自ら老後に備えて節約しなくなるのではないか，と心配された．同一施設の中では，労働能力保持者への劣等処遇が労働能力非保持者にも適用された．これは経費節減という目的にはよかったが，明らかに非人間的な処遇であった．

　1870年代，労働運動やいろいろな社会運動に刺激を受けて，博愛運動に乗り出した上流・中流階級の女性達は，豊かになりつつあるイギリスにおいてこのような非人間的な状態が存在していることに「罪の意識」を覚え，これを告発しその改善に取り組んだ．病人と児童の分離，高齢者と幼児の分離，病人や乳幼児や精神病者へのそれぞれの特殊な措置などが徐々に進むことになった．1883年にキャノン・バーネットが，貧民法と労役所を職業訓練所や病院として発展させうると考えたのは，このような傾向を見てのことだった．19世紀後半の貧民法処遇の実質的変化を前提にして初めて，マイケル・ローズの「イギリスの福祉サービスは大体，いろいろな種類の貧民を救済への依存から外していく試みの結果として発達した」（Rose［1972］p. 41）という見解は首肯しうるものになるのである．

# 第5章
# 産業革命と工場法

## 1. 1802年の工場法

　資本主義的生産様式は，産業革命を経てはじめて強固な生産力的基礎を固めることになるが，世界で最初に産業革命を成し遂げたイギリスにはそのための諸条件が整っていた．商品・貨幣市場の形成，海外市場と商業の発展，ヨーロッパ大陸の政争からの相対的孤立，政治的安定，経済活動の漸進的自由化，人口の増大，羊毛や石炭等の資源の鋸存と製造・加工業の発達，それらは農業社会から工業社会への急速な転換を促すとともに，農村から都市へと人口を移動させてゆくその過程がまた市場を拡大し，工業生産を一層発達させることになった．1760年代から70年代にかけて紡績機械の発明と改良が相次ぎ，それは綿織物や毛織物の機械へと進み，炭鉱の本格的開発と鉄の生産，蒸気機関の一般的利用によって大規模な機械利用による工場生産が拡大していった．それに要する資本の巨大さは資本家と労働者の隔たりを大きくし，資本家あるいは工場主の指揮の下に大規模な工場で一律に行われる生産活動は，「工場制度 factory system」と呼ばれるにふさわしい全く新しい現象だった．

　産業革命初期の機械類は，木造で動力として水力を利用したので，それらの工場は急流を求めて人里離れた山間の川に沿ってたてられた（戸塚 [1966] を参照）．物資の輸送や住民の定着のために道路と運河が開鑿されたが，膨大な製品への需要に応えるためには何よりも機械に就く人手が必要だ

った．北部に位置する新興工業地帯では，中部や南部からの人々の移住と受け入れに努めたが，なかなか必要人員を確保することはできなかった．そこで目を付けられたのが，各地の貧民の子供達だった．貧民法では，貧民の子供達を徒弟にだすよう命じていたので，南部の諸教区においては，北部からの工場徒弟に対する引き受け要求は非常に歓迎すべきものだった．こうして6〜7歳から14〜15歳くらいの子供達が次々と山間の工場へと送られたのだった．

　改良を積み重ねた優れた作業機は，人間的な熟練を不必要にしたため，基幹的な作業以外には未経験の女性や児童が大量に雇用された．水流を動力とし歯車とベルトの伝導機によって動かされる紡績機は，人間のように生理的必要によって作業を中断する必要がなかった．そのため製品に対する需要が続く限り機械は止められることなく動き続け，働く人間は機械の作業リズムに合わせて必要な動作をするということになった．それまで労働者は，たとえ資本家に雇われていようとも労働現場では生産の主導権を握っていたが，工場への機械の導入は，生産の主導権が機械に移り，労働者は機械の動きに合わせて服従的に労働するという状態を作り出したのである．機械制生産と工場制度はそれに順応する労働者を必要とするようになり，したがって当時，大資本家や工場主が労働者に求めるようになったのは，資本家の指揮にも機械的生産にも適応するような命令への服従と規律の順守だった．

　機械化された生産過程は単調だが中断することなく続き，速度を遅くすることも力を緩めることもできなかった．人間労働に伴う生理的疲労も精神的倦怠感も一切お構いなしに続く労働は，大人にとっても苦痛多きものであり，一定の限界をこえると大人でも健康の破壊をもたらし，子供達の健康にとっては一層有害だった．「児童労働力の高い割合が，およそ8歳以上で，1日12〜14時間働いていた」(Fraser [1973] p. 13). 機械的生産が労働者にもたらしたもう1つの新しい現象は，生産手段の大規模化と人間外からの動力の強力さによる労働災害だった．注意力の散漫な児童達は大人以上に犠牲になった．そのうえ工場の作業環境は高温・多湿，騒音，粉塵の舞う空気，不

衛生であったから，子供達の間に頻繁に呼吸器系の病気や熱病が発生した．また工場主は教区徒弟にとって，親方であると同時に両親の代わりでもあり，衣食住の面倒をみたものの，利潤の増大とコスト削減の欲求は彼らの食生活，住生活などを極貧弱なものにした．このようなことから，紡績工場で長時間働く教区徒弟達は幼くして体はゆがみ，病気になり，怪我をして大量に死んでいった．また，必要な教育がなされないために，読み書きも計算もできず逃亡して犯罪者となるものもでてきた．しかしこれらのことは，人里離れた山間の出来事である間は社会問題として取り上げられなかった．

しかし，ジェームズ・ワットの蒸気機関の普及につれて，工場はランカシャーやヨークシャーあるいはスコットランドの山間地帯から次第にマンチェスターやリーズあるいはグラスゴウなどの平地に立地して，産業革命は新たな展開を見せるようになった．山間地の工場における惨状も徐々に知られるようになり，牧師や博愛主義者，開明的な工場主などがこの改善を訴えるようになった．マンチェスターの医師トマス・パーシヴァルは1795年に，木綿工場で働く児童の間に伝染性熱病が頻発していることを取り上げ，工場における児童の過度労働が健康に有害であることを指摘して，議会による法的規制を求めた．将来の首相の父親で大紡績工場主でもあった初代サー・ロバート・ピールは，児童に余りに過度な労働を強いることを経済的に合理的でなく，道徳的に悪い結果を生むと考えた．彼は議会における個人的な影響力によって，1802年に世界で最初の工場法を成立させた．これを見る前に，彼が当時の教区徒弟について1816年に議会で証言したところを聞いてみよう．「アークライトは偉大な国家的意義のある機械の発明者でした．その機械は大きな建物に蒸気力が殆ど普及していなかった頃に使われました．その工場は相当な水力を支配できる場所，一般に人里から遠く離れた地方に設立されました．そこで，これらの機械を動かすために大都市の過剰人口が求められました．そして何千人もの教区児童がロンドンやバーミンガムその他の人口稠密な地域から供給されたのです．私が関係している会社は，一時この種の児童を千人近くも雇用していました」（戸塚，前掲書より引用）．「児童

の小さなしなやかな指が最も必要とされたので，ロンドンやバーミンガムその他の労役所から徒弟を調達する習慣がただちに発生した．何千・何万というこれらの寄る辺ない7歳から13～4歳の児童達が北へ北へと送られた．……彼らは過激な労働によって死の淵まで追い立てられた．彼らは多くの場合，骨と皮とになるまでに飢えさせられながら，鞭をもって労働を強制された．ダービシャー，ノッチンガムおよびランカシャーの人里はなれたロマンチックな渓谷は，いまや責め苦の──しばしば殺人の──陰惨な寂漠郷と化した．しかも工場主の利潤は莫大だった．それはただ工場主の利潤への渇望を激しくするばかりだった」(Fielden [1970] pp. 5-6).

　1802年の工場法の名称は，「木綿工場とその他の工場に雇用される徒弟その他の健康と道徳を守る法律」であり，営業の自由という観点からの国家介入反対を回避するために，ことさら徒弟達の健康と道徳が強調されていた．適用範囲は3人以上の徒弟または20人以上の労働者を雇用するすべての工場だったが，実働12時間という労働時間の制限，午後9時以降翌朝午前6時までの夜業禁止という規定の対象になったのは，木綿工場の教区徒弟だけだった．そこでこの法律は『イギリス工場立法の歴史』(1911年)の著者であるハチンズとハリスンも指摘したよう「古い貧民法の拡張」と言えないこともないが，ピールとしては，工場制度という新しい現実に対する国家的規制を従来の法的枠組みを借りて実施する道を開いたつもりであったであろう．この法律は児童の教育と保護，工場の清潔，宗教心の涵養をも義務づけていたが，取締は治安判事に任されており事実上強制力はなかった．またピール自身が後に認めたように，工場が平地の人口密集地におりてくるようになると，教区徒弟に代わって一般の労働者の子供達が雇用されるようになったため，この法律は意味を失っていった．

　1797年，スコットランドの紡績業者デールからニューラナーク工場を譲り受けたロバート・オーエンは，そこで400名余の「5歳から10歳くらいに見える」教区徒弟を引き受け，強烈なヒューマニズムと天才的な経営能力によって，彼らをも含む労働者状態を抜本的に改善しモデル工場にしあげた．

彼は，経済に対する実際的知識とヒューマニズムからゴドウィンを援用して1813〜4年に『新社会観』を書き上げ，マルサスをいとも簡単に論破した．「世界の人口は，その維持のために生産される食料の数量に常に適応しつつあるというマルサス氏の主張は正しい．しかし彼は，聡明で勤勉な国民は，無知で悪政の下にある国民が生産するよりも，いかに多くを同じ土地から生み出すものであるかを我々に語らなかった．だがそれは無限大対1の関係にある」「しかも，われわれがその真理性を主張する諸原理に基礎をおく統治制度の下では，全人口は悪徳や悲惨の妨害をうけることなく豊富と幸福の生活を続けることができよう．そして人間労働はそれらの諸原理に導かれて，世界の人口に最高度の人間的享受の生活を営ましめて余りあるものとなろう」(Owen [1972] pp. 85-6，邦訳138-9ページ).

　彼は機会あるごとに社会の指導者層に向けて理想的生産について語ったり，1815年には，「もろもろの繊維工業に雇われている幼き小児その他の者の状態の改善策」を提案し，「サー・ロバート・ピールをして私に代わって下院に提出せしめる」ことにした．「その原案の条項は，工場労働時間を1日10時間に制限し，工場にはいって労働するのを許される小児の年齢をしばらく12歳にし，男女児ともに工場入りに先立って読み書きを教え，かつ女児にはそれに加えて裁縫と料理および貧民家庭の家事一般を教え，そして工場を清潔に保ち，たびたび水漆喰を塗らせる等であった」(オーエン，訳書[1961] 219ページ). オーエンは周到に「実施の努力と費用を保証すべきこと」を法案に盛り込んでいた．ピールにやる気があれば成立させ得たこの法案を，彼は同業者に気兼ねして骨抜きにし，ようやく1819年に成立させた．この法は，木綿工場での9歳未満児の入職禁止，9歳以上児童の労働時間を12時間に制限するものだったが，やはり取締機関を欠いていた．その後もウィッグ党急進派のジョン・ホブハウスによって1825年，29年，31年と工場法は成立したが，いずれも強制力を欠くものだった．

## 2. 1833年法の成立

　1815年に対フランス戦争が終わり，フランシス・プレース等の努力によって1824・25年に団結禁止法は撤廃された．貧民法の人間主義化に努力したギルバートの後継者で，首相ピットの信任も厚かったサー・ジョージ・ローズは，労働者の状態を改善し，同時に救済金支出を減らすという周到な提案によって，労働者の相互共済組織である友愛組合 friendly society を政府の保護の下におく1793年の法律（通称ローズ法）を成立させていた．この法律のおかげで友愛組合だけは団結禁止法の下で存続を許され，労働者の苦労を分かち合い不満を表明する場として重要な役割を果たしたが，1815年，その組合員は約93万人となっていたといわれる．団結禁止法撤廃により，種々の制約はあったが賃金や労働時間を有利にするための結社は処罰されぬことになったので，各種友愛組合を含むいろいろな労働者組織が出現し，次第に労働組合的色彩を強めていった．1829年，マンチェスターを中心に北部工業地帯で賃金切り下げ反対のストライキ運動が盛んになるが，それを指導したのはジョン・ドハーティだった．オーエン主義者となったドハーティはその年の12月に「全国紡績工総同盟」を結成し，1830年には「全国労働保護協会」を発足させてその書記となり，翌年，協会員数は10万人といわれた．1831年には「首都圏労働組合」が旗揚げしたが，それらは資本家階級が推し進めていた議会改革運動に協力しながらも，独自に労働者の政治的代表権を掲げ，また労働時間の短縮と工場法の改善を要求しており，「意気地のない乞食のような請願を続けるのでなく，労働者自身の断固たる統一的努力によって」それを実現しようとしていた．労働者階級が1つの社会的な勢力として登場してきたのである．

　このころオーエンに代わって工場法の改革に取り組んだのが，マンチェスターのナタニエル・ウッドとヨークシャーの「職工の王」と呼ばれたリチャード・オーストラーであり，特に後者は議会外の大衆運動を巧みに組織した．

福音派国教徒でトーリ党員だったオーストラーは，ブラッドフォードの製造業を訪問した時，そこでの余りに惨めな児童労働者の姿を見て衝撃を受け，1830年10月リーズの新聞に「ヨークシャーの奴隷制」として投書した．「何千人というわが同胞，わが仲間の臣民が，男と女が，あるヨークシャーの町（ヨークシャーは今奴隷制度反対を掲げる巨人を議会にだしている）の不幸な住民達が，今この瞬間に奴隷状態に置かれている．それはかの地獄のような「植民地奴隷制」の犠牲者よりも恐ろしいものである．……何千という小さな子供達，7歳から14歳までの男女で主に女児達が，毎日朝の6時から夕方の7時まで労働を強いられている．それも僅かに――イギリス人よ驚くなかれ！――食事と気晴らしに30分が許されるだけで．哀れな幼子達よ！汝らは実際ニグロ奴隷の慰めさえ与えられぬ貪欲の神への生け贄である．汝らはもはや自由な契約者などではない．汝らは困窮している親が必要としている限り，あるいは野蛮人より悪い主人達の冷たい貪欲が求めている限り，働くことを強いられるのだ！」(Fraser, *op. cit.*, p. 254 より引用)．
　オーストラーの投書は各方面で反響を呼び，繊維労働者の結集を促し，工場改革運動は大衆的性格を帯びて盛り上がり，急進派がトーリとの意見の相違を棚上げにして10時間労働を掲げた彼を支持したので，ここに運動の中心となるトーリと急進派の連合ができた．1831年ヨークシャーで結成された時間短縮委員会は，ただちにドハーティ等労働組合指導者の支持を得てランカシャーやスコットランドにも広がり，オーストラーは集会，デモ，請願など工場改革運動の先頭に立った．選挙法改革と並行的に，北部においては工場法の改善を求める大衆運動が人目を奪ったのだった．
　議会内部で工場法改革を取り上げたのは，やはり福音派のトーリ党議員マイケル・トマス・サドラーだった．1831年，ホブハウスの工場法案が骨抜きにされた時，彼はすぐに10時間法案の準備にかかり，翌32年3月に10時間法案を議会に提出してその成立を目指した．議会外ではオーストラーが10時間法案を支持するキャンペーンを展開し，13万人の署名を集めた．議会はサドラーを彼の法案審議のための証拠調べをする特別委員会の議長に指

名したが，委員会が報告書をまとめきらないうちに議会は解散となり，新しい選挙法による選挙でサドラーは議席を失った．しかしサドラーは特別委員会の報告書として「19世紀の最も重要な社会的記録の1つ」(*ibid*., p. 20) をまとめあげ，1833年1月に議会に提出していた．

　サドラーにかわってこの問題を取り上げてゆくことに同意し，工場法の改善，鉱山法の制定その他に尽力したのは，トーリ党員で後に第7代シャフツベリ伯となるアントニー・アシュレーだった．彼は1833年3月，サドラーの10時間法案を議会に再提出したが，この時に政治経済学の不介入ドグマの幻想を打ち破る力となったのが，現場労働者の労働実態を詳細に明らかにしていたサドラー報告書だった．そこで証言されている19時間にも及ぶ余りに長い労働時間と余りに短い食事時間と休み時間，4時間ほどの睡眠時間，事故の頻発とそのことによる賃金カット，過酷な労働規律などは，植民地奴隷の待遇改善に努めている文明国としての恥と受け取られ，議会は行動を促されることになった．ウィッグ政府は公平という口実で工場主側からの証言を得るために工場委員会を任命したが，その委員となったベンタム主義者サウスウッド＝スミスとE. チャドウィックは素早く動き，6月に彼ららしい次のような報告を行った．

　「1. 王国中の製造業のすべての主要部門に雇用されている子供達が，大人と同じ労働時間働いている．2. そのような時間を働くことの結果は，多くの場合次のようになる，身体状態が慢性的に悪化する，病気になるとしばしば完全には治らない，（過度な疲労によって）適度な教育を受けたり，有益な習慣を身に付けたり，それらから利益を受けることが部分的に，あるいは全面的にできなくなる．3. 子供達が行う労働からこのような害を被る年齢にあっては，彼らは自由な行為者 free agent ではなく，親や保護者により労働に出され，その賃金を受け取られ着服されている．したがってわれわれは，工場に雇用されている子供達の利益のために立法者の介入が正当化されると考える」(Fraser, *ibid*., pp. 256-7 より引用)．

　アシュレーの法案は7月に廃案とされ，ウィッグ党の大蔵大臣オルソープ

はチャドウィックに作らせた自らの法案を8月に提出し，若干の修正を加えて僅か3週間足らずで成立させた（小川［1961］参照）．1833年の「連合王国の工場に雇用されている児童，未成年者の労働を規制する法律」は絹とレースを除く全繊維産業に適用されることになったが，その内容は，1. 9歳未満児童の雇用禁止（例外あり），2. 9歳から13歳未満児童の労働時間，1日8時間，3. 13歳から18歳未満の若年者の労働時間，1日12時間，4. 9歳から18歳未満の未成年者の夜間労働禁止（夜間とはpm 20:30〜am 5:30），5. 1日少なくも1時間30分の食事時間，6. 1日2時間の教育用の時間，7. 工場検査官制度の財政措置をとる，というものだった．

この工場法ははじめて実効性をもち，したがって「イギリス工場立法史上における画期的な意義」（小川，前掲書，102ページ）をもつとされるのであるが，それを支えたのが「新たな強制機構」たる4人の工場検査官だった．「彼らの職務は主として，表面的には工場法を実施すること，すなわち1833年法に対する違反を防止し，摘発することにあった．だが検査官はまた，工場地域の住民の状態について，これまで指摘されてきた弊害をどの程度まで現行法によって改善することができるかについて，また現行法の多くの欠点を修正するのに役立つであろうと彼らが考えた改善策について，政府に定期的に報告書を提出するという非常に重要な役目を持っていた」（Hutchins and Harrison, *op. cit*., 邦訳73ページ）．

いずれも社会的地位の高い高潔な人物であった工場検査官は，それぞれの担当地区の労働者状態の改善に努めたが，その中心にいたレオナード・ホーナーは，科学的な労働条件の把握と実効性ある改善策の施行によって，マルクスから「労働階級の味方」という最高の賛辞を受けたのだった．貧民法改革にも活躍した名高い経済学者ウィリアム・ナッソー・シーニョアが，マンチェスター綿工場主達の依頼を受けて33年の工場法を攻撃し，利潤は「最後の1時間」から生み出されると説いた公開書簡を商務長官に送った時，ホーナーはただちに反論の手紙を書いて次のようにのべた．「自由な契約能力を持たない大勢の子供達が，労働者の資本である十分な健康と体力を身に付

けるまで発育し得なかったり，適当な教育を受ける時間を持ち得ぬような長時間労働を強いられていることは，（工場の調査によって）議論の余地はなかった．……より高い配慮は全く別とし，労働階級の適度に教育された子供達を社会の最下層にすえておく必要性からいっても，政策の問題として，われわれの周囲から大量の不道徳者や悪徳者，無知者がでて社会の疫病的な迷惑者になっていくのを防ぐことが是非とも必要である．それは労働階級という社会の一大部分を理性によって統治するために必要である．彼らの自然的能力を開発して発展させ，それによって国の生産力を増大させるために，彼らを教育することが思慮というものである」．「仮に労働時間制限が子供の賃金を上昇させることによって，現在の利潤を幾らか減らすとしても，産出高は最終的には，より道徳的で知的な労働者が規則的に就労し，機械の世話をよくし，ストライキにはいることを少なくすることによって，利子を伴って回復されるという確実な理由がある．こうして貴殿の大きな狙いである固定資本の生産力の中断を減すのである」(Martin [1969] pp. 438-9 より引用)．

　J.D. チェンバーズは，工場検査官制度を「ベンタム的集団主義の最初の装置が産業国家の行政構造に取り付けられた」とするのであるが (Chambers [1961] p. 201，邦訳214ページ)，これは経済社会生活の必要部分に国家介入があり得ることを原則として承認するとともに，その効果的な実施機関を国家として用意したことを意味するものだった．少なくとも働く未成年の健康と道徳は，最終的に国法によって守られることになり，たえずそれをチェックする政府機関が設けられたのである．この機関が適切に工場労働のもたらす諸影響を評価してその改善を勧告し，政府が必要な行政処置を講じていく限り，工場労働者，特に未成年者の状態の悪化は防がれることになった．

　ホーナーは確かにベンタム主義者といってよかったが，工場検査官としての経験を積みつつ，1840年代には10時間法の支持者となり，やがて工場法による保護は全労働者に及ぶべきと考えるようになった．彼は1859年，彼の最後の公式報告書の中で次のようにのべたのである．「4半世紀にわたっ

て試みられたこの法律の偉大な実験は，レッセ・フェールの不介入原則が時には正当な理由により当てはまらないことを示した．個人の資本投下と自由な使用がその当人だけに影響する産業活動においては，レッセ・フェールは否定すべくもない健全な原則である．しかしそれは，蒸気機関により運転される工場には決して当てはめることはできない．というのは，資本はそこに雇用されている労働者の健康と道徳を損なうことなく，ある一定時間以上機械を動かし続けることは決してできないからである．そしてその時，労働者は自分達を守り得る状態にはないからである」（Martin, *ibid*., p. 441）．ホーナーは，工場においては，子供や女性ばかりでなく成人男性ももはや自由人でなく，資本の下で従属労働にあることを見抜き，労働者の健康と道徳の保全のために，工場主が支配してよい時間と労働者に属すべき時間をはっきりと区別する必要があることを指摘したのだった．

　社会政策立法の先駆けとなった1833年法も，10時間法を掲げ続けてきたオーストラー達にとっては，ウィッグ党政府によるトリックのように思われた．リレー制を用いれば長時間労働の規制は不可能になるし，政府が任命する検査官は製造業者の手先にすぎないと考えられた．しかし労働者の運動は，ウィッグ政府への不信感を増幅させながらより差し迫った貧民法改正問題と，チャーチズム（人民憲章獲得運動）へと向かい，議会内ではアシュレーのみが1838年，39年，41年と10時間法案を出し続けたが，いずれも失敗に終わった．ただ33年法を順守している比較的大きな工場主からの違反工場取締まりを要請する議会陳情もあり，法の実施状況を調査するために，40年にアシュレー議長の下に設置された委員会は，工場検査官の検査結果に基づいて国家介入が必要かつ正当であることを確認し，法律の欠陥を埋めより実効性を高めるための立法が必要であるとの報告書を出した．これは直接新しい法を生み出すことにならなかったが，アシュレーの要求で作られた児童雇用調査王立委員会の1842年の報告書は，石炭鉱山内部の児童労働の実態を木版画をも用いて明らかにし，「その悲惨で胸の潰れるような」有様は，多くの人に衝撃を与え，新しい石炭鉱山にかんする労働立法を導き出すことに

なった．再び1833年法の成立時の「自由な行為者 free agent」論争が繰り返されたが，問題は，児童が何歳になれば「自由な行為者」となるかであった．アシュレーの1842年「石炭鉱山法案」では児童期を過ぎ僅か13歳で鉱山で働くことを許可しており，それは容易に下院を通過したが，上院において鉱山所有貴族の圧力でその年齢は10歳に切り下げられた．そして教区徒弟は保護から外されたが，女性は自由な行為者ではないと見なされ，鉱山での地下労働を禁止されることになり，33年法と同じく検査官制度を付けて法は成立したのだった．1860年に入職年齢は12歳に引き上げられ，72年法で安全検査が義務づけられた．

アシュレーの10時間法案をつぶす形で成立したピール・トーリ党政府内相グラハムによる1844年工場法は重要な前進を画するものだった．児童はより幼く8歳で労働することを許されることになったが，13歳未満児の労働時間は6時間30分に制限され，リレー制度対策として，「児童あるいは未成年者の労働日はだれか1人が労働を始めた時から計る」ことになった．さらに女性は石炭鉱山法にならい，自由な行為者でない者として18歳未満の未成年者並みに扱われることになり，労働時間は12時間に制限され，夜業は禁止された．またホーナーの助言により，労働日の開始を公設の時計によらしめ，開始時間，中休み，終了時間を張り出し，食事は一斉にとらせることにした．事故を防ぐために防護柵も設置された．1844年法は全女性を保護労働者に加えることによって，繊維産業における男性労働者の労働時間をも事実上12時間に制限し，夜業を終わらせることになった．ハチンズ等が示しているように，当時の繊維産業における労働力構成は，18歳未満の未成年者と女性が75％弱を占めており，彼らがいなければ生産を続けることができなかったからである．

## 3. チャーチズムと10時間労働法

ロバート・オーエンは1834年における全国労働組合大連合 Grand

National Consolidated Trade Union の結成と急速な消滅の後，表舞台に立つことはなかったが，彼の思想に共鳴した人は多く，協同組合や労働組合，議会改革運動，社会主義運動などの指導者を残した．ウィリアム・ラヴェットやヘンリー・ヘザリントンは，労働者の苦しみは主として経済的なものであることをよく知っていたが，議会の一層の改革が経済的困難を緩和したり，取り除くために不可欠であると考えていた．地主と資本家が支配する議会に労働者の代表を送って彼らの声を反映させ，政府機関を有利に利用する必要があると．彼らは1832年の選挙法改正の教訓に学び，いろいろな労働者が統一して支持し，要求することのできる簡潔にして明解な普通選挙の原則を掲げることになった．1838年5月に公刊された「人民憲章」は次の6カ条からなっていた．「1. 成人男性普通選挙権，2. 秘密投票，3. 毎年改選される1年任期の議会，4. 議員に対する財産資格の廃止，5. 議員への歳費支給，6. 10年毎の国勢調査による平等な選挙区」．この憲章は多くの労働者を引きつけ，この実現を議会に請願する運動＝チャーチスト運動は急激な高まりを見せ，穀物法廃止運動とともに議会運営に大きな影響を与えていた．

　1844年の工場法も，そのような大きな流れの中で勝ちとられたものであったが，10時間運動はなおも続いており，1846年，アシュレーはまたも10時間法案を議会に提出した．しかしピールの穀物法廃止への政策転換を機にトーリ党は分裂し，ピールを支持してアシュレーは辞任し，10時間運動は急進派のウィッグ党員で工場主でもあったジョン・フィールデンに引き継がれた．アシュレー法案は5月，203対193票で破れたが，1847年，フィールデンは北部の労働者の激励を受けてもう一度同じ法案を提出した．この時景気は後退局面にはいって，工場は1日10時間足らずしか動いていない状態であったからウィッグ党多数派は10時間法に反対しにくく，またトーリ党の穀物法維持派は大挙して賛成票を投じた．1847年6月8日，10時間法案は議会を通過し，ここに念願の「10時間法」＝「工場の未成年者と女性の労働時間を制限する法律」は成立したのだった．この法は，47年7月1日から暫定的に保護労働者の労働時間を11時間とし，48年5月1日から10時

間労働に移行することを予定していた.

　しかし工場主の方も反撃に転じ，法の抜け穴を利用して児童のリレーや食事時間の変更で10時間法を骨抜きにした．ホーナーはそれを法廷に出して違反を確認しようとしたが，1848年4月10日ケニントン広場でのチャーチスト集会失敗以後，次第に募っていった政治的反動の中で，裁判所はこれに合法の判断を与え，1850年，ラッセル・ウィッグ党政府内相ジョージ・グレイは保護労働者の労働時間を10時間30分に延長する工場法を成立させた．ただしこの法は，標準労働日を午前6時から午後6時までとし，月，火，水，木，金を10時間30分，土曜日を7時間30分としたので，1週間の実労働を60時間にするものだった．1853年，アバディーン・ウィッグ党政府内相パーマストンの追加工場法は，ホーナーにより指摘された児童の変則使用を防止する措置を取り，ここに標準労働日は午前6:00より午後6:00の間ときめられ，8歳から13歳未満の児童の労働時間は6時間30分，13歳以上18歳未満の未成年者と全女性の労働時間は10時間30分（ただし土曜日は7時間30分），1週60時間に制限されることになった．これにより成人男性労働者を含む全労働者が，平日は実働10時間30分，食事時間等1時間30分を加えて拘束12時間となったのだった．なお4人から始まった工場検査官は，1839年に20人となり，1人から始まった鉱山検査官は1850年に4人，55年に12人となり，労働条件の改善に貢献したが，いずれも拡大していく検査領域に対して不足気味だった．

　1850年代に10時間運動は消え去ってゆくが，それは工場における労働時間の制限がかなり広く受け入れられてきたこと，産業革命の進展が優れた機械を出現させて，工場主達が次第に労働力の合理的利用を心掛けるようなってきたこと，また機械製造技術が消費財生産部門から，鉄道や船舶など生産財製造部門に及び，いわゆる重工業時代を迎えて，質の高い労働力を必要とするようになってきたことに対応していた．その後の経済的繁栄の中で，一般的に工場法は必要で良いものと考えられるようになったのである．アシュレーは51年に第7代シャフツベリ伯となり，62年に児童雇用委員会を作っ

て未規制業種工場における児童労働の調査を続け66年までに5本の報告書をまとめた．これにもとづいて1867年，「工場法拡張法」が成立，50人以上規模の金属，ガラス，印刷，製紙工場などに上記の保護を拡大し，同年の「労働時間規制法」は家内工業を含む小人数の職場，主として繊維職場の未成年と女性を保護した．この時8歳未満児の雇用禁止，8歳から13歳未満児には1週10時間の学校教育が付け加えられた．1874年，ディズレーリ保守（トーリ）党政府の内相R.A.クロスはあらたに工場法を成立させて，10歳未満児の雇用禁止，10歳以上14歳未満児の労働時間を6時間，14歳以上18歳未満若年者と女性の労働時間を平日10時間，土曜日6時間30分，1週56時間30分に制限した．クロスによって78年に作られた工場法は以上の諸規定を統合したものであり，ほとんどすべての工場に適用されるようになった．

### 4．8時間労働法へ

オーストラリアでは，1856年に石工を中心とした職人達が8時間労働日を勝ち取り，これに刺激を受けたアメリカの労働者達が1863年頃から8時間運動を展開し始めた．1866年8月，8時間労働日の実現を目指す「労働協会連合」はボルチモアの大会で次のように宣言した．「この国の労働を資本主義的奴隷制度から解放するために必要な現下最大の急務は，アメリカ連邦のすべての州で標準労働日を8時間とする法律の制定である．我々はこの輝かしい成果に到達するまで，我々の全力を尽くすことを決意した」．同じ年の9月，マルクスとエンゲルスが指導した第1インターナショナルはジュネーブの大会で，「我々は労働日の制限を，それなしには他の一切の解放への努力が挫折するより他はない1つの予備条件として宣言する．……我々は8労働時間を労働日の法定限度として提案する」と宣言した．アメリカでは70年までに4州で8時間労働法が成立し，68年には連邦議会も政府機関で働く労働者の8時間労働法を公布したが，労働組合の力の弱さや監督機関の

不在で実効性をもたず，AFL の呼び掛けによる 86 年 5 月 1 日の大ストライキ（1889 年，パリで開かれた第 2 インターナショナル創立大会は，8 時間労働日の獲得を決議し，アメリカ労働者のこの闘いを記念して，1890 年から 5 月 1 日を国際的な労働者の祭典として祝うこととし，メーデーが始まった）や 92 年の政府雇用労働者 8 時間法の成立をへて，1903 年の最高裁判決によりようやく 8 時間労働日は確定したのだった（内海 [1959] 参照）．イギリスでは，自由（ウィッグ）党急進派 A.J. マンデラが 1870 年代に 9 時間法案を議会に提出したが成立せず，マルクスの娘婿ハインドマンらが 1881 年に結成した「社会民主連盟」は当初から 8 時間労働を掲げ，また炭鉱労働者達は 88 年から毎年 8 時間労働法案を議会に提出したが，労働協約による産業毎の時間短縮に固執する古参の労働組合員もいて，法を勝ち取ることはできなかった．しかしイギリス経済の好調な発展と労働組合員の増大，1871 年の労働組合法の成立，その後の共謀罪の撤廃によって，労働組合は団体交渉を通して実働 8 時間を含むかなり良い労働条件を実現するようになっていった．国家による入職年齢の法律による規制の前進，安全・衛生規則の厳格化，労働行政機関の整備，労働者への団結権・団体交渉権・団体行動権の法的付与等々は，次第に労働者の労働条件を向上・安定させ，体制変革的な気質を穏やかなものにしていったのである．

# 第6章
# 議会政治の発展と社会立法

## 1. 選挙権の拡大

　1832年の第1次選挙法改正以後，イギリス政界は再編期に入り，特に1846年の穀物法廃止を契機とするトーリ党の分裂は，近代的政党としての自由党の結成に道を開きその力量を強めさせた．K. モルガンは1851年から1914年までを「自由党の時代 the liberal age」と性格付けているが（Morgan [1984] p. 49），それを支えたのは産業革命後の産業資本，商業資本，金融資本の巨大な力だった．彼らは一定の財力を蓄えると，一方では大土地の購入や婚姻により貴族化し，他方では開明的な貴族を支援して貴族的立憲政治の中に適応していった．旧貴族達もまた保守党に結集しながら，地代を金融や証券に投資して新しい時代に適応しつつあった．彼らの財力は製造業はもとより，商業，金融，証券，海運，貿易，海外投資等の全般に及び，その力によってイギリスはそれと自覚することなく世界最大の帝国主義国となっていた．

　コブデンやブライトあるいはグラッドストン等自由党の有力者達は，柔軟な統治制度と経済活動の自由，自由貿易と効率という観点から外国への干渉や植民地の領有，帝国の建設に反対だった．しかし，自由党が資本家階級とウィッグ貴族に支えられている以上，自由党内にも帝国主義推進派が現れることは避けられなかった．

　バーナード・センメルは次のようにいっている．

「帝国主義という言葉は比較的新しくできたものである．……19世紀後半のイギリス帝国主義の歴史上の起点は，通例では1876年［ヴィクトリア女王が「インド女帝」を兼ねた年］におかれている．80年代になると，帝国主義という言葉は時としてグラッドストン派自由主義の唱えるアイルランド自治法案に反対してアイルランドとの連合を維持してゆくことを意味するものと受けとられた．さらに多くの場合，帝国主義とは帝国内「自治領」の統一・強化の願望を意味するものと受けとめられ，そうしたものとしてこの考え方は自由・保守の両党指導者に共通していた」(Semmel [1960] pp. 55-6, 邦訳53ページ)．

　そうではあるが，自由貿易や営業の自由，旧特権の廃止，議会改革等が資本家階級の利益に合致する限りで，自由党は資本家階級の利益を代表しながら同時に，政治的な自由と平等を拡大するという積極的役割を果たした．産業革命後のイギリス社会は，急速に都市的になるとともに，世俗的にかつ非国教的になったが，「非国教主義はその世紀全体を通して自由党へ投票した最も重要な社会的基礎であった」(Morgan, *op. cit.*, p. 56)．自由党はアイルランドにおいて国教を廃止し，オックスフォードとケンブリッジ両大学入学の宗教的資格制限を撤廃した．非国教徒は自由党によって信教の自由を拡大しており，これが非国教徒の多かったウェールズやスコットランドにおける自由党支持の大きな理由だった．

　労働階級への選挙権の拡大についても，既存の選挙制度の改革に利益を見出だす自由党の方が保守党よりも熱心だった．労働階級上層部も選挙区の段階で一部自由党に加入していたし，選挙権の下層階級への拡大を主張する急進民主主義者も自由党に多かった．パーマストンの死後，選挙法改正運動の盛り上がりは，自由党員と労働組合の連合体を幾つも生み出しており自由党に大きな圧力となっていた．エドモンド・ビールズ指導の選挙法改正全国連盟，ランカシャーとヨークシャーを覆っていた選挙法改正全国連合，ノースイースト海岸地方の北部改革連合，ブライト自ら先頭に立った宣伝隊などは，整然たる大運動を繰り広げており，なかでもビールズなどによる1866年夏

のハイドパーク大集会は,保守党政府に大きな衝撃を与えていた.そのうえロンドン建設労働者の強力な組合指導者であり,労働者の雑誌「ビーハイヴ」を編集していたジョージ・ポッターは1866年,「ロンドン労働者協会 London Working Mens Association」を設立し,「議会が真に全階級を代表するものとなるためには一定数の労働者が議会に入るべきである」と主張しだしたのだった (Cole and Postgate [1946] p. 395).

こうした状況は,イギリスの国際的地位の永続的確保,そのための国民諸階級,特に労働階級の既存政治体制への統合を終生の政治的課題と考えていた保守党指導者ディズレーリに決断を迫ることになった.自由党の勢力の拡大を阻むこと,労働階級にイギリス国民としての自覚を促すこと,そのためには自由党急進派の機先を制して保守党が政治改革の主導権を握る必要があった.ディズレーリの「暗中飛躍」,1867年の第2次選挙法改正はこうして行われたのである (ibid., pp. 390-1).

第2次選挙法改正は,都市労働者に投票権を与えたが,その後グラッドストン自由党政府は1872年秘密投票法を成立させ,1884年に第3次選挙法改正を実現させ,翌85年その補足として議席再配分法を成立させた.これによって農村労働者にまで投票権が与えられ,ここに「戸主および10ポンド以上借家人」たる成年男性全員に投票権がゆきわたることになった.一部の男性,すべての女性はまだ投票権を与えられず,大地主の複数投票等の問題は残ったが,これらの改正によってイギリス市民の政治的平等は前進し,地主貴族と金持ちによる選挙権の独占は破れることになった.

1885年11月選挙時の全人口3140万人のうち投票有資格者は500万人,その5分の3は労働者となり,自由党も保守党も政権に就こうとするならば,もはや労働階級の投票の力を無視することはできなくなったのである.この年の春,自由党のジョセフ・チェンバレン,ジョン・モーリー,チャールズ・ディルクにより起草された「急進政綱」は,未公認にとどまったとはいえ明確に労働者の投票権を意識して農業労働者への「3エーカーの土地と1頭のめ牛」割当や累進課税,土地価格上昇分への地方税課税を掲げたものだ

ったし，保守党のランドルフ・チャーチルが住宅の改善や国家保険，教育改革を呼び掛けたのも「保守党は労働階級の信頼を勝ち取るまで政権を担当することはできない」ことを知っていたからだった．

　J. チェンバレンも R. チャーチルも，当時は産業資本主義が生み出した新しい階級，労働階級を既存の政治体制をより民主化することによってその中に統合することが可能であると考えていた．このような政治，経済，イデオロギー的関連の中において，社会立法の形成に影響を与える大きな政治的力を労働階級は与えられたのだった．チャーチスト達がかつて掲げていた要求は半ば達成されたが，労働階級の民主主義を拡大してゆく努力と彼らの組織的な力が，やがて労働者代表の被選挙権や国会議員歳費の支給も実現してゆくことになるのである．

　自由，保守の両党が労働者の支持を競い合った 1885 年末の選挙は，痛み分けに終わった．「労働階級の票は，だいたい平等に分かれた．トーリ党は都市選挙区で成功し，……自由党は田舎で勝利を得た」(Hutchison [1966] p. 53)．自由党は 80 余の多数派を維持して 1886 年 2 月，第 3 次グラッドストン政府が成立し，チェンバレンは一旦地方自治相として入閣した．しかしアイルランド分離に反対だったチェンバレンは，グラッドストンのアイルランド自治法案に反対してその年 3 月，トレベリアンとともに閣僚を辞任し，4 月，自由統一党 Liberal Unionist Party を結成した．6 月アイルランド自治法案は否決され，グラッドストンは議会を解散，7 月の選挙で自由党は敗れ，1892-95 年の短期間政権に復帰するとはいえしばらくの間政権から遠のいたのだった．自由統一党は保守党とともに政権を担当し帝国主義政策の推進に回ったので，これを最後に J. チェンバレンの自由党急進派としての活躍は終わった．彼は帝国主義政策によって労働者に利益を与え，労働者の支持を獲得しようとするのである．

　下院議員選挙権の拡大と並行して地方議会の民主化も徐々に進んでいった．1888 年州議会法 County Councils Act は，地方自治の前進に対応して住民代表を選挙により選出するようにしたものだった．1894 年地方自治体法 Local

Government Act は教区議会を含めて小都市，小地方の議会代表をすべて選挙により選出するものであり，「貧民保護局により大規模に労働者代表を送り込む道を開いた」のだった (Schweinitz, op. cit., p. 171)．労働者達は，友愛組合，労働組合や，協同組合，スクールボード，地方の議会，貧民保護局その他身近なところで語り始めたのである．

## 2. 社会立法の前進

C.P. ヒルによって，この時の自由，保守両党による民主化立法・社会立法をまとめてみると次のようである．

第2次選挙法改正後の第1次グラッドストン自由党政府は，1870年フォスター教育法を成立させた．これは費用を負担できない両親の子供にたいする初等教育を試験的に国の責任で実施しようとするもので，全国に初等教育のネットワークを作り，無教育の児童をなくするために地方毎に選出されるスクールボードに彼らのための学校を建てさせ，その費用にあてる地方税課税を許した．この年の公務員登用制度の改善では，外務省を除く全職員の採用を試験制とした．1871年労働組合にかんする2つの法律，また中央政府のオフィスとして地方自治局 local government board を設置．1872年秘密投票法，大衆酒場パブの免許制度の改善．1873年裁判所法は最高法院以下の司法の再編成を成し遂げた．ディズレーリは一連の改革をなし終えた自由党を「消耗した火山群」と皮肉った (Hill [1961] p. 283)．

1874年政権についた保守党ディズレーリの改革もこれらに劣らぬ積極的なものだった．74年工場法は未成年と女性の労働時間を10時間とした．1875年，労働組合活動を刑事罰の対象としていた刑法修正法の撤廃と，それに代わる「共謀罪および財産保護法」制定による争議行為の合法化．この年友愛組合法の改善．同年の公衆保健法 Public Health Act は，1848年公衆保健法以降それまで制定されてきた公衆衛生関係法を集大成し，近代的公衆衛生の基礎をきずいた．同じく職人労働者住宅改善法（クロス住宅法）は地

方自治体にスラム一掃と再開発の大幅な権限を与え，都市計画への道を開いた．1876年商船法は自由党サムエル・プリムゾルの提案により成立，すべての商船にプリムゾルラインを強制して積み荷を制限し，水と食料の積み込みを義務付けて航海中の安全と船員の生命を守ろうとした．同年のサンドンの教育法は70年法を受け継ぎ，初等教育の義務化に取り組んだもので，1880年自由党マンデラの教育法により10歳までの初等教育を義務化した．76年の産業共済組合法は労働者による協同組合活動を容易にしようとした．1878年の工場法典は工場法の諸規定を集大成し，家内工業にまで規制の手を広げた．「これら一連の改良は，その構成員のほとんど全員がかなり大量の富を所有する人々の議会の仕事であった．それらは既存の両政党によって実施された．1867年の選挙法改正後，保守党も自由党も実際に競って労働階級の票を求めつつあったのである」(Hill, *ibid.*, p. 284)．

　これらに比べると，その後の第2次グラッドストン自由党政府 (1880-85) は，選挙法改正を除けば，たいした改良政策を進めなかった．ただ1880年「雇用主責任法」が成立し，坑夫や鉄道員が怪我をしたり事故に遭った時その損害賠償を求めることを合法化した．この法では雇用主による責任逃れが容易であったが，1897年それは改正されていかなる原因による事故についても雇用主の責任となった．この時期に社会立法が前進しなかったのは，偉大な自由主義者で，労働階級上層部にもカリスマ的影響力をもっていたグラッドストンが，「大衆の極端な自由主義」に恐れを抱いていた事実，社会問題の解決は個々人によるの他なく国家によってはなし得ないと考えていた事実 (Hutchison, *op. cit.*, pp. 46-7) とともに，一般の政治的関心が急速に帝国主義や外交問題，あるいはアイルランド問題へと傾いていった結果だった．海外植民地を巡る帝国主義政策の問題と，国内のアイルランド問題への政治の集中は，約20年間改良政策を中断させるのである．

## 3. 公衆保健と住宅問題

　社会立法の中でも特別の緊急性を持ったのが，保健と住宅の問題だった．そこに仕事があるという理由で人々は都市へと居住を移し，1850年代には人口の半分以上が都市居住者になっていた．都市周辺の地価が上がってゆく中で住宅は最小の費用により最大の早さで建設されていったから，従来なら人が住まなかった劣等地に狭くて貧弱で給排水のない家々が密集しスラム街を形成していった．青年エンゲルスは1844年のマンチェスターの労働者住宅とそこの住民について次のように書いている．「たくさんのぼろを着た子供や女が，まるでゴミの山や水溜まりの中でいい気になっている豚と同じように，汚らしくこの辺りをうろついている．……これらの荒れ果てた小屋の中にすみ，壊れて油紙を張り付けた窓や割れ目の入ったドアや，腐れ落ちかかった入り口の柱の中に……この限りない不潔と悪臭の間に生きている種族こそ実際に人類の最も低い段階にあるものに違いない．せいぜい2つの部屋と屋根裏と地下室がもう1つしかないこれらの小屋に，それぞれ平均20人の人間が住んでいる．……120人につき1つの大抵は寄り付きがたい屋外便所しかない」(Engels [1975] p. 361，邦訳290ページ)．

　労働者の貧困と都市の不潔な環境から，当時熱病といわれたコレラ，腸チフス，発疹チフスが頻繁に流行し，多くの人々の命を奪っていた．病気をこじらせて働けなくなったり，夫や父を失った家族は，救済を受けたので，窮民の相当部分が病気を原因としていると推定された．貧民法改正のための報告書を書いたチャドウィックは，期待した貧民法委員になれなかったので，都市保健問題に関心を移し，1842年『イギリス労働人口の衛生状態報告書』を書き上げた．彼はウィリアム・ファーやサウスウッド・スミスとともに，病気の原因を不潔な環境から発生する悪臭にあると考えたので，都市の衛生の確保が流行病を防ぐとして1848年「公衆保健法」を成立させた．彼は「瘴気説」の誤りが明らかになって失脚したが，この法を契機にして衛生状

態保持の公的責任は受け入れられるようになった．

　保健衛生問題への取り組みは，同時に労働者住宅の改善の必要を明らかにし，私的にはオクタヴィア・ヒルのピーボディ・トラストを発足させ，公的には1866年の「労働者住宅法」，75年「職人・労働者住宅改善法」の制定となった．これらはスラムの除去と労働者用住宅建設に国費を助成するものだった．「健康第一」を掲げて住宅と衛生の改善に取り組んだディズレーリは，政治が下水さらいになったとの批判に対抗して「それは生と死の問題なのだ」と切り返した．後に帝国主義者となる若き日の急進主義者でバーミンガム市長J. チェンバレンは，ディズレーリの住宅法を前提として大規模な都市の改造を計画し，スラム一掃と労働者用住宅の建設に取り組んだのだった．

# 第 7 章
# 労働運動の発展

## 1. 団結禁止法の撤廃

　1815 年の平和の回復と 20 年頃からの経済的好況の回復は，ようやく人々の生活を潤しはじめ，北部工業地帯や中南部農村地帯の労働者の貧困を緩和して社会的静穏状態をもたらした．社会的緊張が緩むにつれて寛大な気分が生まれ，労働階級の結社にたいする弾圧法を廃止する道が開けてきた．チャリング・クロスの服職人フランシス・プレースは人口論と賃金基金説を信奉しており，労働者にとって団結は無意味であることが明らかなのに彼らが結社を作るのは，それが禁止されているために団結の無意味さを経験的に知ることができず，また彼らの窮迫は弾圧のためであると思い込んでいるからである，結社の自由を与えればかえって結社は減ると主張した．彼はこの信念に基づいて奇妙な策略を用い，議会では何の討論もなく労働者の団結禁止法は廃止され，新法は普通法における労働組合の非合法を取り除いた．

　しかし 1824 年に団結禁止法は撤廃されたとはいえ，翌 25 年の法は，団結は容認するものの，暴行・脅迫など「妨害 molesting」行為を禁じており，またその後，労働組合の活動は自由な取引を妨害する「共謀」に当たるとの判例により，組合活動は厳しい抑圧の下におかれていた．労働組合は，そのような厳しい条件の中においても，24・25 年からいろいろな形態を取って急速に結成されはじめ，自分達の労働条件の改善に努めるとともに，労働時間短縮，工場法制定，成人男性普通選挙権獲得運動などを闘うことになった．

1832年の選挙法改革法が労働者の選挙権を認めず，その改革直後の議会とウィッグ政府がおこなったことが，1834年の貧民法の改正，そしてドーセットシャー・トルパドルの農業労働者が労働組合結成時になした「誓約」を違法として，彼らをオーストラリアに流刑に処すという反労働者的処置であったから，これらに反対する運動は労働者が結集している北部を中心として盛り上がり，1838年からはチャーチスト運動として全国に広がった．

　チャーチズムは「グランド・ナショナル」の崩壊後，W. ラヴェット，F. オコンナー，H. ヘザリントン等の指導の下で産業革命期の各種の労働者や働く人々の不満を吸収し，パンフレットの発行，大衆デモ行進，議会請願などによって，「飢餓の40年代」のイギリスを革命的なあらしの中に巻き込んだが，直接大衆行動によって議会の譲歩を一挙に勝ち取ろうとする戦術は功を奏せず，48年以降急速に力を失っていった．もっとも往年のチャーチスト，アーネスト・ジョーンズ等はその後も自由党急進派と協力して選挙制度の改革を実現したし，オーエンの思想を受け継いで1844年12月に発足したロッチデール消費組合はその実際家的事業運営によって存在を続け，その教訓を体現した消費協同組合はその後世界に広まっていった．

　19世紀も50年代にはいると，産業革命の後を受けて工業中心の産業構造がはっきりと姿を見せるようになった．産業革命の先導役を果たした繊維産業に加えて製鉄，製鋼，機械組み立て・製造，石炭鉱業，造船業などが次々と出現して，消費財生産部門のみならず生産財生産部門にも機械による生産体制を確立，同時に株式会社と商業銀行をいちはやく成立させることによって，生産の大規模化を可能にし，イギリスは文字通り世界の工場としての地位を確立することになった．それに伴い建設業，各種の商業，運輸業，サービス業，金融業，証券・保険業などが盛んになって都市に立地し，時代が進むにつれて製鉄工場，機械製造工場，造船所，石炭採掘所などは巨大化して従業者3千人から1万人規模を誇るようになり，北部・中部の工業地帯には10万人を超える大都市が出現した．

　1840年代の大鉄道時代は，その後海外の鉄道事業への投資を大規模化さ

せ，1850年代の汽船の出現はまた海外からの需要をとぎれることなく呼び起こした．イギリスは製品輸出についで資本輸出を拡大し，ロンドンは世界の金融市場になった．新興諸国は新式機械や鉄道，船舶などをイギリスから買い入れ，またそれらの生産設備を整えるために技術と資金の供給を仰ぎ，さらにイギリス製の武器で武装した．イギリス資本主義はヴィクトリア期の黄金時代を迎えたのである．

## 2. 新型組合

こうしたイギリス資本主義の世界経済に対する指導的地位は，自由貿易と門戸開放への絶対的自信として世界を睥睨(へいげい)することになるが，それは社会政策の上にも反映してくる．消費財生産諸産業においても，活況の継続は労働力需要を増大させ，全体的に労働者状態を改善したが，高度な生産能力のある機械の採用が進むにつれて良質労働力が求められるようになり，新しい業種にあっては多数の女性と未成年者の雇用から少数の成年男性熟練労働者の雇用への転換が見られた．従来どおり雑多な低質労働力を雇うことも続けられはしたが，鉄鋼業，機械製造業，石炭産業，鉄道業，造船業，武器製造業などの大規模で精密な機械装置を用いる産業では，高度な技術を持つ労働力を相当多数必要とするため，教育訓練を受けて一定水準の質と熟練を持つ労働者を常時確保しようとするようになった．そのため，マニュファクチャー時代に一般的だった腕のよい「渡り職人」に頼ることはできなくなり，成人男性を中心に恒常的雇用を約束して高い賃金を支払い労働条件を良くして産業平和を保とうとする動きがでてくるのである．

40年代までの混沌とした時代と異なり，50年代から70年代にかけては，指導的産業における基幹部門には良い腕をもつことで恒常的に雇用を確保し，安定した生活を営む労働者層が生まれてきた．すでに工場法によって労働時間は10時間をきって9時間に向かっており，都市の衛生や児童の教育にも国の立法処置が有効と考えられるようになり，徐々に労働者状態が改善され

ようとしていた時であるから，専門知識と技術をもつ熟練労働者の状態は1世代前よりかなり改善されていたのだった．

このような労働者は，勃興しつつある資本主義的秩序になじむことができず，たえずこれに反発していた1840年代までの古い労働者とは違い，労働者として自らの技能と熟練に誇りをもち，自己教育と鍛練によって熟練労働者としての地位を保とうとし，資本家や会社側が不当な仕打ちに訴えない限り彼らとの協調関係を維持しようとした．彼らは同じ職能労働に従事し，同じような熟練をもつ者同士で労働組合を作り，労働の供給を統制し，団結して会社側と労働条件を決めることによってその切り上げを図り切り下げを防ぎ，仲間同士の間では共済活動を盛んに行ってその生活を安定させようとした．彼らはもはや40年代までの革命的な方法には頼ろうとせず，資本主義経済の枠内で，地道にその状態の改善に取り組み，その地位を強いものにしようとしたのだった．したがって彼らは，従来の地方的で短命，一揆的活動の後に急速に衰退してしまう組合ではなく，全土にわたって技能労働者を組織し，恒常的にその組織を維持し，必要な場合にその団結の力を用いるために，その組織の中から有能で誠実，しかも資本家や会社側と対等にわたり合える指導者を選びだし，組合活動をゆだねていった．このような永続的な労働組合は，その後「新型組合 new model union」と呼ばれ，「労働組合会議 Trade Union Congress」結成の中心となった．

この新型組合の最初の例は，1851年に蒸気機関組み立て工を中心に各種の機械製造工達が作った「合同機械製造工組合 the amalgamated society of engineers」であった．この組合は一定の訓練期間をおえた熟練工だけを組合員として受け入れ，不熟練工を排除して，雇用主側に熟練に応じた統一的な賃金表を作らせた．結成時，1万2千名を誇ったこの組合は，翌年初め不熟練工の職場への導入を拒否したことで資本家側から激しい攻撃を受けて組合員を減らしたが，常任書記ウィリアム・アランはロンドンから全国に指令を出すことによってからくもこの攻撃に耐え抜き，徐々に失った組合員を回復していった．1859年末，ロンドンの石工や大工達が9時間労働日を要求

してストライキに入り，雇用主の方も契約の自由を根拠として「労働条件に干渉する組合に入らない」という文書への署名を拒否する労働者をロックアウトして6カ月間争議が続いた時，合同機械工組合は3回にわたって巨額の闘争資金を寄付し，彼らを支援し続けた．1860年6月，争議が和解で終結した時，石工や大工達は「合同大工・指物師組合 the amalgamated society of carpenters and joiners」を結成し，従来の地域主義をすて，機械工に習って全国的な組織とした．この争議はまた「ロンドン労働組合評議会」の結成を促し，ロンドンの諸労働組合の相互支援と組合運動の宣伝ための常設機関をおくこととなった．大工の組合はロバート・アップルガースを書記に迎え，ロンドンの評議会はトム・ジョーンズを，のちにジョージ・オッジャーを書記にすえた．彼らは自ら熟練労働者であったが，いったん組合書記として組合の運営を任された後は，組合員の拠出する組合費によって自分の生活を支えていた．したがって彼らは，組合員を多く獲得して組合の力を強め，雇用主側と有利な交渉をして組合員の信頼を勝ち取り，資金を潤沢にしようと努力する反面で，ストライキには慎重な態度を取り，組合の長期的存続に関心を持っていた．彼らは何よりも労働組合の有用性と合法性が社会的に承認されることを望んでいたのだった．

　「ロンドン労働組合評議会」はその位置の優位性により，全国を代表してその運動を展開するとともに，全労働組合組織の書記や代表が常時膝を接することにより，全国的な組合の総本部ともなった．ウェッブ夫妻により「ジャンタ」と呼ばれることになるこれらの人々は，政府と働く人々の関心事との間のすべてのつながりに反対する「古い労働組合主義」に対してはっきりと反対の立場を表明したのだった．彼らの考えでは，労働者が投票権を獲得すれば，労働者にとって有利な法律を制定することが可能であり，なかでも共済組合の保護と労働組合活動の自由を確保する法律が必要であった．しかしヨークシャーやノッチンガムの炭鉱労働者の組合は，炭鉱所有者との間にストライキとロックアウトの応酬といった激しい闘いを続けてきた経験から，地域的な団結と直接行動を重視する傾向があった．炭鉱を多く抱える北部に

おいては，組合は全般的に戦闘的で，ロンドンのやり方に批判的であった．

## 3. 労働組合法の成立

　労働組合の全国的な組織化は1855年の「友愛組合法」と59年の「労働者妨害排除法」により促進された．前者は共済機能を営む労働者組織を保護するものであり，後者は平和的なピケットを「妨害」と見なさないというもので，労働組合活動の自由化を求める議会への働きかけの結果だった．60年代にはジャンタ的な組合も，戦闘的な組合も，その組織人員を増大させ，ロンドンのみならずマンチェスターやリーズ，シェフィールドなどに地域的な連合組合を結成し，その力量を高めるべく全国的統一を図る方向に動いたが，資本家側も労働組合の力の増大を面白く思わずことあるごとに攻撃を加え，1867年，労働組合の存在を脅かすような事件が幾つか起こった．

　1つは「ホーンビィ判決」であった．これはボイラー製造工組合が1支部の会計係を訴えて，私的に使い込まれた組合費を取り戻そうとした時，高等法院裁判所が，「労働組合は友愛組合法の適用を受けることができないこと，さらに，労働組合は1824-5年の法令による結社公認の見地からすればもはや「犯罪性を有する」ものではないが，「産業拘束を目的とする」ものである以上普通法に照らして違法になる」と判決したものである（Cole [1948] p. 202，邦訳(2) 115ページ）．友愛組合という名の下に組合員を組織してきた伝統を持っていたり，共済基金の偉力によって労働組合への結集を図ってきた穏健な組合にとって，団結による「産業拘束」や「罷業時の生活保証」を規約にもることでその本領を発揮しようとしている時，労働組合の規約に掲げられた目的のゆえに1855年友愛組合法の保護を受け得ないということは，共済活動基金さえ保護されないことを意味していた．労働組合は重大な危機に直面したのだった．

　もう1つは「シェフィールド暴行事件」であった．これはシェフィールドの刃物業において労働組合員が非組合員に対してしばしば嫌がらせを行い，

1866年10月に非組合員の家を爆破したというものだった．全国の新聞はただちにこれをシェフィールドだけに限ったものではなく，労働組合の運動につきものの社会的犯罪だとして攻撃し，刑罰法規を要求した．「労働組合運動がひっくるめて社会に対する共謀罪として糾弾されたのであった」(*ibid.*, p. 201, 同上, 114 ページ)．シェフィールド市が暴行事件についての調査を要求したのに対して，シェフィールド労働評議会とロンドン労働評議会は内務省に労働組合問題のすべてについて調査することを要求し，翌 67 年 2 月，議会は「労働組合またはその他の団体の組織と規約を調査・報告し，かかる労働組合またはその他の団体が計画し，奨励し，ないしは黙許したと申し立てられた最近の脅迫行為，暴行または非行を調査する」ための「労働組合調査王立委員会」を設置したのだった．

王立委員会は 11 名の名士により構成されたが，ジャンタが推薦した F. ハリソンと，キリスト教社会主義者だった T. ヒューズは，労働組合に対して深い理解と共感を持っていた．ジャンタ側の委員会証言と 2 人の非凡な説得によって，労働組合は正当で穏健な行動を優先するもので，共済活動を主たる目的とし，ストライキとロックアウトに替えて調停裁判を望んでいるとの理解が広がった．当初，労働組合に批判的だった委員会の報告書は，次第に論調を転換させて労働組合の条件付き合法化を勧告するまでになった．それでもハリソン等は満足できず，無条件合法化を勧告する 3 名の署名による少数派報告書を提出した．1869 年の 2 つの報告書は，世論に好意的に受け入れられ，労働組合に対する受容的雰囲気を作り上げていった．

こうした動きの中で，各労働組合は「全イギリスの労働組合の全国組織」を作り上げる必要性を痛感し，ついに 1868 年 6 月，マンチェスターにおいて 11 万 8 千人の労働組合員を代表する 34 人の代議員による会議が開かれた．これが現在まで活動を続けているイギリス最大のナショナルセンターである労働組合会議 (TUC) の結成とされている．ジャンタはこの会議に代表を送らなかったが，ロンドンからは建設労働組合の戦闘的な指導者で，選挙法改正運動にも活躍したジョージ・ポッターが参加し，彼が参加したこの会議は，

労働組合の基金の防衛や合法化を目指しているジャンタの努力を称賛し支援することを決議したので，ここに大同団結の道が開かれた．翌69年のバーミンガム大会までに各派の話し合いが持たれ，労働組合調査王立委員会の「少数派報告」に沿った労働組合法案を支持していく方針が確認された．

1871年2月になって政府から提出された「労働組合法案」は，そのために努力してきた組合活動家にとっては失望ものだった．それは確かに疑いもなく労働組合を合法化し，その基金の友愛組合登録を可能にはしたが，同時に1859年法で認められていた争議中の（監視と説得のための）平和的ピケットを禁じ，刑罰対象としていたのだった．アップルガース等が強調した穏健で共済を主とする組合活動を全面的に合法化した反面で，労資協調の枠を超えるような「産業活動への「妨害」「脅迫」」を従来どおり刑罰の対象とするというのである．これはジャンタとて容認し得ない後退であった．

労働組合会議TUC第3回ロンドン大会は法案修正のために「議会委員会」を置いて折衝に当たったが，グラッドストン自由党政府は妥協せず，結局，労働組合の合法化の方を確認して組合活動への刑事弾圧には反対する組合側の立場をわずかに入れて，法案を2つに分割し，「労働組合法 the trade union act」と「刑法修正法 the criminal law amendment act」を成立させた．

「労働組合法」は，その第2条に「労働組合の目的は，それが単に取引の制限にあるとの理由だけで不法とされその組合員が共謀罪その他の罪により刑事訴追を受けることはない」と規定して，団結権を法認したが，「刑法修正法」は労働争議に対して「不当な業務妨害」であるとの告訴を可能にしたので，一層抑圧の度を増し，スト破りに「バアー」と冷やかしを言った程度でも労働組合員は禁固に処せられた．「ストライキは合法であったが，用いられる手段が使用者を強制するならばそれは違法な手段であり，……刑事共謀であった．裁判官は救済的法律を反故にし，新しい判決のたびに過酷の度を増した」とウェッブ夫妻はのべている（Webb and Webb [1920] p. 284）．

TUCはその後も，労働者に与えられた投票権を利用して労働法の改善と刑法修正法の撤廃に努めた．「議会委員会」の書記となったジョージ・ハウ

エルは現物給与 truck system 禁止法や労働者陪審員法などにかかわった他，刑法修正法の廃止や主従法の改善，共同謀議にかんする一般法の廃止などに努力し，1874 年の選挙では自由党政府に反対するという「苦悩に満ちたドラマ的選択」を決断し，自由党，保守党を問わず労働者に有利な立法に協力する候補者を推薦した．大工業都市で労働組合の協力を得られない自由党候補者は落選し，ここに労働組合の隠然たる力が示された．これ以後自由党は労働階級の候補者に友好的な態度を取るようになり，自由党候補者が労働者候補に敗れそうな選挙区では議席をゆずるようになった．この時自由党員として A. アレクサンダーと T. バートの 2 人の労働組合指導者が当選したが，労働組合指導者でありながら，自由党との協力により自由党員として下院議員になった人々はリブ・ラブ（liberal labour）と呼ばれた．

　自由党に対抗するために労働者の投票に期待し，一定の協力の成果を得て政権についたディズレーリ保守党政府は，「労働法調査委員会」を経た上で，75 年刑法修正法を廃止し，労働組合に友好的な内相 R.A. クロスによる「共謀罪および財産保護法」，「雇用主と労働者法 employers and workmen act」を成立させた．前者は，その行為自体が犯罪的行為でないならば労働争議に適用しないとし，暴力によらないピケットは容認されることになった．後者は，人の不平等を前提としてエリザベス 1 世時代から引き継がれてきた「主従法」の改正であり，契約違反は刑法の罰則から外され，民事の問題になった．翌 76 年，労働組合法は改正され，労働条件の改善を求める争議行為は基本的に刑事罰から外された．これらによって，労働問題は基本的に刑事免責事項となり，労働組合運動発展の大道が開かれたのである．

## 4. 大不況と新労働組合主義

　何度かの不況局面の出現にもかかわらず，比較的順調な拡大を続けてきたイギリス経済は，1873 年以降世界的な大不況の中に巻き込まれる．この時から，圧倒的優位を誇ったイギリス経済はその世界経済に占める地位を下げ

始め，新興資本主義諸国との激しい競争にさらされることになる．ドイツ，フランス，アメリカ，日本は，輸出産業を育てるとともに，軍事力を強化し，植民地獲得競争に乗り出し，イギリスの孤高の非同盟主義にゆさぶりをかけてくるのである．

　1870年代も終わり頃，輸出高の引き続く減少が明らかとなり，逆に食料と鉄鉱石の輸入が著しい増加を示し，イギリス農業は大打撃を受けて農村人口は激減し，また銑鉄生産の縮小や出炭量の減少は多くの不安定就業者と失業者を生み出すことになった．繊維，鉄鋼，石炭，造船の諸産業におけるイギリスの独占は敗れ去り，引き続き大規模に行われていた海外への資本投資も，従来のようにイギリス製品にたいする需要を喚起することになるとは限らなくなっていた．1880年代になると貿易の停滞と世界的独占時代の終わりへの不安は一般的となり，86年の「貿易の不振にかんする王立委員会」はこれまでの指導原理だった自由貿易にたいして異議を申し立てた．諸外国が保護関税によってイギリス製品の流入を阻んでいる現状に鑑み，場合によっては対抗的関税政策をとる必要があるというのである．

　「大英帝国の問題にたいする態度ほどはっきりと政策の変化が表れたものはない．「黄金時代」には一般国民の間に帝国の解体の期待が浸透していた．……全世界がイギリス商品のための市場として開かれている時，なぜイギリスがそれを統治するという厄介な仕事をやらなければならないのか．70年代，特に不況が進行するにつれて，この態度は変化した．80年代には反対の態度が明らかに支配的となった．植民地はイギリスの輸出にたいして潜在的に大きな可能性をもつ市場であり……より発展させる必要があると考えられるようになった．そして植民地は，イギリスで加工される価値ある鉱物その他の原料品の源泉として新たな重要性がつけ加わった．またカナダやオーストラリアにイギリスの過剰な失業人口を移植し，それにより国内の人口過剰を救済するとともに，海外にイギリス商業の新しい消費者を植え付けるという考え方が広がった．1887年のヴィクトリア女王即位50年祝典に際して開かれた植民地会議は，この新しい態度を明瞭に示したものだった」(Cole, *op. cit.*, pp. 226-7, 邦訳(2) 160-1 ページ).

　大不況がやってくるまで，イギリスの労働者はその状態を徐々に改善することができたので，資本主義に対抗して新しい社会を目指すよりは資本主義経済になじんで，その中で生活をさらに改善していこうとしていた．新型組合に結集し，労働組合法を闘い取った熟練工達は，雇用主達との友好的な団体交渉 collective bargaining によって労働条件を決めることが合理的であり，ストライキは最後の手段と考えていたから，調停と仲裁を制度的に確立することを望んだ．彼らの努力の結果1867年に調停法が，72年に仲裁法ができていたが，これらが本当に活用されだしたのが75年以後の炭鉱においてであった．組合側の労資協調路線は，製鉄業における「製品価格に賃金を連動させるスライディングスケール制」の採用にみられたが，75年以後これがイギリス中の炭鉱に広まったのだった．しかし国際競争にさらされて石炭価格は上昇せぬばかりかしばしば下落したから，スライディングスケール協定は賃金切り下げの容認を意味した．石炭価格の低迷は多くの失業者を生み出し，石炭労働者の雇用と生活を危機に陥れたが，組合はこれにも無力だった．政治活動の点でも労働組合指導者は，産業資本家を代表する自由党と行動を共にし，大不況時代を我慢と協調で切り抜けようとしていた．こうして1874年に120万人に達した労働組合員は1879～84年には60万人以下に激減したのだった（ペリング，訳書［1982］91ページ）．

　1880年代になると，ようやく労働運動の中にも新しい動きがみられるようになった．ロバート・オーエン以来の社会主義の復活と，新しい労働組合運動の興隆である．資本主義経済が生み出す未曾有の富の可能性と富の生産に内包される矛盾を指摘して，より合理的な社会主義経済への転換を人間理性に訴えてきたオーエンや，フランスのシャルル・フーリエあるいはサン・シモン等の社会主義思想は，少しずつ人々の心の中に浸透してはいたが，その理想を実現する社会的な力を見出すことができなかった．それに対して，ドイツ人でヘーゲル法哲学の分析から資本主義的生産の矛盾を把握したマルクスは，イギリスで工場経営に携わっていたエンゲルスと協力して，膨大な

富の生産力を前提とし，そこから排除される労働者が階級対立の中で鍛えられながら政治経済を担う力量を身に付け，社会主義革命の主体となると考えた．『共産党宣言』や『資本論』に代表される理路整然としたマルクスの社会主義理論は，ドイツをはじめ大陸諸国の労働者やインテリ層に急速に受け入れられ，社会民主党の結成と社会主義的労働組合の増大と強化をもたらしていた．1880年代になると，大陸における社会主義の発展の勢いはイギリスにも影響するようになってきたのである．

急進的なインテリで金に余裕のあったヘンリー・マイアーズ・ハインドマンはマルクスの著作を読むうちに彼に心酔し，ロンドンで亡命生活をしていたマルクスの教えをもうけて1883年，「社会民主連盟」を結成して政治活動にのりだした．著名な芸術家だったウィリアム・モリスもこれに参加し資金と多彩な能力を提供した．しかし不幸にしてハインドマンの独裁者的な性格はこの組織の拡大の障害となったようで，翌年にはモリスとB.バックスはこれから脱退して「社会主義連盟」を作り，エンゲルスもこちらの方を支持した．この2つの対立する社会主義者の組織は，いずれも議会主義と改良主義に反対して既存の労働組合を批判し，労働者に革命的政党への結集と社会主義社会の建設を呼び掛けたのだった．

ハインドマンは83年の著書『社会主義の歴史的基礎』の中で次のようにいった．「労働組合は強力で，事実今でもある程度そうだが，彼らは全労働人口の小部分にすぎない．彼らは実際には労働の貴族層を構成しており，現在徐々に近付きつつある厳しい闘いの観点からいえば，それだけが労働者に自分の労働への適切な統制力を与えることができるプロレタリアートの完全な組織化に対する邪魔者に他ならない．……彼らはまた，基本的に党派的でなく政治的でないため，労働者が1つの階級として1つの明確な政党を形成しようとする組織的な試みを妨げている」(Hobsbawm [1974] p. 74 より引用).

有り余るほどの富が一部の大金持ちの手に集中され，社会の最下層にまで行き渡っていないとの認識が，知識階級の人々の間に広がり，彼らのうち

「罪の意識」にさいなまれた人達は社会の改革に関心を持った．「空想的社会主義」とは違って，彼らは学問と政治の力を利用して新しい社会をきずき上げようとした．

1884年1月，ロンドンの若い弁護士エドワード・ピーズの家でフェビアン協会が誕生し，バーナード・ショウやシドニー・ウェッブが参加した．彼らは熱い心をもつロマンチックな中産階級の人々で，「最高度の道徳的可能性に沿った社会の再建に手を貸す」ことを目的とし，ゆっくり歩む亀をシンボルとし，「打つ時がきたら激しく打つ」をスローガンにしていた．彼らはその社会主義理論をジョン・スチュアート・ミルとウィリアム・スタンレー・ジェボンズの功利主義を基礎として作り上げ，「最大多数の最大幸福」は自由放任ではなく，国家の合理的な様々の干渉によってこそ促進されると主張した．その目的のために，彼らはマルクスのように国家を否定せず，選挙によって議会に進出し国家を公共の福祉の道具にしようとしたのだった．

フェビアン協会はその思想の宣伝のために89年から『フェビアン論集』の刊行を始めるが，そこにはショウやウェッブの他にグラハム・ウォラス，シドニー・オリヴィア，アニー・ベサント，H.G.ウェルズなどの著名人が寄稿し，その影響力によって，非合理的な資本主義にかわる合理的な社会主義社会へ理解を広めていった．

1880年代の初めから，労働組合でも新しい動きが目立つようになった．若い炭坑夫達は賃金の切り下げを容認することになるスライディングスケール制に反対し，逆に賃金額の下落に対する歯止めとしての最低賃金制を要求し，古くて権威の低落した組合を見捨てて新しい組合を作り始めた．

1882年，スコットランド西部でケア・ハーディはエイアシャー坑夫組合の再組織化に取り掛かり新組合の初代書記となった．彼は，ブロードハーストなど古い労働組合のボスで自由党と協力している者を，「敵と手を握っていること」と同じと見なした．社会民主連盟員だった若い機械工トム・マンは1886年に書いた8時間労働制を求めるパンフレットの中で，古い労働組合を次のように批判した．「どの重要な組合も賃金を下がらないように努力

する以外の政策を持っていない．攻勢という真の労働組合政策は，全く見当たらない．事実，今日の平均的な労働組合指導者は化石化した知性しかなく，絶望的に無関心であるか，直接的に資本主義的搾取者の思う壺になる政策を支持している．……平凡なつまらぬ調査に時間を費やし続けること，あるいは何もしないという政策は正当化できないエネルギーの浪費である．他の何千人も私と同じ気持ちのはずである」(Hobsbawm, *ibid.*, p. 72 より引用)．

　1887年，ロンドン港のドッカー[荷揚げ人足]ベン・ティレットは茶の貯蔵倉庫で働いていたが，賃金切り下げに反対する労働者達に押されてドック労働組合の結成を呼び掛けることになり，新組合成立後はその書記になった．その後の2年間，ティレットはドック会社側の妨害と闘い組織の拡大に努めたが，新しい不熟練労働者の組合は古い労働組合の熟練労働者からの冷笑とも闘わなければならなかった．ティレットの努力は徐々に実を結び，古い組合員からの資金援助や助言を受けるまでになった他，ドッカーの苦しい生活を知る地域の牧師やジャーナリストの共感と支援を期待し得るようになった．

　1888年，情熱的なジャーナリストで産児制限運動家アニー・ベサントに支援されたロンドンのマッチ製造女工達はストライキによって賃金，労働時間，安全・衛生の改善を勝ち取ったが，彼女らの成功は不熟練労働者に大きな励ましを与えるものだった．翌89年，ウィル・ソーンによりロンドン・ガス労働組合が結成され，そのストライキを賭けた8時間労働日要求はストライキ突入直前に満たされた．最も条件の悪かった労働者達の団結による勝利は，他の不熟練労働者に希望を与え，彼らの間にも闘う雰囲気が盛り上がった．「募りつつあった労働不安の嵐が爆発し，新しい組合運動が公然たる勢力となった」(Cole, *op. cit.*, p. 243，邦訳(2) 192ページ) のである．

　ロンドン港ウエスト・インデアン・ドックのストライキはガス労働者が勝利した後をうけて8月から全ドックに広がり，1万人が仕事を止め，全ドックで荷揚げ作業が停止した．彼らは1時間6ペンスの賃金，超過時間への割増賃金，下請けの廃止，最低4時間の就業等を要求していた．ドック労働者

の大部分はこの時まで何の組合にも入っていなかったが，このストライキ闘争中にティレットの組合に加入し，「茶運搬人組合」は「ドック・一般労働者組合 Dock, Wharf, Riverside, and General Workers Union」に発展した．トム・マンとジョン・バーンズが応援に駆け付け，組織強化と渉外に当たった．ストライキは5週間続き，労働者達は何度もドックの前で集会を開いてスト破りを防止し，旗やドック労働の象徴となるものを掲げてシティを行進し，苦汗労働の原因となっている下請け制の廃止や賃金引き上げを訴えた．オーストラリアから労働者への救援金が贈られ，世界的に有名になった争議は一般の人々の同情をも集めるようになった．会社側はようやく市長の仲裁で話し合いに応じ，労働者側の要求を受け入れた．

この有名な勝利は，全国の不熟練労働者の組合への結集を一挙に推し進めることになった．鉄道労働者，繊維労働者，建設労働者，造船労働者，金属労働者，炭鉱労働者，製靴労働者などが，「ドック労働者の6ペンス硬貨」を勝ち取った闘いに鼓舞されて組合を作った．「すべての労働者のための労働組合 trade unionism for all」がこの時代に新しい労働組合を結成する時の合い言葉となった．したがって新しい組合は，全国的に同じ産業に従事している雑多な職種の労働者を結集するもので，例えば「ドックと一般労働者組合」とか「一般鉄道労働者組合」という名称の下に，熟練基幹労働者以外の労働者をも組合員としたのだった．

これらの新しい労働組合は，組織と政策において古い組合と違っていた．労働組合は同じ職種の労働者による団結によって，労働供給を統制し，労働力の質の維持と向上を保証する代わりに，それ相当の高い賃金，労働条件を与えるべきだというのが，古い組合の考え方だった．したがって彼らは，組合員の選別と共済活動を大切にすることによって組織の維持強化を図る必要から，組合員を高い組合費を支払うことのできる熟練労働者に制限したのだった．

これに対して，新組合主義は，福利共済活動を低く位置付け，ストライキやロックアウトを伴う労資の闘争のための資金集めを重視した．「彼らは全

労働階級に訴え，階級的連帯の基礎のうえに立ち，少なくとも暗黙裏に資本主義制度そのものに対抗して闘争的な政策を指導し得るような組合を作ろうとした．……「新」組合は，その指導者達が，一方では直接的な「パンとバター」問題に集中しながらも，さらなる目的として階級的組織と行動というはっきりした社会主義的な政策を持っていたという意味で，社会主義を意図するものであった」(Cole, *ibid*., p. 246，邦訳(2) 196-7 ページ)．

　1889 年以後の新組合主義の急速な台頭は，かつての新型組合の再編成をも促し，組合数と組合員数の急速な増大をもたらした．組織化の波は事務員と商業労働者にまで及び，1890 年に「全国事務員組合」，翌年「全国商店員組合」が結成された．大工業都市や工業地帯には各種の組合が「労働組合協議会」を作って協力関係を結び，情報交換や学習活動，社会主義の宣伝などを行った．労働組合活動が活発に展開された結果，賃金は上昇し，89 年から 92 年までの間に全産業平均して少なくとも 10% 上がった．92 年には労働組合員数は過去の最高水準を突破して 150 万人を超え，その後も一貫して増え続けた．今や労働組合は不動の地位を確立し，大都市と工業地帯では強力な社会的存在となった．

　新組合の社会主義的指導者が当面する組合活動の中で学んだことは，既存の法制度と国家体制が余りに資本家側と地主達に有利に作られているということであった．労働時間にしても最低賃金にしても，はたまた事故や病気にしても，自由党が許す限りの改良では大多数の労働者の切実な要求を満足させることはできなかった．資本主義の枠を打ち破って前進するという彼らの展望は，まず戦闘的な労働組合活動として発現し，次いで新しい政党による新しい政治の要求となるのである．

## 5. 労働党の成立

　ドックストライキのすぐ後の 1892 年選挙で，はじめて独立した労働者の代表が 3 名当選した．ドックストライキの顔として活躍したジョン・バーン

ズ，船員労働組合指導者ハヴロック・ウィルソン，スコットランドの坑夫ケア・ハーディである．ハーディを当選させたロンドン・ウエストハム選挙区の労働者は，ブラスバンドを先頭に2頭立馬車で彼を下院まで送った．ハーディは平服，布の帽子で登院し，シルクハットの議員達を恐れさせた．

この時「リブ・ラブ」も12人当選したが，独自候補の当選は社会主義者を勇気づけ，翌93年1月にはハーディを中心に「独立労働党ILP」の結成となった．彼らはマルクス主義的な社会民主連盟と一線を画し，切実な政治的課題を議会活動を通じて勝ち取ってゆくために，「社会主義労働党」の名称を採用しなかったけれども，その綱領の中には「生産，分配，交換の，あらゆる手段の集団的所有 the collective ownership の確保」が掲げられていた．バーンズとウィルソンは自由党と協力する道を選んだが，ハーディと新組合出身の独立労働党員は独自の労働者政党をもつ必要をTUC内部で説き続けた．

1899年になってTUCは，下院の中に労働者の利益を反映させる必要を再確認し，「労働者を代表する議員の数を増やして次の議会に復帰させる工夫をするために」，労働組合，協同組合，社会主義協会，その他の労働者組織の会議を招集することを決めた．こうして1900年2月末，ロンドン・メモリアルホールにILP，SDF，フェビアン協会の代表とTUC加盟の労働組合代表が集まり，ケア・ハーディ提出の「議会内に独立した労働者議員集団を作る」という決議を行った．これは「労働代表委員会 Labour Representation Committee」と命名され，事務局長にジェームズ・ラムゼイ・マクドナルドを当て，労働議員候補者を立てるための費用は，労働組合と関係団体が負担することになった．この時社会主義ジャーナル『クラリオン』が，「とうとう統一した労働党ができた」と書いたように，このLRCが1906年に新しく「労働党」という党名を採用することになるのである．

LRCはその成立にもかかわらず，1900年の選挙には準備不足であり，15名の立候補者に対して2名しか当選させることができなかった．そのうえLRCに拠金していたのは200万の組合員のうち35万人程度であったから，

資金不足により会は窮地に陥った．しかしこの年，南ウェールズのタフヴェイル鉄道で解雇撤回を求めるストライキが起こり，会社側はこの時のスト破りを防ぐためのピケッチングを違法として解除を求め，個々の労働者とともに合同鉄道員組合を裁判に訴えた．

タフヴェイル鉄道でのストライキを巡る裁判は二転三転したが，最高裁に当たる上院において1901年7月，ピケ解除の正当性と，会社が争議によって受けた損害額2万3千ポンドの組合による賠償が確定した．これが世にいう「タフヴェイル判決」である．労働組合側は1871-6年の諸法がそのような事態の発生を防ぐものと考えていたし，まして合法化されている争議行為による損害にたいして賠償請求が正当とされるなどとは思ってもいなかった．争議行為は会社側に損害を与えるからこそ勝利し得るのであり，その損害の責任を労働組合にかぶせ，組合基金から賠償せよというのでは，争議行為はおろか組合の存在が危うくされるのだった．案の定，経営者側は他の組合にも攻撃の手を下してきた．ウェールズの炭坑夫組合が5万ポンドの賠償金を課せられた他，いろいろな組合と組合役員に負わされた賠償金額は20万ポンドに達したといわれる．これを機として争議件数は急減していった．「明らかにタッフ・ヴェール事件は新組合的精神に対する新しき資本の攻撃であり，復仇であった」（山中［1954］108ページ）．

この事件は労働組合の間に大きな関心を呼び起こした．労働組合運動は，新しい立法によってこの判決を取り消させる必要に迫られたからである．LRCは新たな重要性をおびることになった．労働組合は自ら政治資金をもうけるようになり，1902年にはLRCへの拠出者数は86万人となり，その財政はひとまず安定した．1903年から4年にかけてTUCとLRCの関係が整理され，後者は前者の支持を受けながら独自の政治活動を行うことになった．LRCはその間幾つかの補欠選挙で勝ち，アーサー・ヘンダーソンが議員となった．1903年8月，ラムゼイ・マクドナルドは自由党ハーバート・グラッドストンとの間に，次の選挙に向けた秘密協定を結んでいた．それは約30の選挙区に立つLRC候補者に自由党が反対しないという条件で，次

期自由党政府を支持するというものだった．

　1905年12月保守党政府は総辞職し，翌6年1月総選挙となった．LRCは保守党（統一党）の特恵関税政策に反対して自由党と同じく自由貿易を掲げ，さらに社会改革と労働組合の地位の改善を訴えた．その選挙声明は次のようなものだった．「経験が示しているように，保護政策は貧困と失業を救うものでない．それは土地，住宅，老齢，その他の社会問題への取り組みからあなたを遠ざけるだけである．あなたの力で，あなたの望みを議会がかなえるのを見ることができる．労働代表委員会は，100万人の労働組合員の名において，過去にあなたを政治から遠ざけてきたすべての政治的見解を忘れ去るよう訴える．労働代表委員会候補に投票せよ」(Hopkins [1979] p. 173 より引用)．

　1906年総選挙の結果は，377議席を獲得した自由党の大勝利だった．これはLRCとの協力によりもたらされたのだったが，LRCも29の議席を得，選挙後加入の1名を加えて30議席となった．加えてリブ・ラブが24名当選したので，54名が労働階級出身の議員であった．LRCは以前から用いていた「労働党」に正式に名称を改め，はじめて30名の議会内団体となった．議長はケア・ハーディ，書記にラムゼイ・マクドナルド，院内幹事にアーサー・ヘンダーソンが就任した．彼らは今や自由党に依存することなく社会労働問題の解決を議会で主張することができるようになったのである．

## 6. 労働争議法

　彼らの第1の任務は，新しい立法によってタフヴェイル判決の効力を消滅させることだった．彼らは独立した労働党ではあったが，自由党の援助なしで彼らの諸要求を実現できないことをよく知っていた．一方，自由党は，保守党政府の時に作られていた「労働組合問題に関する王立委員会」報告の線に沿った穏健な労働組合法を成立させようとしていたが，これは損害賠償という肝心の点で労働組合基金を十分に保護するものではなかった．

労働組合はただちに反対に立ち上がり，労働党はTUCが起草した独自の法案を準備した．多くの自由党員と一部の保守党員は，選挙の時にタフヴェイル判決を取り消す約束をして当選していたので，政府案に対する風当たりは強く，労働党との協調を維持しようとした政府は自らの法案を引っ込め，ほぼ労働党案を受け入れた．こうして1906年12月に画期的な「労働組合および労働争議についての規則を定める法律 An Act to Provide for the Regulation of Trade Unions and Trade Disputes」（通称「労働争議法」）が成立したのだった．

　労働争議法は5条からなる簡単な法律であるが，これによって争議行為の刑事免責と民事免責が確立し，事実上の労働運動の自由が組合側にもたらされた．この法律は4つの規則を定めている．第1条は，共同して行動すること，例えばストライキ活動が合法であること．第2条は温和なピケット行為の公認．第3条はストライキ活動の要素となる個別的なストへの呼び掛けの自由．第4条はストライキによる損害を民事免責していることである．

　「第4条1項，労働組合により，または労働組合のために行われたと主張される不法行為に関し，労働者と雇用主の組合を問わず，労働組合に対しまたは組合員自身のため組合内他全員のために，組合員もしくは組合役員に対して提起せられたる訴訟は，いかなる裁判所もこれを受理し得ず」と．第4条は，タフヴェイル判決までずっと争議において事実上繰り返されてきたことであったが，理屈の上であいまいにされてきたことを明確な文章にしたのだった．

　この法律による労働組合運動の保護は，それまで抑制されていた争議行為を増加に転じ，また労働組合員の急激な増加をもたらした．1907年，労働組合加入者数は250万人を超え，1911年に300万人を超え，1913年には400万人を超えた．そしてこの画期的な法律の獲得は労働党の権威を高め，労働組合の支持を一層厚いものにし，労働党外にいた坑夫出身の議員やリブ・ラブの労働党への結集を完成した．党員数は100万人を超え，資金は潤沢となった．この法制定に当たっての自由党の好意的対応と，自由党が示し

た社会政策への強い意欲は，労働党の自由党への接近を促し，第1次大戦前の諸々の社会立法の獲得のために，労働党は自由党と力を合わせて保守党と対抗したのだった．

## 7. オズボーン判決と1913年労働組合法

当時下院議員にまだ歳費が支給されていなかった．したがって労働党議員は労働党が支給する資金により政治活動と私生活の費用を賄っており，労働党は労働組合から資金を仰いでいた．労働党は団体を加入単位として一挙に大衆的規模となり，同時に多額の運動資金を作ることができたとはいえ，19世紀からの自由主義思想がまだ強く残るイギリスでは，これには多くの無理があった．

タフヴェイル事件で一方の当事者であった合同鉄道員組合は1906年，「労働党を支持し，労働党候補者は組合にも責任を負う代わりに，組合はその生活費を支給する」むねの新規約を作った．かつて社会民主連盟員であり当時自由党員であった支部役員W.V. オズボーンは，組合の攻勢や労働党の出現を面白く思わぬ鉄道経営者に密かに支援を受けて，1907年末，組合規約による拘束を解くことと，さらに組合が労働党への政治資金を拠出しないことを求めて裁判に訴えた．

この訴訟は，初審ではオズボーンの敗訴，控訴審では勝訴，1909年最高裁たる上院の判断では勝訴となった．「オズボーン判決」で中心的役割を果たしたロード・ホールズベリは前保守党政府で大法官を務めた人で，長年労働運動に反対の立場を取り続けていた．彼の判断によれば，労働組合が政治基金を拠出し政治運動を行うことは，1876年労働組合法に定義された労働組合の目的外の行為であるから，許されない．また議員が労働組合から生活費の支給を受けるというやり方は，その者をお抱えの利益代表者とし，選挙区の自由なる代表者としないことになるから憲法違反になるというのであった．

この判決が出た後，政治資金に類する組合費の支出差止めを求める訴えが怪しげな労働組合員の名で次々と提出され，初審の段階で，労働党への拠出金，労働党候補者への寄付金，地方自治体での選挙費用，教育活動への支出，労働新聞の購読引き受け金などが労働組合に対して禁止された．労働党は財政的に締め上げられ，選挙のたびに資金は底を突いた．労働組合は組合の外に政治団体を作ってそこに組合員を加入させて政治資金を作ったり，規約を改正したりして判例の影響から逃れようとしたが，この判例を覆さない限り，労働組合が労働者政党を支えて，それを通して議会政治による利益を今後も受け続けてゆくことは不可能であった．

　1910年，TUCはその年次大会で判決反対運動を決議し，再び労働争議法を獲得した時のような運動が，議会内外で繰り広げられることになった．議会内ではロイド゠ジョージの「人民予算」を巡って喧喧諤諤の大論争が行われ，この年2回の選挙で自由党はアイルランド国民党と労働党の協力を得て辛くも政権を維持し，翌11年には「議員歳費法」が成立して労働党議員の資金問題の一部は解決を見た．同時に提出された政治活動にかんする法案は，修正を重ねた上で1913年の労働組合法となったのである．

　この労働組合法は2つの部分から構成されているといってよく，第1は労働組合の目的が拡大された．労働組合は従来どおりの成文法上の目的をもつものであるが，この法の規定に従う限りそれ以外の目的をなしたり，資金を支出してもよいことになった．第2は組合の政治活動をなす場合の条件と手続きである．政治活動のためには秘密投票による多数決で目的を定め，政治資金は別個に積み立て，組合員に拠出をしない自由を認め，政治資金拠出を組合加入の条件にせず，したがって政治資金以外のことでは組合員を平等に扱うべきことが決められた．組合の政治活動は認められたが，それはこの法の定める枠内で，しかも所定の手続きを踏んでということだった．

　労働組合がこれまで獲得してきた団結の自由，団体交渉の権利，争議活動の自由は，国が労働者の集団の力の存在とその社会的有効性を承認して，組合内部に干渉しないというものだった．しかし1913年組合法は，組合活動

の範囲を広げた反面で，組合内の活動と手続きに干渉するものだった．組合の政治活動の自由を求めていた人々は，これをやむなく受け入れたものの，特に議会外の組合員には強い不満を残した．1906年とは逆に，労働党，議会主義，法律への不信感が広がり，自由党に対する好感は冷め，当時世界的に高揚を示していた直接行動主義，サンディカリズムが多くの労働者の心を捉えたのだった（山中，前掲書．また山中［1947］参照）．

# 第8章
# ブースとローントリーの貧困測定

## 1. 貧民法の迂回

　新貧民法の過酷さは，全くやむを得ざる事情で救済を求めてくる一部の人々に対し，例外を設けることを余儀なくした．住む家を持つ老人に対する地方保護官の院外救済認可数の増大がそれであり，窮民児童の教育や窮民の病気に対する治療措置がそれだった．学校や病院は本質的に劣等処遇のできない所だった．1875年の公衆保健法は正式に劣等処遇を排除したのだった．
　1884年の第3次選挙法改正によって農村の労働者に選挙権が拡大された時，チェンバレンは貧民法の厳格さを維持しながら，劣等処遇の一形態としての公民権剥奪処分が不適当と思われる人々をそこから外そうとした．翌85年，チェンバレンは「医療救済（資格剥奪停止）法」を成立させて，医療目的のみで救済を受けている「医療窮民」を劣等処遇から外し，投票権を与えた．
　1886年，彼は自由党を離脱する直前に，自治局総裁として1つの通達を発した．それは，地方議会と貧民保護局が過去の勤労の経歴から見て劣等処遇は不適当と見なす失業者に，自治体が公的な仕事を作り出して彼らを雇い入れ，賃金を支払って生活できるようにせよ，というものだった．つまりチェンバレンは，不健康と失業に起因する貧困は劣等処遇から外すという原則を確立し，貧民法外での救済措置に道を開いたのである．1900年にはやはり地方自治局通達が，老人の院外救済を従来からの貧民保護局の習慣と告白

し，その後院外救済を公認した．これは貧民法によらず，自治体が慈善基金によって失業者に仕事を与えようとした1905年の「失業労働者法」の精神でもあった．

## 2. 自助と慈善

　新貧民法は労働者に対して自立と自助を強要したが，労働者の方はもはやそれを言われなくともそのように努力していた．規則正しい生活と勤労，その報酬である賃金の枠内での倹約生活は，労働者の生活習慣として定着していた．友愛組合や労働組合への加入，あるいは私的な保険会社との生命保険契約などが盛んに行われた．しかし，失業，不規則雇用，低賃金，病気，怪我，子沢山，老齢になった時，労働者はその給付金や僅かな蓄えを使い果たし，やむなく救済に頼ることがあった．

　1850年代からの経済の発展と工場法の普及，都市における衛生の改善，あるいは労働組合運動の興隆などは，労働者の健康と労働能力，賃金を高め，失業・半失業を減らし，流行病の発生をおさえたので，一般労働者の勤勉と節制はその生活を安定させた．

　そのような改善が見えはじめた1859年，ジャーナリストとして活躍していたサムエル・スマイルズは『自助論』を出版して大好評を博した．彼はこの本の中で，歴史上の成功者はみな，生まれはよくなくても人並外れた刻苦勉励によってその地位を築いたものであることを強調した．彼は有名な偉人の名前を次々に挙げて，彼らがいかに寸暇を惜しみ，意志の力と忍耐力によって日常的に努力を重ねたかを巧みに説明し，「自助の精神が個々人のあらゆる発展の本当の源である」と説いて，その時代の雰囲気に大きな影響を与えた．「不運を嘆く人はただ自分自身の怠慢，不始末，不用意，あるいは努力不足の報いを受けているのである」(Smiles [1958] p. 266, 邦訳112ページ)．

　人々のたえざる努力の重要性を具体的に明らかにしたスマイルズの名著は

ヴィクトリア女王を感激させたというが，彼の考えの裏面には，貧困はその人自身の責任であり，救済は人を駄目にするという哲学があった．1859年にはダーウィンの『種の起源』が発表されたが，これはマルサスの人口論を応用して自然淘汰と適者生存の仕組みを解明したものだった．これらの説得力に富む著作は次々に解りやすい解説書を生み出して，貧困の自己責任の思想を社会的に普及させ，新貧民法の厳格な行政管理を正当化し後押ししたのだった．

他方で，労役所内の悲惨な実態が知れ渡るにつれ，また決して救済に頼ろうとせず自宅や街頭で苦しむ極貧者の姿が報道されるにつれて，富の増大を実感している有産階級側の一部から博愛の思想と行動が沸き上がってきた．特に上流階級の女性達はその余暇とお金を，あるいは自分が身に付けた能力を，そのような貧困状態の中で苦しむ人々の救援にささげようと活発な慈善活動を展開した．彼女らは本能的に極貧の放置が安定した社会の維持にとって危険であることを感じていた．

ルイーザ・トワイニングの労役所や刑務所への慈善訪問活動は，所内の待遇改善をもたらした他に，担当職員の不足や女性担当者の必要性を認識させる原動力となったし，オクタヴィア・ヒルによる労働者住宅改善運動は，公的住宅政策の先駆けとなった．ナイチンゲールの看護奉仕活動は，医療の世界に1つの看護専門職を作り上げ，また多くの婦人団体が機会あるごとに行った街頭募金は院外救済が原則として廃止された後の在宅貧困者の生活支援に広く利用された．それらの慈善活動はたしかに上流階級的価値観に基づいて行われた社会改良活動であり，たとえば慈善組織協会COSなどは貧困の自己責任論を長く持ち続け，「救済に値する貧困者」を私的慈善によって自立させ，「救済に値しない貧困者」を貧民法にゆだねる政策を取って，貧民法の一層の過酷化を要求した．とはいえ彼らの慈善活動は，極貧者の生活苦の緩和に寄与したことは事実であり，公的措置を遅らせたというよりも，私的な生活領域にまで立ち入って多様な貧困原因を明らかにし，それぞれの人のために独自の自立生活の仕方を工夫したという点では，アメリカのメアリ

ー・リッチモンドに先立って近代ソーシャル・ワークの原形を示したものと言えよう．

## 3. ブースとローントリー

経済が比較的順調に発展していた1860年代においても，相当数の貧困者が都市に存在していることは，ヘンリー・メイヒューの『絵入りロンドンニューズ』の記事などで明らかにされていたが，80年代になると，経済の発展が最終的に労働人口を吸収していくという楽観論は影を潜め，イーストロンドンの停滞的過剰人口や，テムズ川ぞいの船着き場におけるドック労働者の慢性的失業と非恒常的就業が衆目を集めるようになった．

社会民主連盟のハインドマンは資本主義社会における貧困の必然性を説いて，ロンドン人口の約25%が貧困状態にあると宣伝した（Jones [1994] p. 60, 邦訳69ページ）．リヴァプールの大船会社のオーナーで当時ロンドンに住み，社会統計に関心を寄せていたチャールズ・ブースは，ハインドマンの宣伝を不快に感じ，実業家らしく自ら統計的手法を用いてロンドンの貧困者の数を把握してみようと決心した．彼の妻は，この時代が，貧窮者の公的救済が悪いといわれたり，よいといわれたり，全く解らなくなった時代で，それがブースに本当の答えを求めさせた，といっている．

ブースは1886年，ロンドン調査の根拠地をイーストエンドに建てられたトインビーホールに定め，ベアトリス・ポッター（後のウェッブ夫人）等，有能な調査員を確保した．そのうえでブースは，ロンドン市の地図を用いて地域ごとに区分けし，それぞれの地域について住民の職業と所得をスクールボードが提供する資料に基づいて調査した．

その調査成果は1889年から1903年まで17巻本として出版された『ロンドンの人民の生活と労働 Life and Labour of the People of London』に発表された．最初の5巻においてブースは，所得の低い世帯から高い世帯へと住民を並べてA階級からH階級まで8に分け，一応の生理的最低生活を営み得

る所得（ブースの貧困線）以下に位置する住民の割合を確定したのだった．世帯所得と彼らの仕事の間には強い相関関係があり，最底辺のA階級は浮浪者や酔っ払いが多く，B階級は臨時的労働で手から口への生活をしている人々，C階級とD階級は季節労働者や恒常雇用なるも低賃金労働者が主たる構成員だった．EとF階級は恒常的雇用についている高賃金労働者，GとHは中産階級の人だった．ブースはDとEの間に貧困線を引き，AからDまでの階級に属する住民を貧困状態にあるとしたのだが，それは30.7％に達していた（Booth [1969] p. 21）．その原因は，恒常的雇用についていながらも低賃金であるものが最も多く，ついで季節的・臨時的雇用，所得のない老人などであった．

　チャールズ・ブースの調査に感銘を受け，自らその地で2,000名規模のチョコレート会社を経営しているヨーク市において，より詳細な貧困調査を行ったのが，シーボーム・ロントリーだった．ロントリーはブースからいろいろな助言を受け，また直前に行われていたスコットのマンチェスター調査をも参考にして調査方法の改善に努めた．ヨークは約15,000の住宅と76,000の人口をもつ地方都市であったが，ロントリーは召使を雇っているなどの上流階級を除いて，約47,000人について調査を行った．

　彼は貧困線を引くに当たり，健康と肉体的効率の保持，社会的体面の維持を中心に据え，特に食事による栄養の摂取を重視した．当時の栄養学では炭水化物，脂肪，蛋白質を中心栄養素とし，特にカロリー摂取量を重要視していたが，ロントリーもそれに従い，刑務所の食事を参考にして最低限の食費を算出した．衣服については保温とともに，最低限社会的体面を保つ服装に必要な額を算出した．住宅の最低家賃も健康を守り得る広さと設備のものの必要額を算出したが，これを満たす住宅に住んでいる労働者は皆無に近かったので，彼は労働者が支払っている実態額を最低家賃として利用した．これらの合計額が生理的生活に最低限必要とされる金額，ロントリーの貧困線であった．

　調査の結果は1901年出版の『貧困——都市生活の研究 Poverty－A Study

of Town Life』に発表されたが,ロウントリーは貧困概念を2つに分けて整理していた.その人が所属する世帯の所得が,貧困線を下回るものを第一次的貧困 primary poverty とし,その世帯所得が貧困線を上回るものの,消費が不適切なために健康と効率を維持できないようなものを,第二次的貧困 secondary poverty としたのだった.前者はヨーク市全人口の9.91%,後者は17.93%で,合計すると27.84%だった.つまりロンドンほどには極貧者が目立つことのない地方都市ヨーク市においても,必要最低限の生活以下の人々が,約30%いたのだった.

　ロウントリーはさらに,そのような貧困の中で生活する人々の世帯について,低所得の原因を調べた.その結果は次のとおりだった.

1. 規則的労働に従事しているが低賃金　　51.96%
2. 家族の規模（子供が4人以上）　　　　22.16%
3. 主な賃金稼得者の死亡　　　　　　　　15.63%
4. 主な賃金稼得者の老齢あるいは病気　　5.13%
5. 不規則労働に従事　　　　　　　　　　2.86%
6. 主な賃金稼得者の失業　　　　　　　　2.31%

当時まだよくいわれていた個人的怠惰や浪費という項目はなく,貧困の最大の原因は低賃金であった.労働階級だけを取るとそのほとんど半分が低賃金で貧困状態にあるのだった.そして労働者世帯には,その一生に主に子供の出生と老齢化による生活水準の浮き沈みがあり,多子家族や老齢者家族は貧困に苦しむことになることが明らかにされた.

　ロンドンにおいてもヨークにおいても,住民人口の約3割が健康の維持や肉体的効率の保持にさえ十分でない貧困生活をしているという統計的な数量による把握,そしてその主要な原因が低賃金や不規則労働,あるいは多子や稼得者の死亡であるという事実の発見は,貧困がもはや個人的性癖によっては説明のつかぬ,極めて社会的な現象であり,また経済社会の中にその原因を持つものであることを悟らせることになった.その後もいろいろな統計学者によって貧困調査が実施されたが,それらは貧困が社会的諸原因に起因す

るものであり，したがって社会的対応を要するものであることを明らかにしたのだった．

# 第9章
# 自由党の改革

## 1. 金融資本と国内産業の停滞

　かつて世界の工場の役割を果たしたイギリスは，アメリカやドイツの追い上げを受けて工業製品生産高の世界に占めるシェアを低下させており，1880年の22.9%から1900年の18.5%となっていた．これに対してアメリカは同期間中に14.7%から23.6%とイギリスを抜き，ドイツは8.5%から13.2%とイギリスに迫っていた．諸外国の保護関税体制に対するイギリスの自由貿易体制が，イギリス製品のシェア低下の原因であるとの認識はあったものの，どのイギリス政府も自由貿易を捨てようとはしなかった．

　それは自由貿易がシェアの低下を引き起こしながらも，イギリスの昔ながらの輸出品が依然として高い利潤をもたらしていたこと，安い穀物輸入ができなくなれば賃金引き上げ要求が激しくなること，食料と原材料の輸入は相手国への製品輸出に容易にしたこと，また自由貿易の拡大は，国内外への投資を促し利子収入，船舶代収入，保険料収入を増大させたからであった．

　とはいえ，商取引に加えて金融取引と証券取引に長い伝統を持つイギリスの銀行は，次第にその活躍の舞台を国際金融と国家証券をふくむ証券取引に移していた．イギリスの海外投資は1870年の12億ポンドから1914年の40億ポンドに膨らんだのに対して，国内投資はGNPの7%から5%程度になったと推定されている．1880年代における植民地の獲得とイギリス世界帝国の経営は人材と資金を相当量そこへ流れ込ませた．かつて産業活動を担っ

ていた中産階級の多くの部分が，産業活動からはなれて貴族化し，政治と行政あるいは法曹の分野に，また軍事分野に，そして一部は金利生活者の生活に入ったといわれる（Pugh［1999］pp. 115-6）．

　イギリスの植民地獲得の歴史は古く，1763年フランスとの7年戦争の後カナダを獲得，1780年代に西インドの植民地化を進め，1788年オーストラリアを流刑者用の植民地とし，1840年ニュージーランドを征服，1858年ムガール帝国を滅ぼして直轄領とし，77年にはディズレーリがヴィクトリア女王をインド皇帝とした．とはいえ1860年代から70年代にかけて，グラッドストンは植民地の獲得に反対であったし，ディズレーリでさえ植民地のことを「われわれの首にまとわりついた石臼」と表現して，嫌々ながらの帝国主義者ぶりを装っていた．しかし1880年から90年代にかけてイギリス帝国主義はその消極性を放棄した．新しい強国の出現と彼らの植民地獲得への積極性は，イギリスにより大胆な政策を採用することを余儀なくさせたのだった．特にドイツの，プロシア＝フランス戦争勝利以後の軍国主義的興隆は，イギリスに軍事上での世界政策の見直しを迫っていたし，イタリア，フランス，ベルギーの植民地獲得への積極的行動は，従来のインドへの道の確保，あるいはインド帝国防衛の範囲を越えさせることとなった．1882年のエジプト（スエズ運河は1869年に開通）占領以後，列強間の会議によってイギリスはナイジェリア，ソマリランド，ベチュアナランド，ザンジバル，ケニア，ウガンダ，ニアサランド，スーダンを植民地化した．

　インド帝国建設の動機は貿易の開発と拡大であり，その後はイギリス製造業製品の輸出だった．世界市場での競争の激化とシェアの減少は，そのような意味での植民地の必要性を大きくした．中国市場への列強の殺到は，中国周辺領土への征服欲を刺激したのだった．

　ジョン・A. ホブスンは新聞記者として，ボーア戦争前後の南アフリカ政治経済の取材経験に基づき，1902年に『帝国主義論 Imperialism, A Study』を著して，「金融上の利益，あるいは資本投下の利益が商業上の利益よりも優先されている」ことを指摘した．つまりこの時代の帝国主義は，産業資本

主義が生み出した余剰資本が銀行を中心とする一部の金融業者の手中に集められ，より高い収益を求めて海外に投資される冒険的かつ寄生的な経済構造に基づいていると．「納税者には非常に高くつき，製造業者と貿易業者には非常にわずかな意義しか持たない侵略的帝国主義も……自分の資本の投下場所を探し求めている投資家にとっては，大きな利得の源泉である」（ホブスン，訳書［1951］上巻107ページ）．後にレーニンは自らの『帝国主義論』の中で，ホブスンのここでの指摘を帝国主義の本質と見なした．

イギリスの植民地獲得政策には，もう1つ政治外交上の戦略があった．例えばインドを守るためには，アフガンやビルマを緩衝国として政治軍事的に支配するのが有利であり，エジプトを守るには地中海やスーダンを勢力圏としておくことが有利であるとの配慮がそれであった．それは，それが政治的経済的に可能である限り，イギリスの安全と特権的地位を守るためにも有効だった．しかしグラッドストンやソールズベリはより現実主義的で，新領土獲得に疑問を持っており，外交上の必要から「ライヴァル，特にドイツがアフリカに植民地を獲得することを助けた．……イギリスは平和の持続を望んでおり……各強国がアフリカで気前よき領土の分割を受けることでそれが達成されるならば」それを許した．「ある意味で，新植民地はヨーロッパ内部の緊張を救う安全ヴァルブとして機能した．……良好な外交関係の維持に役立つならば，ドイツがアフリカに大きいが無価値な領土をとってもほとんど問題でなかった」とされる（Pugh, *ibid.*, pp. 131-2）．このように帝国主義政策を外交政策に矮小化してしまえば，領土の獲得は，富を発見しようとする一部の熱狂的企業家達の冒険への国家による事後追認ということになる（*ibid.*, p. 133）．しかしこのようなことがあったにせよ，自由党の帝国主義推進者ロード・ローズベリがいみじくも指摘したように，地球の有限性への認識は，公然たる侵攻を唱えはしないシティ筋の「真正帝国主義者」にも高い利子の源泉としての植民地の重要性を認識させたのだった．

## 2. ボーア戦争

　1895年の選挙は統一党の勝利となり，第3次ソールズベリ政府はJ. チェンバレンを植民相として入閣させた．チェンバレンの課題は，南アフリカ問題の解決であった．アフリカ最南端部はインドへの中継地としてまずポルトガルの，次いでオランダ東インド会社の占拠するところとなり，オランダ農民の入植があった．彼らは自らをボーア（農民）と称し，現地の黒人を奴隷として農業を営んでいた．フランス革命の時，ナポレオンがオランダを併合すると，イギリスは1806年にこのケープ植民地をオランダから奪い取り，ナポレオン戦争終結後はこの地理上の重要拠点を確保するためにイギリスからの移民受け入れを進めた．イギリス政府は1807年に奴隷貿易を禁止し，1834年にはイギリス帝国内での奴隷制度を廃止したが，ボーア人にはその補償金を支払わなかった．イギリスの支配を嫌うボーア人達は，1836年頃から大挙してイギリスが領有権を主張する領域の外へ大移動を開始し，ヴァール川の北にトランスヴァール共和国を，ヴァール川とオレンジ川の間にオレンジ自由国を成立させた．

　1850年代にイギリスは事実上この2つの共和国を承認していたが，両者の関係は常に険悪で，1871年，オレンジ自由国の西のキンバリーにダイヤモンドが発見されるとイギリスはすぐにそこを植民地領とし，トランスヴァール共和国内のヨハネスバーグに金鉱が発見されると強引にその地に軍隊を派遣して，原住民であるズルー族との戦争につけこんで79年についに併合してしまった．1880年，ボーア人はこれに反対して蜂起し，マシュバヒルの闘いで完全勝利し81年独立を回復した（第1次ボーア戦争）．しかしダイヤモンドと金鉱開発に流入するイギリス人は増えるばかりで，両共和国はイギリス保護領に取り囲まれ，国内のイギリス人社会は重税反対，平等待遇を求めて共和国を揺さぶった．

　1895年，チェンバレンが植民相になると本国の態度は植民地経営に積極

的となり，ケープ植民地首相セシル・ローズはこの時とばかり自分のアフリカ支配構想を実行に移そうとした．この時のローズの計画は，トランスヴァール共和国内のイギリス人を中心とする「外人部隊」を蜂起させ，ヨハネスバーグの金鉱地区をイギリス地区として割譲させることだった．ローズの相談役を務めていたドクター・スター・ジェームソンは12月末，野心に駆られて部下500人を従えトランスヴァールに侵入したが，ヨハネスバーグで蜂起するはずの「外人部隊」は起たず，ジェームソンは待ち構えていたボーア人に包囲されて降伏した．イギリス政府は知らぬ存ぜずを通したが，ローズは首相の地位を退いた．一方ボーアの大統領ポール・クルーガーはイギリスへの不信感を一層募らせ，金鉱と外国人からとった豊富な資金により軍備を整えていった．

　1897年，ケープ南アフリカ高等弁務官にサー・アルフレッド・ミルナーが着任したが，これはボーア人との話し合いを閉ざすに等しいものだった．ミルナーは名うての帝国主義者で強硬論者であり，断固たる行政官であったからである．クルーガーもドイツの支持を得て大砲，機関銃，ライフルなど最新兵器での武装を進め，開戦の時期を待つ有様だった．99年10月第2次ボーア戦争が始まり，ボーア軍は3方面からイギリス領内へ攻め込んだ．彼らはボーア人を甘くみていたイギリス軍の装備の悪さをついて，たちまち東部のレディスミス，西部のキンバリーとマフェキングを包囲してしまった．11月からケープに到着して救援に向かったイギリス軍は初戦でことごとく敗れ去った．新たに戦線を立て直したイギリス軍は，大量の兵員を本国から動員して翌年2～3月になってようやくキンバリーやレディスミスを解放した．1900年5月イギリス軍はオレンジ自由国を席巻してそのイギリス領への併合を宣言，10月に正式にトランスヴァールを併合した．

　ボーアの正規軍は壊滅したが，農民の中から出てきた指導者達は地の利を生かしたゲリラ戦を展開し，戦争は予想を超えて長期戦の様相を呈した．ゲリラ戦法に対してキッチナー将軍は，ボーア人農家の大規模な破壊と，おんな子供の収容所への強制収容によって対処した．ボーアの戦闘者が農民の中

に紛れ込まなくするためである．この収容所の中で数千人が病死したといわれる．自由党党首キャンベル=バーナマンは，これについての報道を読んで，「野蛮な方法」と非難した．1902年3月になってようやく，力尽きたボーア人は講和を求め，ミルナーは征服を主張したが，キッチナーはイギリス国内の世論を背景に講和を主張し，1902年5月，ヴェリーニギングで停戦協定が，プレトリアで講和条約が結ばれボーア戦争はようやく終わったのだった．

　この戦争は，イギリスから遠く離れた一植民地を巡る事件であったが，その後のイギリスに大きな影響を残すことになった．まず，戦争期間が1899年10月から1902年5月まで2年8か月と非常に長かった．労働階級の間にも愛国心が盛り上がり，貧しい青年も多く兵隊の募集に応じたけれども，10人に6人の割合で体位不合格者が出たといわれる．戦争が長期化し戦傷者が拡大するにつれ戦争への熱狂は幻滅に変わっていった．戦費は約2億2千万ポンドと予想を遙かに上回り，国家財政を破綻させた．兵員は，現地兵4,000に対して派遣兵は約45万人，戦死5,700人，戦病死16,000人，戦傷者23,000人，これは一植民地戦争にしては余りに大きな犠牲だった．植民地への熱狂はボーア戦争によって急速に冷めていった．

## 3. 自由主義思想の変化

　古典経済学と功利主義哲学を中心とする自由主義思想は，19世紀半ばから社会の変化を反映して徐々に変質しつつあった．自由放任と必要最小限の国家という理念は保持され続けたものの，これまで見過ごされていた下層社会の人々の自由という問題が浮上してくるのである．

　J.S.ミルはその『自由論』のなかで，普遍的な自由を求めようとしたが，つまずきの石は個人と社会との抽象的対置だった．しかしこれは，当時ドイツ哲学を研究していた人々の新しい自由観によって乗り越えられた．D.G.リッチーはつぎのように書いた．「個人はあたかも彼の環境とは別の，彼もそのメンバーである社会とは別の意義と重要性を持つかのようにいわれてい

るが，……それらすべてと離される時，彼は単なる抽象であり，論理的，形而上学的幽霊である．そのような個人の否定的で抽象的見解に沿って進めば，……個人と国家は相互に対置させられる．……それは部分的真実にすぎない．そのような概念把握では政府の義務について何らかの有益な議論のベースとするには全く不十分である」(Bullock *et al*. [1966] p. 178 より引用)．

オックスフォード大学のヘーゲル哲学者だった T.H. グリーンは，自由により積極的な内容を与えた．「われわれが自由を希求されるべき対象として語る時，それは，われわれが行い，享受するに値するものを，行い，享受する積極的な力や能力を意味する．そしてまた他の人と共同で行い享受することを……われわれが社会の進歩を自由の拡大によって測る時，われわれはそれを社会の構成員なら誰でも授けられていると考える社会的善に寄与する力の全体としての発展度と実行力の増大によって，約言すれば結合体としての市民が最善を尽くす力の増大によって測るのである」(*ibid*., p. 180 より引用)．

この政治的抽象の個人から現実的な社会的個人への思想的過渡期を，当時の政治の前面で代表していたのが，自由党の指導者だったグラッドストンだったといわれる．彼は，個々人の自由が人倫と正義に適うものになるように政治を行おうとした．したがって彼は，自由貿易，課税の軽減，行政の整理と合理化に努めた他に，宗教上の差別の廃止，教育の公平，第3次選挙法改正，秘密投票の実現，議席の人口に合わせた再配分をもやり遂げたのだった．1880年選挙の当選者，急進派で無神論者チャールズ・ブラッドローはグラッドストンの好みでは全くなかったにもかかわらず，彼に議席を与えるべくランドルフ・チャーチルとやり合ったのもグラッドストンだった．

彼は外交に正義と調和を確立しようとして，民族自決に熱い同情を寄せた．彼のアイルランド自治への執念は，民族の自治という至高の要求を突き付けられた自由なイギリスの大きな試金石なのだった．自由党の分裂を決定的にした1886年4月8日下院へのアイルランド自治法案提出に当たり，彼は次のように演説した．「私が定めようとしている原則は，アイルランドだけに

例外的に当てはめようというのではない．その原則は……国家に巨大な利益をもたらす．われわれは植民地の統治方法を革命的に変えた．……われわれは［自分自身の法を持ちたいとする要求に］原則上の正当性を認めたのである．それが海の向こうから跳ね返ってきている．アイルランド民族は地域的に自立したいといっているのであり，帝国の中にいるのでなく分離して自治を全うしたいといっているのである．それ自体邪悪なことであろうか．それは恐れや不安を抱いてみるべきことだろうか．……私はそうは思わない」（*ibid.*, p. 175 より引用）．

このように個人の自由と人倫を世界史的な舞台でも追及したグラッドストンであったが，国内の社会問題への対応には極めて鈍かった．この点では彼はオールド・リベラリストであった．労働組合法の成立の時，営業への「妨害」を刑事罰の対象として譲らなかったのが彼だったし，J.S. ミルに応援されてパンクハーストたちが提出した女性選挙権法案を2度にわたって阻止したのも彼だった．1889年になっても彼の演説は次のようなものだった．「われわれは今，政府があれもこれもやるべきだとか，政府はあらゆることをやるべきだ，と考えたがる時代に住んでいる．政府がやるべきこともあるし，そうでないこともある．以前政府は多くのものを無視してきたし，恐らく今でさえ幾つかを無視している．しかし別の危険がある．もしも政府が個人が自分でなすべきことを行うとすれば，彼がそこから受けたりそこから生ずる利益以上の害を与えることになろう．全体の要点は次のとおり．自助の精神，真に純粋な人間的独立の精神が個々人の心の中に，大衆の心の中に，かの階級のあらゆる成員の中に維持されなければならない．もしも彼が自助の心を失うとすれば，もしも彼が自分によりも金持ちに頼って生活することを覚えるとすれば，彼は確実に取り返しのつかない悪を引き起こす」（*ibid.*, pp. 207-8）．

グラッドストンは社会改良の必要性を訴える党内の急進派に対して，アイルランド問題がそれ以前に立ちふさがっていると言って「取り付かれたように」その解決に力を注いだのであったが，チェンバレンが言ったように，ア

イルランド問題は社会改良への取り組みを遅らせる口実ともなっていた．チェンバレンが自由統一党へと去ってゆき，グラッドストン後の自由党の再建が進む中で，新しい理念の下に新しい自由党が徐々に姿を表してくることになる．

　ホブスンの帝国主義批判は，イギリス国内では不人気で余り取り上げられなかったけれども，新しい自由党の再建に一定の役割を果たしていることを見過ごすべきではない．ホブスンは，帝国主義が18世紀半ばのイギリスの偉大な人物が常に掲げていた「進歩 progress」という理念を欠いていることを厳しく批判した．「新しい帝国主義の現実の必然的な政治的効果は……途絶えることなき平和への脅威であり……絶え間なき戦争の危険である……それは国民の現にある物質的および道徳的資源の浪費であるばかりでなく，まさに文明の発展を阻止することである」（ホブスン，訳書［1951］下巻52-3ページ）．

　1905年末に首相を引き受けることになるサー・ヘンリー・キャンベル＝バーナマンはチェンバレンの「関税改革」を次のように批判した．「われわれは保護政策が決まって盛んにする独占と特権の増大を望まない．われわれは自由党である．われわれはわが国民の能力を信ずるがゆえに自由貿易を信ずる．……もしあなた方自由党が［チェンバレンとバルフォアの］解決策を拒否するというのなら……解決策は必要ないと考えているのかと聞かれるかもしれない．そうではない．諸君，われわれは満足していない．われわれは自由貿易とそれがもたらすわれわれの集団的富の増大に満足しているという理由で，自由貿易そのものを十分な解決策として前面に押し出しているわけではない．われわれが富の全体的分配への障害物処理に以前ほどの決然たる態度を欠いていると思ってはならない．それが生じているのが悪法からであろうと，悪い習慣からであろうと，悪い制度からであろうと，悪い社会条件からであろうと，あるいはまた不注意で浪費的な政治からであろうとも」(Bullock *et al.*, *op. cit.*, p. 220より引用)．

　そして社会問題の解決のために経済的資源を用いるという構想は，この時

代の新自由主義の代表的論客 L.T. ホブハウスの著書『自由主義』（1911 年）のなかに総括されている．「［古い］制度の最後の遺物を破壊する中で，経済的個人主義は偉大な物質的前進の基礎をおいたが，大衆の幸福を大いに犠牲にした．経済学における基本問題は財産を破壊することではなく，社会的な財産の概念を近代社会の必要に適した諸条件の下で正しい位置に据え直すことである．……それは富の個人的要因から社会的要因を区別することによって，社会的富の諸要素を公的金庫の中に運びこむことによって，そして社会の構成員の第一義的必要に合わせて社会が自由にそれをつかえるように保持することによってなされるべきである．財産の基礎は二重の意味で社会的なものである．一方でそれは，泥棒や略奪者から所有者の権利を守り維持する社会の組織された力である．［他方でそれは生産と価値における社会性である］．近代産業では個人が助け無しでできることはほとんどない．労働は細かく分割され，分割に比例して協同が余儀なくされる．［個人が他人より良く行い，報酬を得ることができる］諸条件や機会は社会が与えるのである．……自由主義経済学の中心観点は，社会のサービスと報酬を等しくすることである」（*ibid*., pp. 227-9 より引用）．

## 4. 自由党の変化

　1886 年の分裂は自由党を弱めたけれども，その指導権をグラッドストンに残し，急進派の多くも彼の下にとどまった．若い指導者ウィリアム・ハーコート，ジョン・モーリー，ロード・ローズベリらは，従来のセクト性を排した新しい自由党の再生に努力し，1891 年 10 月，全国自由党連合 national liberal federation の大会は「ニューカッスル綱領」を採択した．ニューカッスル綱領は，それまで自由党が掲げてきた諸課題とともに，党内リベラル派とラディカル派が要求していたものを取り入れた包括的なものであり，アイルランド自治法の他にウェールズとスコットランドの国教会の廃止，アルコール販売の規制，土地改革，複数投票の廃止，雇用主責任法制定などを含ん

でいた．K. モルガンは言っている．「もしこの多様な綱領を総括するとすれば，それは民主主義の原理であり，新たなより洗練され形により偽装された独占と特権に対する従来からの自由党による攻撃であった．しかし自由党のこの信念は色々な立場の選挙人の間で無限の多様性を持ち得るものだった」(Morgan [1978] p. 23)．

　チェンバレンはこの綱領を，社会主義的な財産没収をたくらむ「新しい急進派」の企てとして徹底的に攻撃をくわえたが，これが事実上「ラディカル・ジョー」の最後を示すものだった．彼はこれを「政治的コングロマリット」とののしり，バルフォアはこれを「色々な出し物のプログラム」とあざけったのだが，グラッドストンはアイルランド問題に決着を付けるためにも，この急進化した雑多なプログラムを承認しないわけにはいかなかった．グラッドストンは1892年選挙での演説で，彼らしく，坑夫達に8時間労働日よりもホームルールを優先すべきこと，「自分の意見と明らかな利益」を「より広く重い大義」のために犠牲にするように訴えたのだった（James [1978] p. 132)．

　アイルランド党の協力により成立した第4次グラッドストン政府は，経験を積んだ閣僚とともに，若い有能な新人を配した強力な陣容を整えたものの，「実際にははじめからひどく分裂していた」(*ibid.*, p. 141)．その一番の原因は帝国主義と植民地を巡る問題だった．まず閣内は，東アフリカ会社の窮状にあたりウガンダを保有すべきか否かを巡って分裂した．外相ローズベリは領土の獲得を主張し，ついに蔵相ハーコートを説得して植民地領有の方向へと自由党全体を引っ張った．グラッドストンはハーコートやモーリーとともに植民地領有には反対であったから，もし彼が選挙でより多数の勝利を得ていたとすれば，ローズベリの外相就任はなかったと言われる．逆にローズベリはヴィクトリア女王はじめロイヤルファミリーから強い支持を受け，シティ筋からも自由帝国主義者として期待されていた．アイルランド自治法案の上院による否決でグラッドストンが辞任した後，ローズベリが首相に指名されたのもその関係だった．

1894年5月，いまや下院自由党の指導者となったハーコートによる予算が議会に上程された．それは海軍の拡張と近代化のための基金を捻出するための累進制の土地相続税を含むものだった．それは第1に財産評価を厳しく査定し，第2に500ポンド以上の土地に1%から累進的に課税したので，「急進予算 radical budget」と呼ばれ，ゴッシェンら保守党の自由放任主義者はもとより，かつて自由党にいてチェンバレンとともに自由統一党へと分裂し，今やデボンシャー公爵となったハーティントンらが「没収だ」と大騒ぎした．グラッドストンは「私の生涯でこれまでのところ最も急進的な政策」と評した．

　新首相ローズベリは事態を憂慮しハーコートに注意したが，それは2人の反目を激化させた．ハーコートは相続税の上限を10%から8%に修正しただけで，僅か14票差で成立させた．この予算法案が上院へ回った時，ソールズベリは憲法上の習慣を指摘してこれを通過させた．この予算上の新機軸が，僅か2〜3年後に，統一党政府によるボーア戦争の戦費調達に大いに役立ち，蔵相サー・マイケル・ヒックス＝ビーチをして前任者に感謝させることになった．

　保守党でさえも労働者の投票に気を使って，1888年の州議会法，89年の児童保護法，90年の住宅法と公衆衛生法，92年の教育法など，社会立法を重要視するようになっていた．労働階級の力の増大とそれが議会政治に与える影響を目の当たりにして，ハーコートは「われわれは今やすべてが社会主義者である」と叫んだことがあった．彼は特権の廃止と自由の拡大に熱心であったけれども，社会主義者ではなかった．彼の予算案は自由党の伝統に沿った「特権に対する一撃」であり，自分の行っている仕事の重要性を余り認識することなく，「財政改革の先鞭をつけた」のだった（Hutchison [1966] p. 81）．それは予算財源として新たな源泉を確保し，国家政策のために上流階級の財産を利用する道を開いたのである．

　革新的な自由党政府は短命に終わり，保守党と自由統一党が連合した攻撃的な統一党政府は，ボーア戦争へと突き進むが，その時の強い兵隊と質の高

い労働力の不足の経験は，国民の出生率の低下，母親の出産環境の悪さ，特に都市労働者にみられる体位の劣化に，帝国経営上の重大問題を見出させることになる．国防と国民的効率が重視されるようになり，1902年の教育法と助産婦法が成立したのだった．

## 5. 関税改革と自由党の勝利

1903年5月，チェンバレンはバーミンガムにおいて，関税政策の「研究を求め」たが，それは明らかに自由貿易に代わる政策を主張するものであった．バルフォアの執り成し方法がアダとなり，政府内部は関税派と自由貿易派に分裂し辞任騒ぎで混乱したので，チェンバレンは9月に統一党バルフォア政府の閣僚を辞任し，「関税改革同盟」を起ち上げた．前年の植民地会議で，チェンバレンはカナダ，オーストラリア，ニュージーランド等の新興諸国がその工業を発展させるために保護政策を求めるのをみて，自由貿易がもはや不可能になったことを確信した．そこで彼は，植民地を助けるための「帝国特恵」関税制度を導入しようとした．それは同時にアメリカやドイツとの競争による被害を受けている本国の工業をも守るものだった．鉄，鋼，石炭，綿といった巨大産業を除き，それ以外の帝国領の製品についてはイギリス帝国内で関税無しに流通させ，帝国外からの製品には高い関税障壁を設ける．これによって帝国内の一次産品は安く本国内に輸入され，帝国内の工業は守られ，関税からの収入により社会改革と海軍拡大費用を賄うというのである．こうすれば直接税は低く保たれ，帝国は守られ社会改革は進むというのがチェンバレンの構想だった．

自由党は総力を挙げて，関税が国民全体の生活を犠牲にして一部の金持ちを保護するものであると宣伝し，ボーア戦争後の虚脱感から反統一党へと傾いていた世論をつかまえることができた．その上約7万人の中国人労務者が，南アフリカの鉱山で地下労働に従事させられることが明らかとなっていた．野蛮で侵略的な戦争の後に「中国人奴隷」問題が続き，これはイギリスの労

働者に強い衝撃を与えた．アイルランド自治法案を葬り去った上院の権限についても議論が起こっていた．チャールズ・ブースの『ロンドン人の生活と労働』も1903年にはその重要部分を出版し終わり，上流階級を驚かせていた．ウィリアム・ブース将軍の救世軍もロンドンのスラムで活動しており，上流階級のいやます繁栄とは対照的な最下層10分の1のアフリカ人にも劣る貧困を告発していたのだった．

バルフォアは統一党内をまとめることができず，ついに1905年12月政府を投げ出し，自由党のサー・ヘンリー・キャンベル＝バーナマンが自由党政府を樹立し，ここに帝国主義政策を追及した保守党＝統一党の10年が終わったのだった．キャンベル＝バーナマンは議会を解散し，1906年1月の選挙で自由党は保守党に圧勝した．新しい自由党が試される時が来たのだった．クリス・クック他の『現代イギリス史 1714-1995』によれば，議席獲得数は自由党400，保守党133，自由統一党24，アイルランド国民党83，労働党30，合計670であった．

## 6. 自由党の改革

自由党はこの時から第1次大戦中の連立政府樹立まで10年余政権を担うことになるが，キャンベル＝バーナマン首相の時代（1906年から1908年4月まで）と，ハーバート・ヘンリー・アスクィス首相の時代（1908年4月から1915年）に分けられる．キャンベル＝バーナマン首相は大蔵相にアスクィス，商務相にデーヴィッド・ロイド＝ジョージを当て，慎重な中にも強い改革の意欲を示した．アスクィスは前自由党内閣で内務相を務めた有能な法律家で，経済にも明るく自由帝国主義者の仲間で，保守党からも高い評価を得ている政治家だった．ロイド＝ジョージはウェールズ出身の事務弁護士で，ボーア戦争に公然と反対した急進的な雄弁家だった．

政府は1906年のうちに，労働組合から強く要請されており新しい労働党もその第1の目的としていた「労働争議法」を成立させた．これは労働階級

の自由党に寄せる期待に応えるものであったのと同時に，自由党と労働党の協力関係を強めることになった．同年，政府は1902年のバルフォア教育法の下で，各地方自治体からあげられてくる貧困児童への教育上の困難を解消し，「肉体的退化」解決のための勧告を行った1904年の委員会報告に応えるために「教育（学校給食）法」を制定，翌年「教育（行政措置）法」を制定した．これは自治体の金で貧困児童の給食問題を解決し，また定期的に児童の身体検査を行って，健全な児童を育成教育しようとするものだった．1906年には他に，「商船法」「労働者災害補償法」も成立した．

　これらの諸施策は，保守党政府時代から提起されていた「効率論」よりも，それを超えて労働階級の改革への強い要求に応えようとするものだった．その推進力となったロイド＝ジョージは，1906年1月のウェールズはバンゴーでの演説で次のように語っていた．「私はこの国の人民から新しい秩序が生まれると信じている．それは静かだが確実な革命である．その革命は立憲国家の中で，秩序を投げ捨てたり人に不正を働くことなく，人民が被っている不正を正しながらやってくる」．彼はまたその年9月にペンリンデュレスにおいて次のように語った．「富んだイギリスが人民の間にかくも多くの貧困を許容していることは恥である．……この国にはすべての人に供給し，また蓄えておけるたくさんの富がある．必要とされているのはより公平な分配である．……私は，住民の間にこの国の富を強制的に等しく分配せよといっているのではない．私は，巨大な所有権の享受者を守る法は，何よりもまず，その労働こそが富を生み出している人々が家族とともに，コントロールしようのない事情によって必要なものを買うことができない現実の困窮から，十分守られるようにすべきだといっているのである．その意味は，彼らが窮民のわずかで屈辱的な食べ物を与えられるべきではなく，国の余分な富は所有者による享受の一条件として，まず，自分で生活を維持できなくなった人々の名誉ある扶養に役だたされるべきだというのである」（Schweinitz, *op. cit.*, pp. 200-1 より引用）．

　1908年4月，キャンベル＝バーナマンは病気で引退し，首相にアスクィ

ス，大蔵相にロイド＝ジョージ，商務相にウィンストン・スペンサー・チャーチルが就任した．この時から改革は一層大胆なものになるのである．ウィンストン・チャーチルはこの時33歳，父ランドルフとともに所属していた保守党が余りに保守的で時代の変化に鈍感なのに業を煮やし，関税改革に反対して1904年に自由党に移り，ドイツ的な組織的で効率良い政治を強く志向していた．しかしドイツの形式主義・官僚主義を嫌い，社会主義の中にそれを感じて，イギリスを社会主義化させないために自由党による改革に期待したのだった．

チャーチルは1906年10月，グラスゴウで演説した．「その視野の中に集団的組織と個人的インセンティブをともに含んでいないような社会観は，恐らく完全たり得ないであろう．しかし文明の全体としての傾向は社会の集団的機能の大いなる増加に向かっている．文明のたえずその程度を高めてゆく複雑性は，国家が引き受けなければならない新しいサービスを生み出し，また既存のサービスの拡大を生み出すのである」(Churchill [1973] p. 80)．彼は新しい時代にふさわしい政策を求めて，ウェッブ夫妻やジャーナリストで失業問題に詳しいウィリアム・ヘンリー・ベヴァリッジらと積極的に交流し，よいと思うものがあれば大胆に取り入れた．

商務相となった彼は，ロイド＝ジョージが1908年8月のドイツ訪問後に，国家保険礼賛へと豹変したことに刺激されて，その年末のアスクィス首相に当てた有名な手紙の中で，国が行うべきことを具体的に提案した．「ドイツは厳しい環境と少ない富の蓄積にもかかわらず，その国民に対してかなり良い基礎的生活条件を確立した．ドイツは戦争に対してのみならず平和のためにも組織されている．われわれは政党政治のためにだけ組織されている．……必要な法律の種類が，上院が反対しないものに限られることはいかにも奇妙である．年間1千万ポンドたらずの救済でなく［福祉行政］機構への支出と，倹約の奨励は，イングランドを貧困な者にとって別の国に作り変えるであろう」(Peden [1985] p. 20 より引用)．

彼は，そのような政策がまた自由党政府への「強い支持」をもたらす，と

考えていた．彼が具体的に提案したのは，次のような政策だった．

1. 職業紹介制度と失業保険
2. 国民健康保険
3. 特殊な大規模国家産業，例えば造林や道路
4. 近代化された貧民法，つまり分類
5. 国家管理と保証による民間鉄道会社の統合
6. 17歳までの義務教育

自由党政府は最初の2つを完全に実現し，次の2つに形を変えて挑み，最後の2つには手を付けることができなかった．

1908年5月，新首相アスクィスは下院における討論で次のように発言した．「昨年，予算を上程した時私は言った．今議会と今政府は，社会改革を公約して来たと．そして私は，特に強く実に抵抗しがたい重要性を持つわが現代社会の2つの問題を指摘した．1つは子供の問題である．もう1つは老人の問題である……私はその時，翌年，より賢明でより人間的な政策の基礎をしっかりと据えたく思っているし，またそうするつもりであると述べておいた」(Bruce [1973] p. 139)．

この線に沿って1908年に，「児童法」と「老齢年金法」が制定され，他に「近親相姦禁止法」，「犯罪者保護観察法」，「炭鉱8時間労働法」などが成立した．児童法は諸法律の中に分散していた乳幼児・児童取扱規程を統合したものであり，児童を独立の人格と認めて，貧しく劣悪な家庭環境によって蹂躙されがちな生命と権利を保護しようというものだった．これによって，少年犯罪は特別法廷において人間的更生の観点から措置されることになった．「近親相姦禁止法」もこれと密接に関連するものであり，「犯罪者保護観察法」は，保護監察官の指導の下に社会生活の中で犯罪者を立ち直らせようとするものだった．いずれも，貧困と劣悪な環境が問題を引き起こしているとの認識に基づくものだった．

老齢者に対する年金支給は，チェンバレンとブースによる問題提起以来の長い歴史をもっていた．拠出制とするか無拠出でよいかが焦点だったが，ブ

ースが指摘したように貧困老齢者の多数が女性だったから拠出制は採用できなかった．1908年法の年金支給の条件は，資産調査と道徳調査をクリアーした70歳以上の男女に，週5シリングの無拠出年金を支給するというものだった．資産調査は，年所得21ポンド未満の者には全額支給するが，年所得31ポンド10シリングまで段階的に週1シリングずつ減らしていくためだった．道徳調査は，酒飲み，過去10年間の犯罪者，救済受救者，自立習慣なき者を支給対象から外すためだった．ただし道徳調査は2～3年後から徐々に緩んでいった．

　老齢年金は翌年1月1日支給開始となったが，郵便局で扱われたのでスティグマがなかった．老人達は頬に涙を流しながら「ロード・ジョージ万歳」を叫んで感謝の意を表した．それほど大きな幸福感をもたらした政策はかつてなかったのである．

　1909年になると，1905年の末に設置され，内部で激烈な討論を重ねてきた「貧民法および困窮の救済に関する調査委員会」が，2つの異なる報告書を出し，改革への雰囲気は一層盛り上がってきた．チャーチルは2つの報告書がともに勧告している，失業問題への解決策として，「職業紹介所法 Labour Exchange Act」を成立させた．これは，ベヴァリッジの失業理論に依拠したもので，労働力の需要と供給のミスマッチを調整するために全国にわたって労働市場を組織化し，それによって失業を最小限に抑えようとするものだった．商務省の部下として計画を作った次官ルエラン・スミスと書記ベヴァリッジの応援を受けてチャーチルは説明した．「公的な職業紹介所制度は産業的安定の出発点である．それは差し迫っているすべての改革への道を開く．それは失業保険の実施機構を準備し，学卒者に職業選択の助言をなし，常習的浮浪者を締め出し，誠実な労働者が1日でイギリス中のすべての労働市場を探せるようにする．同時にそれは雇用統計を発表し，景気沈滞の機先を制し，徐々に臨時的労働者を無くしてゆくであろう」(Harris [1977] p. 150)．

　この年にはまた少し前に，苦汗産業における極低賃金をなくするための

「最低賃金制法 Trade Board Act」が成立した．これは，ウェッブ夫妻が唱えていた「国民最低限」という思想を賃金の最低限に適用しようとするものだった．チャーチルは1906年10月のグラスゴウでの演説で次のようにいっていた．「私は生活と労働における最低限標準の普遍的確立と，生産エネルギー増大が許し得るそれらの漸進的向上を期待している．……既存の社会組織は競争的選択という原動力によって動かされている．それは大変不完全な社会組織であるかもしれないが，われわれが野蛮との間で得たすべてである．……この国の現にある社会状態の悪は大きく多数あるけれども，その社会システムの利点と達成物は一層大きい．その上そのシステムは，ほとんど無限の改善能力を与えている．われわれは徐々に悪を払拭し，それが内包する善を積み上げてゆくことができる．私は競争の活力が損なわれるのを見たくはないが，われわれは失敗の結果を大いに和らげることができる．われわれはその下で人々が生活し労働することを許さず，その上で人間性に備わったすべての力で競争することのできる一線を引きたい．われわれは上方へ向けての自由競争を欲し，下方へ向けての自由競争を許すことを拒否する．われわれは科学と文明の構造物を引き倒すことを欲せず，深い裂け目に網をかけることを欲するものである」(Churchill *op. cit.*, pp. 81-2)．

チャーチルは1909年4月，下院で開かれた「反苦汗法案」審議の第2読会で，労使代表と政府の3者による賃金委員会（trade board）において最低賃金を決める意義を次のように説明した．「以前は需要と供給の働きが自然的に調整されるものとされており，それによって堅実な進歩がもたらされてまずい点を払拭し，適当な最低標準が出来上がるとされていた．……しかしいわゆる苦汗業種では，雇用主にも被雇用者にも組織も公平な取引もなく，善良な雇用主は最悪の相手による価格切り下げ競争に敗れる．……そのようなところでは，進歩のではなく，漸進的退歩の条件しかないのである」(*ibid.*, pp. 239-40)．資本主義経済の自由な活力を維持し，合理的な国家介入によってその悪い面を規制し，よい面を促進するというのが，当時のチャーチルの考え方だった．

## 7. 1909年の「貧民法調査委員会の報告書」

　バルフォアが1905年末に政府を投げ出す時，置き土産として1つの王立委員会を残した．それは以前から問題になっていた貧民法をどうするかということと，1870年代から目立つようになってきた失業にたいする救済政策を調査し，政府に勧告するためのものだった．議長には尊敬を集めている老練な保守党政治家ロード・ジョージ・ハミルトン，委員には慈善組織協会COSからチャールズ・ロック，ヘレン・ボーサンキト，オクタヴィア・ヒルらが，学者としてウィリアム・スマート，ランセロット・フェルプスらが，行政官としてJ.S.ディヴィ，サー・サムエル・プロヴィス，サー・ヘンリー・ロビンソンらが，そして貧困や失業問題に詳しいベアトリス・ウェッブ，ポプラ教区の貧民保護官ジョージ・ランズベリ，労働組合代表F.チャンドラー，キリスト教社会主義者ラッセル・ウエイクフィールド師ら，各界からそうそうたるメンバーが集められた．

　COSは，ヴィクトリア期の有産階級の間で伝統となっていた貧困の自己責任の立場に立った慈善機関で，貧困の解決は，個々人の勤勉と規律ある生活と倹約による他にないと考え，貧民法の厳格な執行を要求していた．学者と行政官もほぼ同じ意見だった．これに対して，ベアトリス・ウェッブ以下の当時の労働階級の意見を代弁しようとした人々は，貧困の自己責任よりも社会的責任を重視し，救済対象となる人を経済社会の犠牲者とする立場から貧民法の原理に反対した．したがって委員会の内部では会合の度に意見が対立し，時には感情的な激論も飛び交った．特にウェッブ夫人は中流階級の裕福な家の出であり，Ch.ブースの従兄弟で偉大なロンドン調査を手助けしており，夫シドニーとともに指導的なフェビアンで理論家だった．彼女は，事実を分析してその本質を知れば誰でも社会主義者になると信じていたから，次々と事実の調査分析を要求して委員会を長引かせた．

　1909年2月，最終的にはCOSや行政官，学者が署名した多数派の報告書

と，ベアトリス他3名が署名した少数派の報告書が出ることになった．両報告書はともに，貧民法が時代遅れになっていることを認めており，その機能を地方自治体に移すことが望ましいとしたが，多数派はその存続を，少数派はその解体を勧告していた．失業を不完全就業ととらえて恒常的就業を促進することで両者は一致していたが，少数派は一歩進めて景気循環に対抗する公共事業政策を提案していた．救済申請者に対して，多数派は40年前のゴッシェン覚書の精神を維持し，貧困救済は民間の慈善が主導力を発揮すべきとしてCOSにその役割を与え，国家制度としての貧民法を最後の拠り所とするというのであった．それでもその勧告には次のようなものが含まれていた．「その業務の名称を貧民法から公的扶助 public assistance に改める．院外救済は在宅扶助 home assistance と名を改めて主としてボランタリな機関が扱うものとし，小さな家で尊敬すべき生活をしていることを条件に与える．労役所は分類した施設としできるだけ治癒的および回復的なものにする」(Bruce [1973] pp. 151-2)．

　少数派報告は，貧民法の解体と失業をなくするための労働市場の組織化の勧告を含んでいた．労働能力を持つ貧困者と労働能力を持たない貧困者を分離し，後者は地方自治体の下で専門職員をおく各種委員会の責任にゆだねられる．児童は教育委員会に，病人と障害者は保健委員会に，精神病と精神障害者は保護委員会に．それらの委員会はすでに貧民法の外に存在し有益な活動をしているので，中央政府から補助金が支給され，それらは中央の教育省，保健省，精神病中央委員会などに責任を負い，必要標準を満たすために監督を受ける．労働能力を有する貧困者は労働省の責任下におかれ，職業紹介所や職業訓練所をとおして仕事を得ることになるか，あるいは移民部の下で外国へ移民する．また10年単位に襲ってくる恐慌に対して4000万ポンド規模の基金を積み立て恐慌時の失業者を造林，護岸，土地改良などの公共事業に雇用し，彼らが貧窮に陥るのを防ぐ．職業紹介所は全国に設置され，職業の斡旋を行う中で臨時労働者や季節労働者の通年雇用を進め，また若者の適職さがしを援助する，というのであった．

少数派報告は，貧困を個人責任に解消してしまわないことによって，貧困に陥っている人を救うことと，貧困原因に対処して人を貧困に陥らせなくすることを区別し，後者に重点をおいた政策を提言した．地方自治体におかれる専門委員会も，無知や病気を取り除くことで自立を促すものであり，職業紹介所も仕事を与えることによってその人が貧困に陥らないようにするものだった．自由党が70歳以上の低所得老人に対してすでに実施した老齢年金の支給は，老人の貧窮を防止するであろう．なお1815年から1912年まで約100年間の海外移住者は2200万人に上り，この頃まだ移民が貧困解決の一方法として奨励されており，労働組合にもそれを支援する措置があった．

　この報告が出た時，ロイド＝ジョージほか政府首脳は報告が2本出て，少数派の方が貧民法に代わる抜本的施策を要求してくることを知っていた．チャーチルはすでにウェッブ夫妻やベヴァリッジに会って意見を交換し，その良いところを政策化していたが，大蔵相ロイド＝ジョージや自治相ジョン・バーンズなどはウェッブ夫妻の政策をそのまま取り入れるような単純な政治家ではなかった．彼らは貧困の責任を全面的に国が負うのではない政策を工夫して，ウェッブらの運動の圧力をかわしたいと考えていた．それが拠出制の社会保険だった．委員会の多数派が多数派報告の中に付録的な扱いで少数派報告を編集し，少数派報告の抹殺を図った時，ウェッブ夫妻はそれに対抗して独自に少数派報告書を出版して宣伝し，さらに「貧民法解体委員会」（後の貧困防止全国委員会）を組織して運動を盛り上げた．これに対するロイド＝ジョージの回答が国民保険法なのであった．

　自由党の政策は両報告書をいったん棚上げにしたが，1930年代に多数派報告の多くは実施に移され，地方自治体の公的扶助委員会は徐々にそのサービスを専門化していった．それによって少数派報告の一部も実現したといえるが，完全雇用を含む組織的な貧困絶滅政策の実施は1945年以後のことになったのである．

## 8. 人民予算と国民保険法

　無拠出の老齢年金計画を作ったのはアスクィスであったが，その財政を担当することになったのはロイド＝ジョージだった．鋭敏な彼は，年金財政を検討しているうちにドイツの国家保険について知識を仕入れ，ドイツが採用している拠出制が国の財政負担を減らすとともに，給付年齢の引き下げ要求などをしづらくするものであることに気付いた．ドイツにおける国家保険の実状を視察するために，彼が1908年8月に行ったドイツ訪問が，それまでのドイツ的統制への軽蔑的態度を一変させたことはよく知られている．彼は拠出制国家保険の有効性を広言するようになり，国民保険の構想を具体化していくことになるのである．

　しかしその前に大きく困難な問題が横たわっていた．1909年度予算の編成に当たり，ロイド＝ジョージは海軍力強化のために400万ポンド，老齢年金用に600万ポンドを追加計上しなければならなかった．それに対して既存の課税源泉からの歳入は，不景気を反映して300万ポンド減ると予想された．したがって歳入を増やすために何らかの措置が必要であり，ロイド＝ジョージは早くから「誰かの鶏小屋から卵を盗むつもり」と不気味な冗談を言っていた．

　保守党の大部分にとって，歳入増大のかぎは「関税改革」だった．それは外国工業製品に関税を課すことによって輸入を減らして帝国内の産業を守り，よって国内の歳入源泉を維持することによって歳入を増大させ，関税収入をも付加するものだった．「関税改革」は課税の基礎を広げて歳入を増大させ，所得や財産に対する直接税負担の増大を不要にするものだった．

　1909年4月，ロイド＝ジョージは財政法案を議会に提出した．彼は予算演説において，「社会の全階級がこの財政的緊急事態に協力することを呼び掛けられるべきである」とはのべたが，現行税収の直・間バランスが所得の少ない方に負担を多くしていると指摘した．これを是正するために彼は，課

税対象所得1ポンドにつき1シリングだった税を，1シリング2ペンスに引き上げ，また年間5,000ポンドを超える所得にスーパータックスとして1ポンド当たり6ペンスの税を新設することを提案した．しかし本当に保守党と上院を怒らせたのは，土地価格の上昇からもたらされる不労利得分の20%を土地評価税として国が取得する提案だった．未開発の土地の評価額1ポンドにつき半ペンスの新税もあった．5,000ポンド以上の土地の相続税も引き上げられた．酒類販売免許料の引き上げと，間接税としてタバコとスピリットへの税が引き上げられた．これらによってロイド＝ジョージは1600万ポンドの追加財源を確保しようとしたのだった．

　ロイド＝ジョージは，このような課税が「社会的計画性の増大」に対応するために必要であると論じ，自分の予算を「貧困と不潔に対する断固たる戦争」を遂行するための「戦争予算」と呼んだ．彼の味方はそれに「人民予算 people's budget」という名を付けて歓迎した．この予算が新たな負担の大部分を地主階級にかぶせ，中流俸給生活者や中小資本家の直接税の引き上げと低所得者に重くのしかかる間接税の引き上げを抑えたからである．しかし彼の敵は，これは通常の予算とは言えず一種の「社会革命」であると反発し，「財産に対する戦争予算」「社会主義的予算」と呼んで断固拒否する姿勢を示した．上下両院の地主や財産を持つ人々は，民主主義が貧乏人の投票を買うために金持ちから巻き上げる手段となってはたまらないと考え，ロイド＝ジョージを徹底的に攻撃したのだった．

　下院を通った予算案を上院が否決したことから，財政問題は鋭い政治問題に発展し，自由党は労働党を同盟者として，貴族対人民という対立構造を明らかにして予算の成立に全力を挙げ，上院の行動は違憲であるとの決議を行って下院を解散した．1910年1月の選挙で自由党を中心とする与党が勝利したので，上院はやむなく予算法案を通し5月「人民予算」は成立した．しかし，政府側はこの機会を捉えて懸案だった上院の権限削減をやり遂げようとした．12月に再び選挙が行われ，再び与党側が勝ったので政府は，上院の財政法案に対する拒否権を廃止し，他の法案拒否権を法案成立を2年間遅

らせる権限に縮小する「議会法案」を提出，上院側の激しい抵抗，激論が交わされたが，ジョージ5世の自由党系貴族創家という姿勢に上院は屈伏し，1911年8月，ついに「議会法」は成立したのだった．

　上院の敗北が確定的になると，ロイド゠ジョージはチャーチルと1908年から計画していた国民保険制度の実現に全力を傾けることになった．失業保険の方は職業紹介所とペアで計画されていたから1908年末にはすでに素案としてまとまっていた．チャーチルは職業紹介所による労働市場の組織化の後にもなお残る，産業組織が必然化する短期的失業を失業保険でカヴァーしようとしたのだった．しかし1909年5月になると失業保険の実施を延期しなければならないことがはっきりしてきた．それはロイド゠ジョージが担当している健康保険計画と統合されなければならなかったし，1909年予算の成立を先行させなければならなかったからである．1910年2月，チャーチルは商務省をはなれ，シドニー・バクストンが後を引き継いだ．1910年12月になって，ようやくロイド゠ジョージも国民保険に時間を割くようになり，首席補佐官としてウィリアム・ブレイスウェイトを任命した．

　1911年1月から健康保険法案は急速に練り上げられ，ベヴァリッジらの思惑とは別にロイド゠ジョージの強引な指揮によって国民保険の中心に据えられ，失業保険はその付属的位置付けを与えられた．その年5月4日，ロイド゠ジョージは国民保険法案第1部と第2部を議会に提出し，2時間の演説をぶって制度が強制でなければならないことと，国家による補助金の必要性を説いた．下院の議員達は立って次々と賛成意見を述べ，その法案を祝福した．しかしその後，特に第1部について反対意見や不備の指摘が相次ぎ，両部分が議会を通過したのは1911年12月初めのことだった．

　国民保険法第1部は健康保険制度の創設であり，俸給生活者以外のほとんど，年収160ポンド未満の労働者約1000万人をカヴァーした．健康保険の取り扱いは友愛組合，労働組合，民間保険会社が「認可組合」とされて集金・給付業務にあたり，労働者週4ペンス，雇用主週3ペンス，国週2ペンスを拠出し，病気の時，人頭手数料契約で保険医となっている医者からの医

療処置と，認可組合からの一定の金額を受け取ることになった．第2部は失業保険制度の創設であり，失業にさらされやすい業種の労働者225万人をカヴァーした．国が職業紹介所をとおして業務を扱い，労働者週2ペンス半，雇用主週2ペンス半，国週1ペンス3分の2を拠出し，労働者が失業した時，職業紹介所はその労働意欲を確認して仕事を与え，仕事が見つかるまで最長15週間，生活のための失業給付を支給することになった．

　自由党政府時代の国民生活への積極的政策と，老齢年金を含む社会保険制度の構築は，その後の働く人々の生活を支える助けとなり，彼らの生活の一部となった．第2次大戦後，福祉国家の建設が目標とされてそれが曲がりなりにも実現していった時，第1次大戦前のこの時期の施策が福祉国家の基礎的部分としての役割を果たしているところから，自由党の政策を福祉国家への第1歩とする見解が出てくるのである．しかしベヴァリッジの失業理論や，チャーチルあるいはロイド=ジョージら自由党の政治家の態度に見られるように，自由党が行った政策は，自由放任の社会的有害性への国家的対処という消極的な，したがって部分的なものにとどまっていた．普通の人の生活に，あるいは労働者の生活に優先的な価値が与えられて，福祉そのものをより積極的に追及するようになるのはもう少し後のことになるのである．

# 第10章
# 第1次大戦および戦間期の失業

## 1. 第1次大戦とロイド゠ジョージ

　1914年8月にイギリスが参戦した第1次世界大戦は，国家による経済の全面的統制を必要とさせた．予想外に長引く総力戦のために，国は兵員を確保する他に，必要な軍需物資と生活用品を生産しそれを適切に分配するために，国有企業の創設をも含めて，次第に経済に対する国家の統制力を強化し拡大していった．

　1915年の砲弾不足事件を契機として，統一的で強力な戦争指揮の必要が叫ばれ，1916年12月，アスクィスは首相の座をロイド゠ジョージに譲り，後者の下に本格的な挙国連立政府が樹立された．ロイド゠ジョージが重視したのは，戦争に勝つために必須の戦時における労働階級の国家政策への協力であった．

　労働党は挙国連立政府に参加し，労働組合指導者は「産業休戦」を呼び掛けたが，この障害となったのがダイリューション問題だった．ダイリューションとは，熟練男性職工で古くからの労働組合員によって担われていた業務の中に，労働力不足という理由から，不熟練，半熟練労働者が参加するようになり，それによってかつての比較的良好で安定していた彼らの地位が脅かされている状態を意味していた．1915年頃からすでに，エンジン組み立てや機械製造，造船など時局柄枢要な職場で，戦闘的なショップスチュワードを中心とするストライキが頻発していたので，ロイド゠ジョージは強制仲裁

を申し入れ,「軍需調達法」を制定することによって,軍需契約職場における不熟練労働者,女性労働者の使用を一時的措置として承認させた.

　1917年には,労働組合指導者ジョン・ホッジを最初の大臣として労働省を設置し,J.H. ウィットリーの勧告に従い,全国の職場に,雇用主と労働組合代表が参加する協議会(通称ウィットリー協議会)を設けさせ,職場全般の事柄,特に労働関係事項について協議に基づく執行を心掛けさせた.労働者と,労働組合に対する政府の積極的な融和政策は,戦時にもかかわらず労働組合加入者数を約50％増加させ,800万人の大台を超えた.

　長引く戦争に対する国民の飽きや疲れは,耐え忍んだ諸困難への報酬として軍事的勝利だけでは不十分であるとの雰囲気をつくりだしており,特に戦時下での移動の頻繁化が住宅不足とその質の悪さへの不満を強めていた.ロイド＝ジョージは,自分が戦後について抱いている社会改良の約束を今明らかにすることが,国民のモラルを高揚させることになり,やがてくる選挙戦にも有利になると考えた.彼は1917年に,彼の支持者で急進的な自由党員だったドクター・クリストファ・アディソンの下に「再建省」を発足させて,「英雄にふさわしい国」づくりに必要な社会政策を勧告させ,その実現の準備にかかろうとしたのだった.

　再建省の住宅委員会は,30万戸の住宅不足があるとして,戦後における地方自治体による「カウンシル・ハウス」建設に対する国庫補助などを勧告した.休戦協定直後の1918年12月のいわゆるクーポン選挙に際し,ロイド＝ジョージと連立維持派は,「英雄にふさわしい家」をスローガンとしたので,住宅問題に熱心なアディソンを保健省(旧地方自治省)に招き,1919年の「アディソン法」を成立させて公営住宅建設に乗り出した.建設費用の急騰によりアディソンはその建設のための年次計画を削減され,保守党の圧力によってついには保健相を解任され,自らの念願を実現することはできなかったけれども,彼の熱意は,住宅の供給は政府の責任であるという原則を確立したので,ゲッデスの斧をかいくぐって1923年,24年と住宅法は改善され,その後も公営住宅の建設は進んだのだった.

教育においては1918年に「フィッシャー法」が成立し，初等教育年齢を12歳から14歳へと引き上げ，学費を廃止したけれども，勧告された「すべての者への中等教育」は実現しなかった．保健サービスでも，兵役に就いている者にたいする性病の無料治療は実現したけれども，中間勧告にあった「健康を保ち病気を直す最善の方法がすべての市民に与えられる」日が来たのは，第2次大戦後のことだった．

　戦争を勝利に導き，1918年には「国民代表法」により21歳以上の男性と30歳以上の女性に選挙権を与え（この法はまた受救貧民になることによる公民権剥奪を廃止した），その後の選挙でも圧勝して連立政府を維持したロイド＝ジョージが，その国民的人気にもかかわらず，戦後において自分の約束を果たし得なかった理由は，戦後の激しいインフレーションと国家財政の大赤字だった．戦費の調達は主に政府証券・短期国債による借入によっていたため，償還期限が来たものは銀行券の発行で対応せざるを得ず，これが急速に物価を押し上げていった．戦後処理のための膨大な財政支出は歳入減とあいまって慢性的な赤字財政状況を招来し，これもインフレーションを加速する原因となった．政府は財務官サー・エリック・ゲッデスの委員会に，インフレ収束のためにとるべき施策を諮問したところ，その答えは1921年のゲッデス委員会の勧告という形で現れた．当然というべきか，それは財政赤字の削減と均衡財政へのできるかぎり早急な復帰ということであった．

　ところで1918年末のクーポン選挙とは，自由党のロイド＝ジョージと保守党のボナー・ロウが戦後も連立を維持するために，連立派の議員に対して2人の信任状を与えて選挙を有利に戦わせたもので，下院全707議席のうち連立派が478議席を占めて圧勝し表面的にはロイド＝ジョージの成功のように見えた．しかし連立派の内容は保守党335，自由党133，労働党10で，圧倒的に保守党に傾いていた．したがってこの時以後，ロイド＝ジョージは保守党に死命を制されることになり，盟友アディソンを裏切らねばならなかった．そしてもっと悲劇的なことは，戦時中におけるアスクィスとロイド＝ジョージの対立は深まるばかりで自由党は分裂し，この選挙で連立反対派自由

党も得票数では同程度を獲得し，その後も分裂状態は続いて，ついに議会で多数を占めることができなくなり，政権から遠ざかっていくのである．

　クーポン選挙で事実上の勝利を収めた保守党は，ロイド＝ジョージを担いで戦争直後のむずかしい時期を乗り切ったが，この危険な男を決して信用しておらず，時期が来れば決裂する気であった．ロイド＝ジョージは首相として，1919年ベルサイユ講和を仕上げ，21年にソ連邦を承認し，炭鉱労働者を中心とするゼネストを中止させ，南部26州による「アイルランド自由国」の独立を認めた．これらは戦後処理としてやむを得ないものであったにしても，保守党にとってロイド＝ジョージは国内では社会主義と，国外ではボリシェヴィキと付き合う原則なき男であり，アイルランドでは帝国を裏切ったのであった．1922年，政府に対する保守党からの攻撃は全面的となり，その中心は政府の「浪費的」な社会政策，社会サービス政策となった．22年10月保守党大会は連立の解消を決議して，ロイド＝ジョージを辞任に追い込み，自党のボナー・ロウを首相におしあげたのであった．

　こうして帝国全体で91万人の戦死者と209万人の戦傷者という大きな犠牲を強いた戦時政府が，国民の前に示した社会改革の約束は空中分解し，1922年から「ゲッデスの斧」による歳出の削減が推し進められてゆくのである．

## 2. 金本位制への復帰とゼネスト

　長期にわたった戦争は，イギリスの国際的な地位をすっかり変えてしまった．イギリスの輸出産業は，外国との競争の激化，そして関税障壁という1918年以後の世界では，もはやその勢いを取り戻せなかった．戦争中に失った多くの市場は回復せず，国際収支は弱体化した．戦時中の海外資産の売却と12億ポンドに上る対米債務の返還は，それを加速した．国際的債権者としての力量は著しく衰えたのである．

　しかし当時の経済界は，戦時統制が撤廃されて戦前のように自由な経済が

回復され，諸外国との関係が修復されれば，再び活況がよみがえると考えていた．したがって統制の撤廃とともに，金本位制への復帰が第1の政策課題として追及された．投資と貿易の最大の相手国はアメリカであったから，金本位制復帰の前提として，ポンドの対ドル為替レートの戦前水準への引き上げが必要と考えられた．ポンド通貨の価値を上げるために厳しいデフレ政策がとられ，財政の均衡，利子率引き上げ，物価の引き下げ，賃金の引き下げが行われた．1925年，保守党ボールドウィン政府の大蔵相となっていたウィンストン・チャーチルによって，念願の金本位制復帰はなし遂げられた．

その結果は，軍需の途絶と輸出激減で低迷していたイギリス経済の致命的な縮小であった．一層の輸出不振，デフレの加速，企業の倒産，失業の増大が起こった．石炭産業，造船業，繊維産業，製鉄業，運輸業のこうむった打撃は大きく，これらのかつての輸出産業から大量の解雇者が吐きだされ，また賃金の50％以上の切り下げが行われたのだった．

戦時中から燻り続けていた労働階級の不満は，頻繁な労働争議となって表面化し，1923年12月の選挙で，マクドナルド労働党政府を成立させることにもなったが，自由党の協力でできたこの政府は，緊縮財政に縛られてめぼしい成果を上げることなく，僅か10か月で倒れてしまった．労働争議の中心部隊は，全国に点在する炭鉱の労働組合だった．炭坑夫と炭鉱所有者の関係は，その労働の特殊性と鉱区所有の前近代性から，長く不穏なものだった．大戦後の労働攻勢のなかで作られた判事サー・ジョン・サンキーの「石炭産業調査委員会」は，炭鉱労働組合からだされていた炭鉱国有化問題を検討し，1919年に国有化の勧告をだしていた．しかしロイド＝ジョージの連立政府は国有化を拒否し，不況の直中の1921年に炭鉱への戦時統制をといて，炭鉱をその所有者の意のままにさせた．炭鉱所有者達はただちに賃金切り下げ方針を明らかにし，炭鉱労働組合は戦前から作られていた，鉄道労働組合，運輸労働組合との「三角同盟 triple alliance」にうったえて3月末から反対闘争に入ったが，約束の4月15日になって他の労働組合は同情ストに突入することを取り止めた．労働運動史上これは「暗い金曜日」と呼ばれ，三角

同盟は崩壊して，坑夫達は6月下旬に力尽きて大幅な賃金切り下げを受け入れたのだった．

1924年は少し景気が回復し，フランスによるルール占領，労働党政府樹立などもかさなって幾分賃金は回復したが，25年になると金本位復帰のために輸出量は減少し，再び賃金切り下げと労働時間の延長が申し入れられた．炭鉱組合はこれを拒否してTUCに支援を申し入れたが，TUC内の多くの組合員の間には4年前の事件に対する「良心の呵責」があったので，TUC総評議会は，鉄道と運輸労働組合の了解も取り付けて「必要とあらば全国的な同情ストライキも辞さない」として，炭鉱労働者を全面的に支持することを約束した．7月のある日を期して石炭輸出を妨害するとの戦術まで練られる有様で，ゼネストの脅威に直面したボールドウィン首相は，ただちに動いて賃金と労働時間を現状で維持させる措置を取り，争議中止を炭鉱組合とTUCに申し入れた．この日は「赤い金曜日」と呼ばれる．

この時設置された自由党議員ハーバート・サムエルの下における石炭産業委員会は，1926年初めに報告書をだしたが，石炭補助金の廃止，能率改善のための炭鉱の自主的合同，一定額の賃金切り下げを勧告したため労使双方の受け入れるところとならなかった．坑夫達は再びTUCに支援を要請し，4月末，総評議会は組合執行部の全国大会を開いて満場一致でストライキ活動による支援を決定した．他方で保守党政府側は，「赤い金曜日」以来ゼネストに対する対応を準備しはじめていた．彼らは大戦後の過激化した労働攻勢をいったん叩き潰して，その後に秩序ある労使関係を築き，経済的再生を図りたいと考えていた．彼らはゼネスト対策案をまとめ，警察組織，供給維持の組織，交通維持組織，宣伝体制を整えていた．

石炭補助金が切れる4月30日，炭鉱主のロックアウトと労働者のストライキが交錯しながら始まった．TUC総評議会は政府との交渉によって事態が打開できると考え，『デイリー・メール』紙の印刷工が，ストライキに反対する巻頭論文の印刷を拒否したことを口実に，内閣が面前でバタンと扉を閉ざした瞬間まで，彼らはそのような期待を最後の交渉を通して持ち続けて

いたものと思われる」(Cole [1948] p. 418, 邦訳(3) 263-4 ページ). 政府に交渉を拒否され「途方に暮れ」ながらも彼らは戦いを宣言した. 5月4日にいわゆる「ゼネラル・ストライキ」が始まった.

　すでに100万人の石炭労働者がストに入っていたが, 総評議会は第1次分150万人にストに入るよう呼び掛けた. 鉄道労働者, 運輸労働者, 鉄鋼労働者, 重化学工業労働者, 建築労働者, 印刷労働者がほとんど完全にストに入った. 準備がほとんどなかったにもかかわらず各地にストライキ委員会ができてストをとりしきった. 彼らは労働組合への忠実のゆえに, そして炭鉱労働者を支援するためにストにはいっていた. 総評議会が獲得目標を明確に打ち出しえないうちに, 第2次分の機械工と造船工の一部30万人が1週間後にストに入った. 総評議会はこの大闘争が失敗に終わることを恐れて, 先の石炭産業委員会の勧告の線での妥協を図ろうとしたが, 炭鉱労働組合の指導者達, 例えば南ウェールズ出身のサンディカリストであるA.J. クックは決して政府を信用せず, 「1分たりとも働くな, 1ペンスたりとも値切らせるな」をスローガンに妥協を拒否した.

　政府側は, ボールドウィンに代わって戦争や争いの好きなチャーチルが前面に出て指揮を取った. 郵便局や地下鉄, 放送局などはストから外されており, 機械工, 造船工も大部分が働いていたのであるから, この争議は実際にはゼネストではなかった. また労働組合員達は秩序ある行動によって炭坑夫達を応援しようとしており, この行動が政治的混乱を狙ったものと捉えられないようにと心を砕いた. 彼らはこのストライキが革命, 非合法あるいは反逆罪呼ばわりされることを最も恐れたのだった. これとは逆に, 政府側はこれを政治的な混乱を狙いとしたものとして対応し, 武装警官を配置し, 軍隊と予備役を招集し, 非常事態宣言法を発動した. これによって数百の労働者が逮捕され, 輸送力の確保のために事実上のスト破りが政府によって組織された. チャーチルの新聞は, 「ゼネスト」が議会制民主主義を破壊するための革命行動であるとし, ストライキ労働者の「無条件降伏」まで理不尽な妥協はしないと宣伝した.

政府側の強硬姿勢に対応策を見出しかねていた総評議会は，サムエル委員長の仲介姿勢を唯一の手掛りとして，政府から何の言質も取らないでボールドウィン首相のもとへ代表団を送りこんだ．ボールドウィンはあいまいな返事しかせず，代表団の一員に加わった総評議会の構成員で運輸一般労働組合の書記アーネスト・ベヴィンは，職場復帰が完全な労働者側の敗北のうちに行われざるをえないことを理解した（ペリング，訳書［1982］209ページ）．総評議会は「ゼネスト」開始から9日目，5月12日にスト解除，職場復帰を指令した．炭鉱労働組合はまたも単独でストライキを続け，11月末になって1921年より悪い条件で屈伏を余儀なくされた．ベアトリス・ウェッブは5月18日の日記に「ゼネラル・ストライキの失敗は，イギリス人がいかに穏健な国民であるかを教えた」と書いた．

　労働者の敗北に1927年の「労働争議および労働組合法」が続いた．新しい労働組合法は，「ゼネスト」を非合法とし，また政府に強圧をかけると裁判所が判定する同情ストをも非合法とした．また政治資金については，献金申込書に署名した組合員以外からの献金を禁じて，1913年法を無効とした．

## 3. モンド=ターナー協定

　労働者の統一的な行動は，資本主義社会における労働者の立場からいって，常に追及すべき課題であり，これによってのみ労働条件の向上や賃金引き上げというささやかな要求を実現できるのであった．しかし労働者の団結は，そこに多くの職種と雑多な個性を包摂して成り立つところから，それが大きくなり，その力が強くなるのと比例的に困難な課題となってくる．したがって労働者は，それを知っているからこそ彼らの団結と統一行動を要求をかなえる正当な手段として理想化もするし，またそれによってあらゆることが実現できるのではないかと夢想する．そのような戦前のサンディカリズムとゼネラル・ストライキの「神話」は，常に労働運動に付きまとい，弱い立場の労働者を慰めてきた．そして第1次大戦後の資本主義体制の危機的状況の中

でそれは力強くよみがえったのだった．しかしそれは革命的な思想ではなく，反対に極めて自然発生的で感情的な防衛のための思想であった．

　1926年のゼネストは敗北し，労働組合の力は弱まり，組合員数は減ったけれども，彼らが団結して抵抗の姿勢を示したことは，彼らの底力を資本家側と政府に証明して見せ，その後の弾圧をしづらくし，彼らの扱い方を慎重にした．逆に労働者側にしても，ストライキの権利は目的意識的に，それが大規模になればなるほど慎重に行使する必要があることを身にしみて学んだのだった．特に労働組合が政治家を相手にすることのむずかしさと，政治的要求をとり上げることの危険性を．

　帝国化学工業会社の社長で経営者連盟の会長だったサー・アルフレッド・モンドは，1928年，アメリカの好景気に後れを取ることなくイギリスの新産業の発展を図るために，労働組合との安定した信頼関係を回復したいと望んだ．モンドの労働組合側への提案は，単に争議をへらすためではなく，産業活動の安定と発展のために労使が提携して協力し，統一した産業界として政府に経済政策を提言しようというものだった．TUC総評議会議長ベン・ターナーは，労働組合の元気を回復する期間を持つとともに，開明的な資本家階級との間に信頼関係を築き上げる必要を感じていたので，この申し入れを喜んで受け入れた．労働界では激しい論争が起こったけれども，TUCに結集している大部分の労働組合指導者は，この協定受け入れに賛成した．

　この協定はどの機関にも公式には支持されず，具体的成果として何かを生んだわけでもないけれども，この話し合いを契機として労働組合はその力を保存し，ゼネストの敗北から徐々に立ち直っていくことになるのである．労働組合の穏健化は，失業者の運動をその外部で展開・発展させることになるけれども，徐々に蓄えられた力は，1929年の世界大恐慌後の労働階級にとって非常に厳しい時代に，再び自らを守るために発揮されることになる．

## 4. 戦間期の失業問題

　1918年に停戦協定が結ばれると，兵士達は帰還し始め，軍需工場の操業停止はその労働者を失職させた．戦時中に彼らが支払った犠牲は非常に大きかったので，すぐに仕事を得られない場合，騒乱状態が起こった．彼らを放置しておくことは国の責任からできないことだったし，ロシア革命の思想が労働者の間に広まりつつある時，一層の社会不安をあおる原因となりかねなかった．

　政府は1918年11月25日から職業紹介所を通して，彼らが仕事を見つけてその収入で生活できるようになるまで，軍隊における支給金と同じように最低生活を考慮して扶養家族の手当てを付けた，「失業交付金 out-of-work donation」を支給することにした（これは1921年廃止となり12月に最後の交付を終えた）．また戦時の完全雇用状態が失業保険基金の余剰を巨大な額としていたので，1920年に国民保険法から「失業保険法」を独立させて，年俸250ポンド未満のほとんどの労働者（約1200万人）に拡大した．この時失業交付金制度を失業保険の中に統合したため，それまで労働者本人の生活にも不十分だった失業給付は前者の水準に引き上げられた．この措置は，失業が短期間のうちに解消されるだろうという楽観論に基づいてとられたものだった．ところがこの年11月3.7%であった被保険者中の失業率は，1921年3月に11.3%，6月には22.4%へと急増した．この失業率は1939年まで10%を下らず，失業者実数でも100万人を下回ることがなかった．この失業への対応が戦間期の社会政策を支配することになるのである．「1920年の失業保険法は，1920年から1934年までに成立した28個の失業保険法の最初のものとなった」(Bruce [1973] p. 169)．

　すでに1920年後半から，最長15週の給付期間が尽きて貧民保護局の救済を求める者が出ていたが，仕事を求めても得られないために，あるいは元兵士が仕事が見つからないために，貧民法の救済を受けざるを得ないというの

は大変屈辱的なことだった．彼らは政府に対する怒りを露にして社会的に不穏な空気を作り出していたし，政府としても彼らを貧民法にゆだねたくはなかった．そこで1921年3月の失業保険法により，保険給付を最大30週に延ばすことにした．これは5週の拠出で1週の給付，最長年間15週というかつての取り決めを破るものだったが，やがて彼らは就業し拠出するであろうとの希望的観測の下に，「無契約給付 uncovenanted benefit」と名付けられた．

一時的措置として始められた無契約給付であったが，失業者が200万人を超えても純粋な失業者を貧民法にゆだねまいとする限り，これを続けざるを得ず，そのために拠出条件は次々と緩和されていった．1924年までに保険給付（という形の dole）を受けるための条件は年間12週の拠出，25年から31年までは過去2年間で8週，あるいは全部で30週の拠出ということになっていた．24年1月から10か月間労働党のラムゼイ・マクドナルドが首相となり，初めて労働党中心の政府を作ったが，彼らは「拡張給付 extended benefit」を権利として請求することを認め，給付額を引き上げた．彼らはその代わり，それまで「無契約給付」に限られていた「誠実求職テスト」を失業保険給付全体に広げた．それは求職者が本当に労働する気をもって職業紹介所が指示したところで求職活動をしているかどうかを，いろいろとテストするもので，労働者には不評であった．ボールドウィン保守党政府は25年から29年まで，このテストの厳格化によって拡張給付受給者の17%を削減した．第2次マクドナルド労働党政府は1930年これを廃止したが，世界大恐慌による失業者の大増大とも重なって，受給者は急増した．

失業保険受給資格のない人とそれが尽きてしまった人は，貧民法に頼らざるを得なかったが，不幸中の幸いともいうべきは，教区の貧民保護官が地域の人の選挙で選びだされており，救済基準もかなり良くなっていたことだった．例えばロンドン・イーストエンドのポプラ教区では，保健省の基準を超えて救済を実施し，貧民税の豊かな教区による負担を求め，ランズベリら保護官達は法律違反の罪で収監されても屈せずこれを実現した．保守党政府の保健相アーサー・ネヴィル・チェンバレンは1925年，1911年の国民保険法

では保険会社の反対でとり残していた寡婦・孤児の年金を実現すべく「寡婦・孤児・老齢者拠出年金法」を成立させ，寡婦と孤児を社会保険の対象として取り入れ，老人は拠出と引き換えに65歳から支給することとした．それらによってその役割の縮小した貧民法行政ではあったが，伝統的に地域特性に応じて独特の措置を実施し，それが地域間格差となって住民の不満の種ともなっていたので，保護官達による恣意的措置を排して統一を図る観点から，1929年貧民保護局を廃止し，その機能のすべてを地方自治体の公的扶助委員会PACに移した．PACは失業保険支給額以上を窮民に与えることを禁じられてはいたが，ニードの査定は地区ごとに異なっていたのでそれを超えて与えているところもあった．

　失業保険の赤字は当然国庫の負担となり，その額は1928年に2800万ポンド，1931年には1億2500万ポンドに及んだ．政府は1925年ロード・ブレーンズバラ委員会に失業保険の改革を諮問し，委員会は27年になって保険制度が立ち直るとの前提で，およそ次のように勧告した．「1. 標準給付と拡張給付を合体させる，2. 合計30週の拠出を給付の条件とする，3. それだけの拠出なき労働者にも「経過的給付 transitional benefit」を与えてよい」．この時から経過的給付が始まり，引き締めの工夫とは裏腹に，ほとんど際限なき給付が続けられて赤字を累積させたのだった．

　1929年まで年間平均10％程度に落ち着いていた失業が急上昇に転じた1930年12月，労働党政府は判事ホルマン・グレゴリーの下に「失業に関する王立委員会」を設置して失業保険の検討を依頼し，31年の初めに「財政赤字対策を検討する委員会」をプルーデンシャル保険会社会長サー・ジョージ・メイの下に設置した．この年の夏には国際金融秩序は崩壊し，ロンドンからも外貨と地金の流失が始まっていたが，メイ委員会の報告書はこの最中に発表されて，財政赤字の膨大なことを世界に宣伝したので，金流失に拍車がかかりイギリス政府はポンド維持にあらゆる策を講じた後に，ついに9月21日に金本位制を停止した．メイ委員会は予算の均衡と歳出の大幅削減のために失業保険給付の20％削減を求めたが，労働党政府は閣内で意見が割

れてこれに統一した対応ができず，8月24日総辞職した．

　マクドナルドは，国王の要請でただちに保守党閣僚を多数入閣させた挙国連立政府を作るが，その直後の選挙でも保守党が大勝したので，挙国政府は事実上保守党政府だった．挙国政府は1931年11月から，失業給付を10%カットし，給付の条件を前の2年間に30週の拠出があることに統一し，給付期間を26週間に限定した．これによって280万人の失業保険給付受給者中80万人がただちに支給停止となり，これらの人々は地方自治体PACが扱う「経過的支給 transitional payment」へと移された．支給される額は同じだったが，その条件として申請者に対する「世帯資産調査 household means test」があった．これは同一世帯員のニードと資源を全面的に調査し評価を加えるもので，イギリス人にとって戦間期の苦い思い出として残るものである．

　失業給付期間が尽きた人もここに来ることになったので，彼らは被保険者の立場から窮民の立場に落された感じがしたのである．「調査欄を完全に埋めること，家の戸口への頻繁な調査官の訪問，街中の目がその調査官に注がれているとの思い……それらのすべてがその人の新しい立場の象徴である」(Glynn et al. [1987] p. 38 より)．テストの結果5分の1の世帯の支給が打ち切られ，3分の1の世帯の支給額が減額された．

　保守党主導の挙国政府の実力者は，以前保健相を務めたこともある大蔵相ネヴィル・チェンバレンだった．彼は1931年11月から不規則輸入に最高50%の関税を掛け，ついで「輸入関税法」を成立させて20%の一般的関税を1932年4月から実施した．原材料品，小麦や肉などの日常食料品，帝国諸国からの諸製品は関税を免除され，オタワ協定で帝国諸国と植民地間の交易拡大が図られた．オタワ協定は帝国外からの工業製品を締め出す帝国特恵関税に傾いたが，保護関税と為替管理は1930年代のイギリス経済をいくらか自給自足的にし，管理しやすくしたのである．

　ネヴィル・チェンバレンはまた，ハロルド・マクミランら保守党左派の要請に応えて，失業と住宅について国がどのような責任を持つべきかについて

考えていた．1932年10月，彼は同僚に対して次のような私案を示していた．「それは，労働能力ある者の救済のすべてを地方自治体とその長から取り上げて法制委員会にゆだね，それを政党政治の外におくことに他ならない……それによって救済が政党のオークションに掛けられる危険を避けることができる．さらに私はその委員会が，仕事に就けそうもない多くの者に対して生活への関心を与える義務を負うようにすることを考えている……彼らは組織的なレクリエーション，身体の訓練，そして可能ならば一片の土地を与えられなければならない」(Feiling [1946] p. 230).

　ホルマン・グレゴリー委員会の最終的な報告書は1932年12月に提出された．その報告書は，大量失業が続く中でそれを扱ったことのある誰もが考えていたことを率直に指摘していた．「失業の実態に対する調査の中で，われわれは以下の(a)と(b)を区別することができることを見出した．(a)契約の終了，業務の季節的低迷，あるいは一般的産業活動の沈滞局面のような原因による一時的な仕事の途絶，それと(b)市場の永久的喪失，新しい操作による置き換え，あるいは不完全就業の労働者を過度に維持する労働体制によって引き起こされている慢性的失業，をである．後者の失業は保険によって完全にカヴァーすることはできない．なぜならば，それは保険基金に重圧を加え，最終的に支払不能をもたらすからである．それは救済の必要を生みだす．そしてそれが戦後の失業の中で大きな役割を演じていることが，全般的な救済制度を起ち上げる主たる理由である．しかしそれは，労働の新しいチャンネルへの大掛かりな振り替えか，あるいは古い雇用の諸条件を変えることによってしかなくすることはできない．もう1つの失業の方は，保険がうまく働く領域である．……例外的失業の現在においてさえ，かくも多くの労働者の割合をカヴァーしえている保険制度は，われわれの見解では通常の期間の限られた失業に対する現実的な救済方法として完全に正当化し得るものである」「保険制度の外における措置の原則は1. 扶助はニードの証明に服する，2. 申請者のニードは彼が属する世帯資源の査定後判定する，3. 支給額は賃金より少なくする，4. その基準は経験的に欠乏の救済に必要なものとする」

(Bruce, *op. cit.*, pp. 190-1 より引用).

　このような現状への分析に基づいて，報告書は基本的に2つのことを勧告していた．1つは失業保険を財政的に健全な基礎の上に再建して本来の有益な役割を果たさせること，もう1つは，失業保険の支払能力を失わしめる長期失業者に扶助金を支給するための制度（中央政府が一般原則を定めて監督するが，地方自治体が実施する）を新法によって起ち上げることであった．報告書は失業扶助制度が，失業者の多い貧困地域の地方税による負担を，より裕福な地域が分担して負担するよう求めていたが，後者は国の財政支援の提案にもかかわらずそれを受け入れず，勧告の実現は遅れることになった．もう1つは，失業者を雇用され得る状態に保つ問題だった．政府は公共事業で失業者を雇用する計画をコストと原理の上から拒否していたが，地方自治体やボランタリ団体の訓練所作りには支援を行った．特に貧困地域の自治体では住民生活支援と教育訓練のために，公共施設を利用し自治体財政を注ぎこんだ．遊休労働力と遊休施設を住民の生活維持向上のために利用しようとする試みは，1934年の「特別地域法」を呼び出すことになる．

　1933年4月12日，ついに保健相は下院において次のように言明した．「中央政府は，扶助を必要としているすべての労働能力ある失業者の支援のために，行政面と財政面の両方につきその責任を受け入れるであろう」．こうしてホルマン・グレゴリー委員会報告よりも政府責任を重くする形で，6月に政府提案が下院に明らかにされて「失業法 Unemployment Act」の制定作業が進められ，1934年5月法案が上程され，議会での討論をへて1934年7月に成立した．労働党の反対は失業扶助局によるミーンズテストと，この法律により政府が失業を政治議題とすることを避け，責任を回避するのではないかという点に向けられた．

　「失業法」は3つの部分に分かれており，第1部は1920年から1933年までの失業保険法を修正するもので，この時すでに1934年の失業保険法とも呼ばれていたが，1935年にそれまでの関連法を統合して正式に独立の失業保険法となった．第2部は，拠出制失業保険の下では給付の権利を持たない

労働能力ある失業者に対する新しい国家的失業扶助サービス行政に関するもので，1934年の失業扶助法と呼ばれた．第3部は1部と2部の制度が完全に機能するまでの過渡期の給付を扱っていた．

第1部の下に「失業保険法制委員会UISC」が設置され，その委員長に当時ロンドン大学政経学部LSEの校長を務めていたベヴァリッジが任命された．第1部は失業保険の再建であり，被保険者とするにふさわしくない者を排除した他は，おおむね従来の拠出と給付を引き継いだ．労働者，雇用主，国庫それぞれ週10ペンスの拠出金と男性20シリングの給付金は，当時の約17％の失業率でも基金を賄えるものだった．法制委員会の主たる任務は基金の健全管理のみであり，幸いなことに雇用は上向いたので翌年からかなりの剰余金を生ずるようになり，1938年には給付額の増額と給付期間の年間30週までの延長，待機期間の6日から3日への短縮を行うことができた．多額の金が1934年以前の負債償還に回され，1936年から特別制度の下に農業労働者を失業保険制度に入れることになった．

第2部の下に「失業扶助局UAB」が創立された．局は議長，副議長，その他1人以上4人以下で構成され，下院議員はメンバーになれず，国王により任命される独立機関で少なくとも1人は女性とされた．初代議長は当時の労働相サー・ヘンリー・ベタートンが就任した．UABは各地方自治体の公的扶助委員会PACから経過的支給を受けていた約73万人と，地方税による貧民救済を受けていた20万人以上の労働能力のある人を引き継いだ．UABは建て前としては，扶助を受ける資格と扶助額について全国的に統一した基準を用いて，各地方係官の恣意的な自由裁量と目されるやり方を克服するつもりであった．世帯ミーンズテストにしても，労働不能手当や出産手当て，貯蓄や資産の一部を無視して従来より人間化するつもりであった．したがって寛大にすぎる地域のPAC支給額は削られるとしても，全体としては改善され，歓迎されると予想していた．

しかし1935年1月7日，UABの各地の新設事務所は引き下げられた扶助額に対する抗議の声に包まれた．サウス・ウェールズだけで30万人以上

の人が抗議デモに加わり，保守党議員を含む各種の政治家，教会関係者，地方自治体職員などがそれに連帯の意を表した．シェフィールドでは1万人がタウンホールに押しかけて独自に旧扶助額を支給させた．全国の半分近くで扶助額が切り下げられたのだった．各地の議員から激しい抗議を受けた政府は直ちにUABと協議に入り，2月5日に新基準による支給減額を禁じた「停止命令」を出し，UAB基準かPAC基準か有利な方を支給することにした．

　この停止命令は1934年法の精神を微妙に変化させ，地域的特性を考慮せしめ，習慣を尊重させることとなった．1936年までにUAB行政の大枠は変化し，担当事務員も自分の裁量権限で必要な追加支給をできるようになった．1937年4月1日，新たなUAB基準が全国的に適用されることになったが，このたびの基準はかなり寛大なものであり，ミーンズテストも公表された規則に沿って行われたので好意的に受け入れられ，UABは消極的ながら人々の信頼を得ることができるようになった．

　この時までにUABから扶助を受けている人の数は60万人を下回り，北東部，ウェールズに特に集中していた．中部，南東部では自動車や家庭用電気製品生産の好調が，全国的には住宅建設の増大が徐々に失業者を吸収しており，ナチスドイツに対抗するための再軍備の急速な進展がまた失業者の減少に役立っていた．

## 5. ハンガーマーチ

　戦間期における失業者の運動で，不況地域に集中的に現れている労働者の苦しみを全国に知らせたのが，炭鉱や造船地帯からロンドンに向けて繰り出された失業者達の大行進だった．ハンガーマーチはウォル・ハニントンなど少数の共産党系の労働運動指導者により組織されることが多く，そのため労働党系の指導者やTUCの幹部達はそれとのかかわりあいを避けることが多かったが，失業地帯の労働党員の中には自ら行進に参加する人もいた．

R.J. クーツはその様子を感動的に描いているので引用することにしよう．
「……そのデモ行進の中で最も有名なのが，1936年の「ジャロウ十字軍」である．ダーハム州タイン川ぞいにあるジャロウは，長い間造船所で生活を支えてきた．しかし1930年代初めに不況がジャロウを襲い，造船所は解体された．失業給付をもらうための行列が長くなっていくにつれて，町全体が静かに廃れていった．1935年には男性の4分の3が失業していた．翌年，抗議のためにロンドンへ行進を組織することが決定された．夏の間に資金が集められ，大きな旗が縫い整えられ，靴に修繕が施された．10月5日，数百人の希望者の中から選ばれた200人の男達が，約300マイル隔たったロンドンへの道に第一歩を踏み出した．ジャロウの議員であるエレン・ウィルキンソンが先頭に立った．行進団は，議会で首相スタンレー・ボールドウィンに手渡す請願書の入った重い樫の箱を携えていた」．
　「11月1日，行進団は土砂降りの中をハーモニカバンドを奏でながらロンドンに入った．彼らは，南東部のよい服を着，よいものを食べている人々の横では，外国人のように見えた．次の日，男達が下院の傍聴席に座っている間に，エレン・ウィルキンソンは12,000名が署名した請願書を提出した．彼女はいった．「この15年間，ジャロウはかつて経験したことのない産業的沈滞の時期を経過してきました．……その造船所は閉鎖されました……そこでは以前8,000人が雇用されており，その多くは熟練労働者でしたが，今では僅か100人が一時的に雇われているにすぎません．その町を放置しておくことはできません」．
　「行進団はキングズクロス駅から特別の汽車で帰路についた．それは11月5日のことで，彼らは皆その日を有名にした男の意図に疑いもなく共鳴していた．あたかもジャロウの全員が外に出て彼らの到着を迎えたかのようだった．失業扶助局は，行進に参加した者の手当てから数シリングを引き去るという陰湿な通知をしただけだった．行進参加者は不在だったのだから，たとえ仕事が回ってきても仕事のつかせることができなかったと説明された．しかし政府の冷たい対応とUAB役人の心ない行いにもかかわらず，行進団の

努力は無駄ではなかった．彼らは一般人の良心を刺激したのであり，それこそが彼らの真の狙いであったから」．

「徐々に新しい産業がジャロウに来て……1939年には回復しつつあった．しかし「ジャロウ十字軍」は忘れられはしなかった．それは恐慌の時代のシンボルとなり，「失業者の軍団」となった．第2次大戦中（1939-45）に，大量失業の悲惨と困窮の再現を防ごうとの思いから，詳細な計画が作られたのである」（Cootes [1966] pp. 55-7, 邦訳113-6ページ）．

1919年から39年まで，様々なところで，また様々な規模で行われた失業者達の示威運動が，失業を社会全体の問題として認識させ，失業と貧困に対するより広範で積極的な政策の出現を促す一要因となったのだった．

# 第11章
# 第2次大戦とベヴァリッジ報告書

## 1. 総力戦体制の確立

　1939年9月に始まった第2次世界大戦は，第1次大戦の時と同じように国家による全面的な経済統制を必然化したが，1940年5月のチャーチル首相の下における保守党，労働党，自由党の連立政府樹立後は，総力戦体制は急速に整っていった．労働党は内政の面で大きな役割を担当することになり，クレメント・アトリーは副首相に，ハーバート・モリソンは軍需相，ついで内相に，アーネスト・ベヴィンは労働・社会サービス相に就任した．ナチズムとファシズムによる野蛮な人間性の蹂躙は明らかになっており，入閣前の労働党大会でアトリーは次のように訴え，満場一致の支持を得ていた．「われわれはここで，われわれ自身の運動のためばかりではなく，世界中の労働者のためにも決定しなければならぬ．われわれは今日，チェコスロバキア，ポーランド，そしてもちろんドイツの監獄のなかにいる魂のために……自由が脅かされている全世界の人々のためにも立ち上がらねばならぬ．われわれは人間精神の自由のために戦わねばならぬ」(Williams [1949] p. 356).

　モーリス・ブルースが指摘しているように「1940年という年は社会政策における分岐点を示している」(Bruce [1968] p. 294, 邦訳463ページ).
1940年4月，ドイツが北欧諸国への侵略を始めた時，イギリスはノルウェーに出兵したがこれが失敗に終わり，5月にノルウェーを撤退したが，5月末にはイギリス，フランスの連合軍がダンケルクに追い詰められ，6月にほ

うほうの体でフランスを脱出した．その月のうちにイタリアがイギリスに宣戦布告しフランスは降伏して，ヨーロッパではイギリスだけがドイツと戦っている状態，「イギリスの戦い Battle of Britain」が始まった．イギリス上陸の前提として，また制空権の確保のためのドイツ空軍による空襲は熾烈を極め，9月からはロンドンその他の大都市も標的とされた．

　戦争の破壊力は，階級の違いにはお構いなしにすべてのイギリス人に及んだから，侵略に打ち勝つための体制作りは，すべての人によって担われるべきものとされた．総力戦体制はすべての人を戦争に巻き込み，すべての人に何らかの任務が与えられた．階級を超えた戦争努力は，急速に国民の間に緊密な一体感を育て上げたのである．ダンケルクの撤退が成功裏に終わり，ドイツ軍の空襲と上陸が予想された1940年7月1日，『タイムズ』紙は有名な次のような社説を掲げた．

　「もしもわれわれが民主主義について語るとすれば，投票権は与えるが労働権や生存権を忘れる民主主義のことを言おうとするのではない．もしも自由について語るとすれば，社会組織や経済計画を締め出す粗野な個人主義のことを言おうとするのではない．平等について語るとすれば，社会的・経済的特権によって無効とされている政治的平等のことを言おうとするのではない．もしもわれわれが経済的再建について語るとすれば，最大の生産（これも必要であろうが）よりも公平な分配のことを考えているのである」．

　新しい国民の一体感は，国家による国民の生命と生活の維持について具体的な政策を前進させた．新生児出生と育児への支援，小学生の健康と体力の向上，青年への職業と軍事訓練，労働者の健康と能率の管理，家族生活への支援，高齢者の最低生活の保障などである．

　ブルースはのべている．「この年の惨めな夏の間に，補足年金の準備が静かに進められ，施行日である8月3日に，ほとんど1時間ごとの空襲が予想されたにもかかわらず，誰もが時間どおりに支給を受けたことは，新しい精神と，歴史上比類なき危機の最中におけるイギリスの誇りとする自信とを象徴するものであった．同じく象徴的で意義深いものは，ダンケルクの撤退か

ら1週間たたないうちに，低価格で必要なら無料で，すべての母子にミルクの供給を確保する国家ミルク供給制度の採用だった．この時以来，国家は最終的に国民全体に責任を負うという考え方が，ますます地についたものとなった．もはや第2級市民はあり得なかった．そしてその後の戦時中におけるさらに多くの福祉施策は，社会というものが，より力の弱いメンバーのすべてを彼らの境遇や困窮の理由が何であれ，困った時に助けるために組織されたものだという考え方を強めた．……その底には，平和な時代と戦争の衝撃が暴露していたすべての怠慢が改められなければならぬという暗黙の，しかし普遍的な前提があった．『市民の戦争の歴史』の言葉を借りるならば，「政府と国民の間には，いわば暗黙の契約が存在していた．すなわち，国民は政府が戦争に勝つために要求するいかなる犠牲もいとわない．その見返りとして国民は，政府が勝利の暁には国民の福祉の回復と改善を図るための準備をしているという構想と真剣さを示すことを求める」というものである」(*ibid*., pp. 294-5，邦訳463-4ページ)．

都市から田舎へのおびただしい数の子供たちの「疎開」もまた，階級間の溝を埋める一助となった．爆撃対象となる都市から田舎へと疎開してくる子供たちは，その多くが青白く栄養不足で，皮膚病を持っていた．その服装は貧弱で髪はボウボウ，虱を付けている子もいた．仕付けは悪く，不潔で寝小便をする子もまれでなかった．彼らを引き受けたのは，広い屋敷を持ち，その財産で悠々と生活している裕福な人々であったから，都市労働者の子供を身近でみるのは初めての経験であり，その余りに貧しい様子は大きな衝撃を与えたのだった．「もしも危険が分かち持たれるべきものであれば，資源もまた分かたれなければならない」という標語を彼らは承認しないわけにはいかなかった．D. フレイザーは，疎開が戦時社会政策に与えた影響を2つ指摘している．「第1にそれは，社会的な諸事件に対する国家のより強力な介入を要請し……第2に社会の鏡の役割を果たしていまだに残っている汚点を暴露し，より大きな普遍主義を生み出した……国家保証の拡大とその結果としての，選別主義よりも普遍主義への社会的関心の刺激は全体として戦時を

特徴付けるものだが，疎開問題は特にそうだった」(Fraser, *op. cit.*, p. 194).

人々は戦争に勝つために，かつてなく社会経済生活への政府の介入を受け入れていった．社会政策は，従来の比較的狭い対象と措置の範囲を国民生活全般へ，そして貧困対策から合目的的で積極的政策へと急速に拡大した．母子全体が無料の健康診断を受け，ビタミン剤，肝油，オレンジなど栄養食の給付対象となった．学校給食とミルクの支給が全学童を対象に行われるようになり，健康と体位を改善した．緊急医療サービスは，全国の病院設備の約半分を接収して患者のすべてを対象にし，その他の病院も国の管理下で営まれるようになった．少ない必須資源の平等な分配のため，食料を含めて配給制が導入されるようにもなった．全員を対象とする，あるいは一定の条件を満たす全員を普遍的対象とする，包括的な国家的措置が次第に広がってきたわけである．

## 2. 戦争目的と社会保障

戦間期における長い不況と1929年からの世界大恐慌は，先進諸国において経済への国家介入を余儀ないものとさせ，国民生活を下支えするための社会保障制度の漸進的整備を迫ることになったが，1935年に世界初の「社会保障法」を成立させたアメリカのF.D. ローズヴェルトは，前年の大統領教書において国家が国民生活に責任を持つべきものであることを宣言していた．「わが国の憲法がわれわれに，連邦政府は何よりも一般的福祉を増進するために作られたと教えているとすれば，福祉がそれに依拠しているそのような保障を与えることが，われわれの明白な義務である．」「私はわれわれの諸目標のなかで，わが国の男性，女性，児童の保障を第1位におく」．

ローズヴェルトは，当時の世界的大不況と社会不安の蔓延している中で，各国で試みられている所得保障の方法を総括しているILOの動向を見極めつつ，一方では大規模公共事業によって失業者を吸収し，他方では，収入途絶者への金銭給付方法として特に，老齢と失業にたいする拠出制社会保険を

創設して経済保障を与える体制を築いたのだった．ILO は大不況が深刻化する中で，労働者に対する所得保障と医療保障が各国で様々に工夫されていることを把握しており，すでに 1936 年には「サンチャゴ宣言」において「すべての男女は社会的および経済的リスクに対してよく組織された社会的措置を通して身体的・経済的保護を与えられなければならない．……これこそ社会保障であり，人的資源と人的価値の真の合理的経済である」（ILO, 訳書［1972］171 ページ）との見解を明らかにし，「人間の真の合理的経済」のために各国に必要な施策を講ずることを呼び掛けていた．デンマークでは 1933 年に社会民主党政府による「社会改良法」ができており，1938 年にはニュージーランドで労働党政府による「社会保障法」が成立していた．ロシア革命後に成立したソ連邦では相次ぐ 5 か年計画を成功させており，恐慌を克服した社会主義経済が労働者生活を向上させていると思われていた．先進各国は社会的安定を確保して，ソ連邦に対抗するためにも労働者生活，あるいはより広く国民生活の安定と向上を国家目的として正面に据え，そのための施策を打つ必要に迫られていたのだった．

　ヨーロッパ中部にイタリア・ファシズムとドイツ・ナチズムが台頭し，資本主義経済体制と同時に社会主義体制を拒否し，新しい社会有機体的国家体制の優越性を掲げて軍国主義体制を整え，領土要求に打って出てきた時，イギリスもフランスもアメリカも全面戦争の準備はまだ整っておらず，ファシズム体制への批判も戦争目的も一般的なものにとどまっていた．しかし全面戦争が始まり，それが全国民を巻き込む総力戦であり，長期的で著しく困難を極めるものであることが明らかになってくるにつれて，戦争目的をより明確にして，この戦争の正当性とその意義を国民全体に確信させなければならなかった．その場合，ファシスト諸国の侵略に対する自国の領土，権益の防衛の正当性をいうだけでは足りず，反ファシズム・民主主義擁護の戦争が，ファシズムが掲げる民族の栄光や総統の名誉を高めることとは正反対の方法で諸個人の自由と権利と利益を守り，かつ拡大していくものであること，人間の自由と平等と進歩と尊厳を保障し実現してゆくものであることを具体的

に示して，この反ファシズム戦争が正当であるばかりでなく，国民大衆にとって大きな利益をもたらすことを納得させなければならなかった．戦時社会政策は戦時に即応して必要になったものであるのと同時に，反ファシズム理念の具体化された政策としても実施されていったのである．

したがってナチズムとファシズム諸国に対抗して戦っていた諸国では，社会保障や社会福祉への要求は，人々の心の中でよりよい世界のための闘いと結び付いていた．人々はヒトラーやムソリーニの戦争国家（warfare state）にたいして，福祉国家（welfare state）を対置して，これを戦い取るべきものとして積極的に位置付けたのである．T.H. マーシャルは言っている．「イギリスの戦争努力の甚大さと，国土が爆撃にさらされたことは，すべての者に対して犠牲を要求すると同時に，ニードを持つすべての人々に対して差別のない心からの援助が与えられることを要求した……勝利に対する揺るぎない確信と結び付いたこの国の政治的安定性は，最も特徴的な物語，すなわち戦争の中途において早くも国民と政府は，戦いが終わった時に誕生すべき新しい社会の構図を描き始めていたという経緯を説明する……「福祉国家」という考えは，生存をかけて戦う国民の戦争目的に一致するものとなった」（Marshall［1975］pp. 82-3，邦訳115ページ）と．

反ファシズム諸国の国内向けの，あるいは国際的な公式声明は，こうした期待や信念を鼓舞激励した．保守党員で陸相を務めていたアンソニー・イーデンは「社会保障は戦後の国内政策の第1の目標でなければならない」との声明を出したし，ローズヴェルト大統領の1941年1月の「4つの不可欠な自由に基礎をおく」戦後世界についての演説もそれを確認していた．さらにソ連邦参戦後の41年8月14日の「大西洋憲章」（全8章）は第5章に，戦後の連合国の経済政策の目的を「すべての国民の労働条件の向上，経済的進歩そして社会保障を確保すべく経済分野ですべての諸国民が最も十分に援助し合うこと」であると宣言した．同年11月の第25回ILO総会は「大西洋憲章を支持する決議」を採択し，翌42年3月，ILO事務局は『社会保障への途』を出版したのだった．

イギリス政府による社会保障計画の立案は，1941年6月10日のベヴァリッジを委員長とする「社会保険および関連サービスに関する関係各省委員会」にゆだねられた．ベヴァリッジは翌年の11月に報告書を出したのであるが，その最後の部分には現下の戦争と社会保障計画の関係が次のようにのべられている．「戦争をしている国民が再建の政策を明らかにすることは，勝利を得た時に，その国民が勝利を何に役立たせるつもりであるかを明らかにすることである．……彼らが勝利を勝ち取るべきものとすれば，勝利を何に役立たせるかというこの声明は極めて重要であろう．大西洋の東と西にある民主主義の指導者達は……戦後樹立することを望んでいる世界の性格を一般的な表現で明らかにした1つの憲章を作るに至った」．

　「大西洋憲章の第5章は，「すべての国民の労働条件の向上，経済的進歩，社会保障を確保するという目的の下に，経済上の分野における諸国民間の完全な協力を実現させる」というアメリカおよびイギリスの指導者達の願望を宣言している．この報告にある提案は，ここに名指しされている社会保障を達成するために，実際に役立てようとして立案された……われわれの提案は，イギリス国民の富を増やすことの関心があるのではなく，何よりもまず必要な物質的な基本的ニードを優先的に取り上げ，イギリス国民全体に利用できるように，あらゆる富を分配することに関心があるのである．提案は，平時・戦時を通ずる政府の目的が支配者や民族の栄光ではなく，普通一般の人々の幸福であるという信念の表徴である．それは統治形態のあらゆる相違を超えて，大西洋憲章の起草に率先参加した指導者達の属する民主主義諸国家だけでなく……同盟諸国のすべてを結び付けている信念である」．

　「もしも今日，連合した民主主義諸国がその宣言した願望にふさわしい強さと勇気と構想力とを示すことができるならば，また総力戦の遂行中においてさえもよりよき平和のための計画を立てることができるならば，彼らは，実際には分離することのできない2つの勝利をともに勝ち取ることになるであろう」（Beveridge［1978］pp. 171-2，邦訳264-7ページ）．

## 3. ベヴァリッジの社会保障計画

　総力戦の最中に戦後の再建計画が立案されたという事情は，再建のために必要とされる社会政策の範囲を著しく拡大することになった．より良い新しい社会の建設に必要な政策が多岐にわたったからである．例えばフェビアン協会は，ベヴァリッジ委員会への証言で次のような意見を上げていた．「社会保険および関連サービスは，最広義の意味における社会政策の単なる一部分を担うにすぎない．それは社会がその目的を達成するための多くの道具の1つである．公衆に最大の福祉を提供することを目指す建設的な社会政策は，1国の資源を余すところなく活用する積極的な経済政策，積極的な保健政策，積極的な教育政策，積極的な住宅政策，積極的な人口政策と結び付かなければならない……過去においては，社会保険および関連サービスの現金部分が過度に重視され，人々を生産的に健康に維持したり，あるいは早急に仕事に復帰させたり，健康を回復するといった積極的で建設的なサービスの必要性があまり顧みられなかった．しかしそのような建設的なサービスが中心とならなければならない」(Robson [1943] p. 406)．

　ベヴァリッジもまたこのような提言を肯定的に受け入れて，自分の社会保障計画をより広い必要な社会政策の中に位置付けている．「われわれの社会保障計画は，社会政策の一般的計画の一部として提起される．それは5つの巨大な悪への攻撃の一部にすぎない．5つの悪というのは，この報告が直接関係する物質的「窮乏 want」，しばしばその窮乏の原因となるとともに別の困難を引き起こす「疾病 disease」，民主主義として国民の間に存在することを許すことのできない「無知 ignorance」，主として産業と人口の無計画な配分によって生ずる「ろう隘 squalor」および階層の上下にかかわらず働かないでいることによって富を破壊し人間を腐敗させる「無為 idleness」である．単に物質的窮乏に対してのみならず，いろいろな形のこれらの悪のすべてに対する保障を求めることにより，また保障は個々人の生活のための自由や事

業や責任と結び付き得るものであるということを明らかにすることによって，イギリス国民およびイギリスの伝統を受け継いでいる他国民は，人類の進歩に重大な貢献をなすことになる」(Beveridge, op. cit., p. 170, 邦訳263ページ).

### 3つの指導原理

報告書の最初の部分に，勧告の指導原理が明らかにされている．第1は，過去に積み上げられた経験を十分に生かすことである．第2は，戦後の再建に必要な広範な社会政策のなかにおける社会保障計画の位置付けである．つまり，社会保障は再建途上に横たわる5巨悪のうち「窮乏」を攻撃するもので，所得保障になるということである．第3は，社会保障は国と個人の協力によって達成されるべきであるということである．国はナショナル・ミニマムだけを保障し，各個人はその上に自発的に積み上げを図るようにするというのである．

ベヴァリッジの社会保障計画とは，過去の経験に立脚する社会政策の一分野である所得保障の計画であり，その手段は社会保険である．「それは何よりも保険の計画である．——それは拠出と引き換えに最低生活水準 subsistence level までの給付を権利としてミーンズテストなしに与えようとするものであり，各個人はその上に自由に積み立ててよいのである」(ibid., p. 7, 邦訳6ページ).そこで現行の社会保険制度は，できるだけ多くの人々へと包摂範囲を広げ，彼らの生活上起こり得る所得の途絶と不足の危険に対処し，また最低生活を満たすに足る額へと給付額を高めるべく改革されなければならない．しかし過去の経験にかんがみれば，どうしても保険拠出金を支払えない人が存在する．このような少数者の窮乏をもなくするために，補足的方法として国民扶助が必要になる．また，現存の社会階層間の著しい所得格差と支出水準の格差を考慮すれば，高い支出水準に備えることは本来個人の自由ではあるが，国もその奨励に努めるべきである．したがって「それは，強制社会保険をその主要手段とし，国民扶助 national assistance と任意保険

voluntary insurance とを補助手段とする」(*ibid.*, p. 8).「基本的なニードに対する社会保険，特別なケースに対する国民扶助，基本的な措置に付加するものとしての任意保険」(*ibid.*, p. 120) である．

### 3つの前提

　社会保障を，社会保険を主要手段とする所得保障として十全なものにするためには，これまた過去の経験から，多子世帯のニード，家族を含む病気の治療費，大量失業と長期失業の問題を別個の手段によって解決しておく必要があった．ベヴァリッジはいっている．「ここに提案された計画は，3つの特殊な政策を前提し，それらは計画と密接に関連している……児童手当て，包括的な保健およびリハビリテーション・サービス，ならびに雇用の維持である」(*ibid.*, p. 153，邦訳237ページ)

　賃金は労働に対して支払われ，家族の大きさに応じて増大するものでないから，多子世帯の窮乏をなくするためには児童手当てを支給する必要があった．これはイギリスにおける出生率の低下を止めるためにも必要だった．「児童手当ては，一方では両親が責任を果たすための補助として，他方では社会が新しい責任を引き受けたものとしてみられるべきである」(*ibid.*, p. 154)．ベヴァリッジは親が保険給付を受けている時には第1子から，他の場合には第2子からの支給を提案した．

　これに対して病気の治療と失業の防止は「社会保険が成功するための必要条件と想定」(*ibid.*, p. 8) されている．振り返えれば，自由党の改革で，老齢につぐ貧困原因として国民保険の対象となったのが病気と失業であった．労働者の保険が成り立つためには，労働者が健康で日常的に就業して恒常的に拠出し，その基金が一定の確率で発生する病気や失業に対する給付を上回っていることが不可欠だった．病気による労働不能は，症状が重く長びけば，拠出が減る反面で医療給付としても所得給付としても高価なものとなったが，戦間期における健康保険は認可組合間で著しい格差が生じており，また病院サービスの発達がその格差を拡大していた．あらゆる市民に，完全な予防と

治療を経済的事情にかかわりなく与えるためには，健康保険の見直しが必要になっていた．「患者が健康を回復するということは，他の何にも優先して国および患者自身の義務である」「それは社会保険所管の省によってでなく，国民の保健に対して，また治療と同時に積極的・予防的処置に対しても責任を負うところの部局によって運営されるべきである．それは拠出条件無しで，必要な場合は何時でも供給されるべきである」(*ibid.*, p. 159，邦訳 245-6 ページ)．

失業保険は，ベヴァリッジがその失業理論によって職業紹介所と一対のものとして構想し，チャーチルのもとで立案し，バクストンのもとで健康保険を合わせて国民保険法として実現したものだった．しかし，失業は第1次大戦後予想を超えて大量化し，また長期化することによって，戦間期において失業保険制度を麻痺状態に陥れたのだった．大量失業は制度そのものを破壊するし，失業は「最悪の形態の浪費」であり，労働者の道義心を低下させ，たとえ失業保険給付を受けるとしても「その支給額は人間の幸福のためには極めて不十分である」(*ibid.*, p. 163，邦訳 253 ページ)．したがって，雇用の維持こそ社会を健全に発展させ，失業を保険で処理することを可能にする鍵だった．この報告書提出の後，ベヴァリッジが雇用の維持のための政策研究に邁進したのは必然的なことだった．

3つの前提は，報告書の別の部分に次のように整理されている (*ibid.*, p. 120，邦訳 185 ページ)．

(a) 15歳以下の児童，もしくは全日制教育を受けている場合は16歳以下の児童に対して児童手当てを支給すること．
(b) 疾病の予防・治療ならびに労働能力の回復を目的とした包括的な保健およびリハビリテーション・サービスを社会の全員に提供すること．
(c) 雇用を維持すること，すなわち大量失業を回避すること．

**社会保険の6つの原則と国民の8つのニード**

報告書はその第5部冒頭に言う．「ここでいう「社会保障」とは，失業，

疾病もしくは災害によって収入が中断された場合にこれに代わるための，また老齢による退職や本人以外の者の死亡による扶養の喪失に備えるための，さらにまた出生，死亡および結婚などに関連する特別の支出を賄うための，所得の保障を意味する」(*ibid*., p. 120, 邦訳185ページ)．この文章が「揺籃から墓場まで」という宣伝用の名文句を生んだといわれるが，この全国民の生涯にわたる所得保障の最も重要な手段が，その包摂範囲を著しく拡大する社会保険であった．社会保障のための社会保険の原則は以下の6つであった．

1. 均一額の最低生活費給付
2. 均一額の保険料拠出
3. 行政責任の統一
4. 適正な給付額
5. 包括性
6. 被保険者の分類

1の原則は，病気や災害による労働不能，失業，老齢退職後の給付は皆同じ額の最低生活費になるということだった．これはドイツ，フランス，アメリカ，ソ連などの所得比例給付と異なるものだったが，「この原則は，社会保障における任意保険の位置とその重要性を承認することから生まれた」とベヴァリッジは説明している．当時すでに労働者生活の中でも一定の役割を果たしていた友愛組合，労働組合保険や民間保険会社の重要性の承認と，それらを国家制度から外したことへの配慮であろう．

2の原則は国民保険創設時からの伝統を踏襲するもので，保険を所得再分配ではなく，稼得収入の平準化による生活の安定の手段と考えていたベヴァリッジにふさわしいものだった．金持ちは納税を通して国庫に寄与すべしというのだった．

3の原則は拠出と給付を取り扱う行政機関を一本化し，拠出金はすべて単一の社会保険基金に払い込み，すべての給付をそこから払い出すというのだった．「社会保障省」が提案されている．

4の原則は，生存に必要な最低生活費ということと，ニードが続く限り給付が続けられることを意味している．ここには必要にして十分 adequacy という「ナショナルミニマム」の思想が反映されている．5の原則は，できる限り多くの国民と彼らの一般的ニードを社会保険の中に包摂し，国民扶助や任意保険に任せないということである．

6の原則は，社会保険に包摂される人々の生活の違いとニードの違いに適切に対応するために，被保険者を適当に分類する必要があるということである．ベヴァリッジは被保険者を，被用者，その他の有業者，主婦，その他の労働年齢にある者，労働年齢に達しない者，労働年齢をすぎた退職者の6つに分類した．

社会保障に求められる根本的ニードが発生するのは次の8つの場合とされる．失業，労働不能，生計手段の喪失，退職，女性の結婚によって生ずるニード，葬祭費，児童，疾病もしくは心身障害．このうち児童と疾病は前提(a), (b)が対処することになり，その他の各ニードについては1ないし2以上の保険給付が与えられる．女性の結婚から生ずるニードは一括されているが，これには，結婚一時金，出産一時金，夫の収入途絶時に夫とともに受ける給付・年金，夫死亡の場合の寡婦給付，夫婦別居の場合の別居給付，家事能力喪失時の特別給付などがある．生計手段の喪失とは，被用者以外の有業者が生活手段を失った時，訓練給付があるということである．何らかの理由で保険給付を受けられないか，あるいは保険給付が不十分な場合には，どのニードに対しても国民扶助が与えられる．

ベヴァリッジは，これらのニードに対応する社会保険給付と必要な場合には国民扶助を与えることにより，普遍的にナショナルミニマムを達成して貧困をなくそうとする構想を抱いて，必要額の算出に進んだ．彼は，当時明らかにされていた各種の生計費調査を研究したが，その中でもローントリーによる第2回目のヨーク調査『貧困と進歩』を最大の拠り所として1938年時点での最低生活費を算定した．その上で，「戦後の生活費は1938年水準よりも約25％増しのレベルに落ち着くだろうと仮定して」暫定支給額を，失

業・労働不能・訓練給付，および退職年金を，夫婦40シリング，単身者24シリング，児童手当て1人8シリングと確定したのだった．この給付額を確保するための拠出額は，被用者男性4シリング3ペンス，使用者3シリング3ペンス，合計7シリング6ペンス，被用者女性3シリング6ペンス，使用者2シリング6ペンス，合計6シリングと算出された．この保険料には保健とリハビリテーション・サービスへの男性10ペンス，女性8ペンスの拠出額が含まれていた．

それまでの給付額は，1942年時点で，最も高い失業保険給付で男性20シリング，扶養する妻10シリング，第1子・2子4シリング，第3子以下3シリングの付加，健康保険給付で男性18シリング，老齢拠出年金で65歳以上10シリング，老齢無拠出年金で70歳以上最高10シリング，失業扶助で夫婦35シリング，単身者男性20シリング6ペンスであり，拠出は被用者男性1シリング10ペンス（失業10，健康5.5，年金6.5），使用者同額，合計3シリング8ペンス，被用者女性1シリング7ペンス，使用者1シリング6ペンス，合計3シリング1ペンスであった．

したがってベヴァリッジの報告書における諸勧告は，当時の思想状況に合致し，従来の保険をはじめとする諸制度の不整合を正して合理的に拡大し，給付額の上でも大幅な改善をもたらし，拠出は適度に抑えられたものだった．たしかにローントリーの最低生活費はギリギリのもので，物価上昇を考慮すればベヴァリッジの勧告額はそれを下回っており，その後現実に採用された給付額はさらにそれをも下回ったのだが，それでも改善には違いなかった．関係各省から出ていた委員達は，各省に対して報告書について責任を持てないということで，報告書には委員長であるベヴァリッジだけが署名したのだが，それは1942年11月20日に公表された．それはアフリカ・エルアラメインにおける戦車戦で，イギリス軍がドイツ軍を打ち破り，戦勝への希望が現実化してきた時だった．

「新しいムードが盛り上がってきた．勝利は可能であり，戦争は終わらせることができる．したがって平和のための計画を真剣に始めることができる．

ベヴァリッジの報告書はまさによい時に出現したのである」(Jones［1994］p. 130，邦訳142ページ).

## 4. 戦後再建への準備

　ベヴァリッジ自身が回想しているように，「報告書の受け止め方は，賛成の側でも反対の側でも予想を上回る激しさであった」．新聞はこれを「揺篭から墓場まで」の保障として宣伝し，陸軍情報局からその概要を入手した戦場の兵士達はこの計画を熱烈に歓迎した．TUC，労働党，消費組合の各代表が参加した全国労働評議会は12月に満場一致でこれを承認し，「必要な立法措置を早期に取るよう政府に求めた」．「イギリス教会協議会は翌年2月に，キリスト教徒はキリスト教の原則に一致しているという理由からベヴァリッジ報告の提案を受け入れる，という声明を出した」．「議会の何人かの若い保守党員は私の提案の実施を推進するためグループを結成した」．このような支持表明は「際限なく長く」続いた（ベヴァリッジ，訳書［1975］407-8ページ）．報告書はベストセラーとなり，短期間に63万部を売り尽くしたといわれる．

　政府側は労働党閣僚も含めて，まだ戦闘の最中であることを強調し，この報告書を慎重に扱おうとした．1943年1～2月，チャーチルは特に財政上の理由からこの報告書についてなんらかの約束をすることを禁止するメモを回してしていたが，チャーチル不在中に，労働党アーサー・グリーンウッドの動議によって2月16日から3日間，下院においてベヴァリッジ報告に関する討論が行われた．グリーンウッドは「国民は基本線においてベヴァリッジ・プランの実施を希望しており，何者もその決心を変えることはできないであろう」とのべて早期に実施準備にかかることを要求した．これに対して保守党員の大蔵相サー・キングスレー・ウッドは，計画はそのまま実施されるものでなく，財政的理由から再検討が必要であると主張して，多くの議員達を激怒させた．労働党員の内相モリソンでさえそれを宥めることはできな

かった.

　国民の方がその具体化のための議論を始めだしていた．こうして「イギリス国民や他の自由主義諸国がベヴァリッジ報告に拍手喝采を送ったのに対し，情報相以外のイギリス政府は報告に対してはっきりと保留の態度を示し，著者に対しては無視から拒絶の態度に移った」（同上，408ページ）けれども，政府は国民世論を背景とした下院議員達の追及に報告書の線に沿った計画案を作らざるを得なくなり，その内容もベヴァリッジの水準を無視するものでは有り得なくなった．43年3月21日，チャーチルはついに放送を通して戦後再建の「4ヶ年計画」を公約したのだった．再建の青写真は保守党の再建相ロード・ウールトンのもとで引かれることになった．

　やがて政府の戦後再建案が続々と出されることとなり「白書競争」の観を呈した．1943年には「教育の再建」，44年には「国民保健サービス」，「雇用政策」，「国民保険」，「国民保険（労災）」，「児童手当て」と政府白書が続いた．白書類とその解説書はあらゆる本屋で扱われ，国民は新しい時代への理想に燃えてそれらについて討論に参加した．「社会的再建」は戦争末期の最も人気のあるテーマとなり，大学で，公民館で，労働組合で，チャペルで，パブで声高に語られた．3党がまだ連立を組んでいるうちに，保守党が多数を占める議会を，1944年「教育法」「身体障害者雇用法」，1945年「家族手当て法」が通過した．

　ベヴァリッジは1943年3月，チャーチルの放送による公約発表の時にはすでに，社会保障計画の第3の前提である「雇用の安定について新しい情熱を燃やしていた」．彼はジョーン・ロビンソンやニコラス・カルドアら経済学者を含めて協力者を募り，その年10月から本格的研究を始めた．それを知った政府は，再びベヴァリッジに主導権を握られることを恐れ，内閣経済部のケインジアンであるジェームズ・ミードらが進めていた失業予防政策を取り入れ，大蔵省次官サー・リチャード・ホプキンスのもとで雇用の維持に関する研究を進めた．「新しいベヴァリッジ報告が出版される前に雇用問題を取り扱うよう努力した」（同上，417ページ）わけである．その結果，44

年1月にホプキンス起草の「戦後雇用に関する報告書」が完成し，これに手を加えた政府の雇用白書は44年5月26日に発表された．それはベヴァリジが『自由社会における完全雇用』の原稿を印刷所に送った8日後のことだったけれども，出版事情から11月に出版されたベヴァリジの私的な第2の報告書『自由社会における完全雇用』を6か月も出し抜くことができたのである．

　それにしても，この雇用白書において政府が国民に対してなした公約は，「完全雇用」の約束を回避するためのものだったにしても，極めて重大なものだった．それは雇用の維持を中心とする対外政策と国内政策の基本を明らかにして内外に表明するものであり，国が経済運営全体に対して責任を負うことを約束し，経済政策の概要を説明して国民の協力を要請するものだったからである．

　「政府は，戦後の高度で安定した雇用水準の維持を政府の第1の目的ならびに責任の1つとして受け入れる……1国はその財およびサービスに対する総需要が高水準に維持される限り，大量の失業に悩むことはないであろう．しかし，わが国においては国内需要に劣らず，国外需要のことを考えなければならない．それゆえ政府は，諸国間の協力を通して，すべての国が相互の利益のために完全雇用政策を追及できるような国際的な貿易の諸条件を作り上げようとしている．……もしもそのような手段によって必要な対外貿易の拡大が確保されるならば，わが国の広範囲な失業は，総国内支出維持政策によって防ぐことができると政府は考えている．……政府が現在提出したり準備している戦後の諸問題についての他の白書とは異なって，これは基本的に企図された法律の概略ではない．というのも，雇用は議会の法律や政府活動だけで作り出せるものではないからである．……しかし，この白書に概説された政策の成功は，最終的に，社会全体の理解と支持に，そして特に，産業にある雇用主と労働者の努力にかかっている．産業効率標準の上昇がなければ，われわれは，生活標準の上昇と結び付いた雇用の高い水準を達成することができないからである」(HMSO [1944] p. 3)．

雇用白書のこのような声明は，連立政府がこの段階で，戦間期の緊縮財政をやめて明確にケインズ的な金融財政政策を採用する意向であることを明らかにしたことを意味した．マーティン・ピューは，戦争を戦っている間に各党間に暗黙裏に5つの合意が成立したことを指摘している．それは，1. 福祉国家の実現，2. 完全雇用の追及，3. 混合経済の受容，4. 統治過程への労働組合の取り込み，5. 非植民地化，NATO加盟，独自の核抑止力保持など外交・防衛政策である（Pugh, *ibid*., p. 212）．戦後の国家政策の大枠は，かなりはっきりしたものとなっていた．

# 第12章
# 労働党と福祉国家の建設

## 1. 1945年の労働党政府

　戦時連立政府の中で，国内戦線の重要部門をゆだねられていた労働党閣僚は，保守党閣僚に比べて国民の目に見える場所で活躍し，耐乏生活が続くなかでも労働条件や生活条件の維持向上に努めたので，国民の間でその人気を高めた．逆に保守党はチャーチルの個人的人気に支えられてはいたものの，チェンバレンのヒトラーへの宥和政策と戦争準備不足の汚名を着せられて不利な立場にあった．今や戦勝後の生活を具体的に考え始め，戦間期の大量失業とミーンズテストの苦い思いへの復帰を嫌ってベヴァリッジ報告書を歓迎した人々にとって，彼らの希望の実現のためには，保守党よりも労働党の方が信用できるように思われた．産業の国有化とか，経済の計画化などは，戦勝のために大幅な国家介入を受け入れて政府に協力して活動していた国民にとって，新しくよりよい社会をつくっていくために必要なことと考えられた．
　労働党全国執行委員会は1944年10月，一般労働党員や組合活動家の福祉国家計画の早期樹立，早期準備を求める声を代弁する形で，ドイツへの戦勝後できるだけ早い連立政府からの離脱を決定していた．42年に労働党は『古い世界と新しい社会』を出して，統制の維持，計画的生産，公的所有を唱えたが，45年には『未来に向かおう』という宣言を出して，炭鉱，電気，鉄道等の国内輸送，ガス，鉄鋼，イングランド銀行の国有を含む公的所有，経済計画のための必要な統制，社会保障制度の確立，完全雇用の維持を掲げ

た．

　1945年5月，ドイツが降伏した後労働党は政府から閣僚を引き上げ，チャーチルは一時保守党のみで政府を維持して議会を解散，7月に選挙となった．その結果は，下院640議席のうち労働党が393，保守党213，自由党12，その他22であり，労働党の圧勝であった．労働党はこの時初めて単独で議会の過半数以上を制し，その思うところを推し進め得る地位を与えられた．そして労働党は自分がなすべきことをかなり明確に自覚していたのだった．

　チャーチルの後を継いで首相となったクレメント・アトリーは，福祉国家を実現するという課題におあつらえ向きの人物だった．「彼は若き法律家として，トインビー・ホールに相談にくる人に無料で法律上の助言を与えていた．彼は，少数派報告のキャンペーンのために1909年に作られたシドニー・ウェッブとベアトリス・ウェッブの「貧困防止全国委員会」の事務局長であった．彼はまた，ベヴァリッジが校長であった時，ロンドン大学政経学部で「社会科学と福祉行政」の講師をしたことがあった．……彼は労働党政府が実行すべき政策について，非常に明確な考え方を持っていた」．彼は首相となった時次のようにいった．「われわれの政策は，改良された資本主義ではなくて，民主的社会主義への前進である．……戦争は私的な既得権益の前に公的な利益がおかれた場合，どのように多くのことが成し遂げられうるものであるかを示して見せた．もしも戦時においてこれが正しいことであったとしたら，平和時においてもそれは正しいことなのである」（Jones, *ibid.*, p. 135，邦訳147ページ）．

　アトリー首相は，枢密院議長にハーバート・モリソン，外相にアーネスト・ベヴィン，蔵相にヒュー・ドールトン，商務相にサー・スタフォード・クリップス，保健相にアナイリン・ベヴァンを据えて再建に踏み出した．労働党政府は，一方では戦時経済から平和経済への移行をスムーズにするために，他方では彼らの社会民主主義的綱領から，経済への国家統制を維持した．彼らは，経済の意識的・計画的運営にとって不可欠との判断から，イングランド銀行，航空会社，石炭産業，鉄道業，港湾事業，運河，長距離道路輸送，

電気，ガス，鉄鋼業を次々と国有化した．またその他の重要産業も統制下におかれ，資源の計画的で有効な利用が図られた．不可欠な消費物資を国民に広く分配するために，配給制も維持された．パンも初めて配給になった．このことによって，労働党政府は，インフレと大量失業という第1次大戦後の失敗を繰り返さなかったのである．

石炭や鉄道，港湾の国有化は古くからの無駄を削減して事業の近代化をもたらし，戦後の緊急事態にもよく対処したのだが，1948-9年になると旧所有者に多額の補償金を支払う国有化がかならずしも生産性向上に結果しないことも指摘され，また経済統制にも不満が高まり政府の石炭生産計画の失敗も重なって，国有化と計画化の勢いはとまり，労働党政府は次第に非直接的な経済管理の方法へ，ケインズ主義的経済運営へと路線を変えていった．

全般的な物資不足の中でも，イギリス経済にとって決定的だったのは豊富な金準備と外貨準備をすっかり使い果たしてしまったことだった．国際通貨としてのポンドの価値を維持しつつ，アメリカとカナダその他の国への戦時債務の返還と国民生活を豊かにしてゆく課題は，常に外貨不足の壁に妨害された．1949年にはポンドの切り下げを余儀なくされ，1ポンド=4.0ドルを2.9ドルに切り下げることで事態は安定したものの，その後も経済成長が一定期間続くと輸入が増えて，それが外貨不足を顕在化させ，政策的に輸入に抑制がかけられ，成長はとどめられた．いみじくもそれは「ストップ・ゴー政策」と呼ばれて長くイギリス経済を制約することになるのである．福祉国家の建設はそのような厳しい経済環境の中で行われた．

## 2. 福祉国家の建設

1945年の選挙は，保守党に，当時のイギリス人がいかに強く福祉国家を望んでいるかということを教えたばかりでなく，もしも戦時にできた一般的合意に背を向けた時には，政権にありつく機会さえ失いかねないという教訓となった．保守党もまた福祉国家建設には協力的だった．

福祉国家を支えるいくつかの法律は，すでに連立政府の時代に作られていたが，1946 年には「国民保険法」と「国民保険（労災）法」，「国民保健サービス法」，1948 年には「国民扶助法」，「児童法」が成立した．国民保険法は労災法を含めてベヴァリッジの所得維持のための基本的法律であり，全国的行政管理のための社会保険庁のもとで所得途絶による貧困をなくするためのものだった．国民扶助法は，「既存の貧民法はその効力を停止し，本法 2 部の規定により置き換えられる」として正式に貧民法を廃止した．それは社会保険に包摂しきれていない人の貧困をなくするとともに，社会保険給付が不十分な場合にそれを補足する機能ももっていた．それはまた老齢者，虚弱者その他の居住施設と一時的収容施設の設置を求めており，さらに地方自治体との協力でコミュニティ・サービスをも実施することになっていた．国民扶助局は失業扶助局を起源とし，戦時中扶助局となっていたものを引き継いだもので，1941 年の「ニード決定法」にもとづき同居の核家族につきミーンズテストを行って扶助を与えた．この法律は 1948 年 7 月 5 日（約束の日），国民保健サービス法と一緒に施行となった．そこで扶助が権利として与えられるようになった日を画して「福祉国家」が始まったなどといわれるのである．

　国民保健サービス法は戦時下で関係団体の交渉が始められていたもので，必要な時経済状態に関係なく医療を受けられるようにした法律だった．一般医も病院もそれぞれの独自性を維持しながら保健省の支配下におかれ，国民はすべて自分の担当医に登録し，それを通して各種の医療を受けることになった．法は最初の部分に次のように規定している．「国民の精神的・肉体的健康を確保し，病気の予防，診断，措置を目的とする包括的保健サービスの確立を図ることは……保健省の義務である．……そのサービスはこの法律の規定が明確に有料としたり，料金の回収を定めている場合を除き，無料とする」．

　児童法は，州と特別区を基礎単位として，「通常の家庭的保護を奪われた」すべての児童に責任を負う委員会を設置することにした．委員会は特別訓練

を受けた新しいソーシャルワーカーに補佐されて児童の人間的尊厳を尊重しながら健全な成長を図ることになった．児童の育成は両親の責任であるとともに，社会全体の責任でもあり，前者が十分な機能を果たさない場合には社会が前面に出ることになったのである．

もう1つ，1947年に「都市田園計画法」が成立しており，これは産業と人間の居住の関係と住宅の配置を計画的に合理的に決定しようとするものだった．都市への産業の過度の集中やスラム住宅の問題がようやく解決されようとしていた．「産業の適正配置」や「ニュータウン」，公園や自然保護などの観点から土地の私有権は大幅な制約を受け，従来に比べると快適で安い住宅が低所得者にも与えられた．

これらの法律は，イギリス福祉国家の基礎であるとともに，その最高の到達点でもあった．それらは，福祉国家が望ましくまた可能であるとする楽観的で理想主義的な時代の精神を表現したものであるとともに，それを実施する国家機構をも構築し整備したからである．すべての政党がその新しい計画を受け入れ，その改善に努力しようとしていた．貧困はベヴァリッジの計画に沿って社会保険によって廃止されようとしており，保険に包摂されない人や給付が不十分な人，あるいは直接対人サービスを必要とする人には国民扶助局が地方自治体とともに対応した．失業は政府の完全雇用政策によって低く抑えられ，不健康については包括的で無料の保健サービスによって措置されることになったのだった．

モーリス・ブルースは『福祉国家の到来』の結論的部分で次のようにいっている．「……決定的事件は第2次大戦だった．それは長期にわたる不況と混迷を極めた救済措置の後にやってきて，イギリス国民をして彼らがそれまでに描いていた社会保障制度の仕上げをさせ，そして戦争期間中をあれほどに感動的に特色付けた，すべての人に対する配慮を平和の到来後も維持せしめたのである．1941年から48年までは積極的思考と計画の時代であったが，それはイギリス史上一新紀元を画したものである．この時期に計画され，設計されたサービスに将来どのような事が起ころうと，この時代がわが国の歴

史の中で異彩を放ち続けることに変わりはないであろう．しかも，それはただ戦争遂行のためだけではなかった．戦争はその機会と誘因を与えたにすぎないのである」(Bruce, *ibid*., p. 291, 邦訳 515-6 ページ).

戦後の経済復興過程において，競争相手の諸国がまだ立ち直っておらず，ドルも世界的に不足していたため，イギリスの輸出はかなり順調に伸びて再建を助けた．経済統制のもとで完全雇用状態が続いたことが一番大きかったのだが，国民生活も徐々に向上していった．シーボーム・ロ−ントリーは 1950 年に第 3 回目のヨーク市調査を行った．第 2 回目の 1936 年の調査では，第 1 次的貧困と第 2 次的貧困の合計は，全人口の 17.7% であったが，今回はそれが 1.66% に減っていた．このような貧困家族の激減は，福祉国家の直接的成果であり，労働党の政策の正しさを証明するもののように思われた．イギリス人はしばらくの間，深い自己満足に浸ることができたのである．

## 3. 福祉国家の原理とその世界史的確認

この時代の社会政策の原理とは何だったのであろうか．それは国民最低限の国家的保障の原理だった．すでにみたように，1930 年代までの社会政策は，経済社会の発展の中からその都度顕在化してきた諸問題に対処する応急的なものであり，少数グループの労働苦や貧困や不衛生，あるいは劣悪な住宅問題を解決すれば事たれりとするものであった．たとえ社会問題の原因が社会のなかに見出され，国家的あるいは社会的対応が必要との認識があったとしても，それは否定的な役割であり，国家はそれらへのかかわりが少なく支出の少ないほど，また，社会問題はその発現が少ないほどよいと考えられていた．生活の自己責任原則が強調される限り，こうした考え方の持続は避けられず，現在でもそれが消えたわけではない．

しかし第 2 次大戦後の社会政策の新しい概念は，国家社会は個々の市民全体の生活の安定と向上に責任を持ち，何らかの理由で十分な生活を営めない市民がいる場合，国家的支援によってそのような人をなくするというものに

なった．その意味で社会政策は国民全体の生活の諸側面を下支えをするのに必要な諸政策という積極的なものになったのである．第2次大戦前とは逆に，国家活動は市民の日常生活に密着した恒常的なものとなったのだった．

V. ジョージとP. ワイルディングはいっている．「上記の世界大戦中およびその直後にうちたてられた社会サービスの全構築物は，国民最低限という理想に基づいていた．これは2つの要素を持っていた．普遍性と最低限標準である．社会サービスはあらゆる人に与えられるべきであり，それらは少なくともその最低限において統一的標準とすべきである．新しい社会サービス導入の先駆けを成した一連の白書は，サービス提供のこの二重の理想を反映していた」(George & Wilding [1984] p. 10)．そして当時，ベヴァリッジはもとより，ハイエクやロビンズのような右派でさえその政治的信条の相違にもかかわらず，「社会政策の最低限標準の設定」に同意していた事情が，戦後の福祉国家建設を容易にしたのであった．

このような原理は世界的にも確認されていった．1944年4月から5月にかけて開催された第26回ILO総会は『フィラデルフィア宣言』を採択したが，そこには次のような原則が掲げられていた．その第1項目は「労働は商品でない」[商品として扱われるべきではないという趣旨]，その他の根本原則を再確認し，第2項目は個人の社会保障を受ける権利とそれを実現すべき国家と国際的義務の確認，第3項目は国際労働機構の厳粛な義務として「完全雇用と生活水準の向上」，職業選択の自由，労働条件の向上，最低賃金制，団体交渉権の承認を挙げ，さらに「社会保障措置を拡張しかつ広範な医療給付を拡張する．すべての職業における労働者の生命と健康の十分な保護」，児童福祉，母性保護，住宅，文化施設，教育と職業における機会均等……の実現をあげたのだった．この時同時に採択された「所得保障 income security に関する勧告」と「医療保障 medical care に関する勧告」は，両者を「社会保障における重要な要素」と位置付けていた．

これらの「宣言」と「勧告」は，戦後の世界において各国が成立させる社会保障制度の直接的指針となり，福祉国家への志向は1948年の『世界人権

宣言』や，各国新憲法の条文の中に明文化されたのだった．『世界人権宣言』は第22条に，「何人も社会の一員として社会保障を受ける権利を有し，かつ各国の組織および資源に応じて，自己の尊厳と自己の人格の自由な発展とに欠くことのできない経済的，社会的および文化的権利の実現に対する権利を有する」と規定し，第23条3項は，「何人も労働するものは，自己および自己の家族に対して人間の尊厳に値する生活を保障し，かつ必要な場合には，他の社会的保護の手段によって補足される公正かつ有利な報酬を受ける権利を有する」と規定し，さらに第25条1項は「何人も，衣食住，医療および必要な社会的施設を含め，自己および自己の家族の健康と福利のために十分な生活水準を享有する権利を有し，かつ失業，疾病，能力喪失，配偶者の喪失，老齢，または不可抗力によるその他の生活能力の喪失の場合に，保障を受ける権利を有する」と規定している．

　ここにみられる権利の具体性と，国家社会の責任の強調は，社会保障を受ける権利が単なるプログラムにとどまるものでなく，日々社会的経済的条件に応じて実現されてゆくべきものであることを示している．ILOによる社会保障の定義は，イギリスの場合よりも広いが，社会保障が機能し得るためには，他の関連する包括的な生活維持安定政策の実施が前提されていることを示している．今日，福祉国家における普遍性の原理や，国民最低限の原理が故意に軽視されていることにかんがみ，この時代には反ファシズム戦争を戦った諸国民が，新しい法律と行政制度を構築整備することによって生活の諸側面に国民最低限を具体的に実現しようとし，また実際にそれを実現していったことを強調しておきたい．

## 4. ベヴァリッジ原則からの離脱

　1950年代および1960年代の世界的な経済の拡大は，イギリス経済社会にも及び，そのほとんどの期間を通して失業率は2%以下にとどまっていたことから，それは労働者に恒常的な雇用と高い賃金をもたらした．企業の側も，

質の高い労働力の確保と労使関係の安定という観点から企業独自の特別給付 fringe benefit を出す例が増え，1967年，公共部門労働者を含めると，1200万人の労働者，被雇用者全体の約3分の2がその恩恵に与っていた．また低い公的保障を私的保険で上積みを図ろうとする人も多く，国民は3つの階層に分かれた．最低辺には公的保障のみしか受けられない階層，中間にはそれに加えていくつかの企業給付を受けたり私的な備えをしている階層，上部には豊富な上積みを準備している階層である．国は税制によって企業給付や私的保険加入を奨励した．

1951年に保守党が政権を取り，煩わしい配給制を撤廃していくと，にわかに顕在化してきたのはインフレの問題だった．現役の労働者達は労働組合運動で賃金を引き上げてゆくことができたけれども，所得が固定している人や社会保障給付に頼っている人は，その給付額が生計費に自動的にリンクされていないことで被害を受けた．インフレはまた社会保障制度に深刻な打撃を与えることになった．社会保険の給付と拠出は，厳密な保険数理に基づいて設計され5年ごとの見直しが規定されていたのに，インフレは無遠慮にそれを打ち砕き頻繁な見直しを必然事とした．インフレが保険数理の原理を破壊するからである．政府は必要に応じて国庫から保険基金に繰入れを行ったものの，保険給付額の増大は常に遅れ気味になった．

ベヴァリッジの計画では，保険を補足するという位置付けを与えられていた国民扶助は，国民扶助局によって常に最低限生活と結び付けられていた．インフレによって最低生活費が上がれば，扶助局は扶助額を引き上げなければならなかった．そのためにベヴァリッジが予定していたように，保険給付が常に先んじて最低生活を保障する，そこからこぼれ落ちる者を安全ネットとして扶助給付が守る，ということにはならないで，全く逆に，ほとんどの場合，扶助給付が先に引き上げられ保険給付が後から遅れてついていくというのが現実となった．この結果，保険給付と最低生活費の差額が扶助給付によって補足されるのが常態的となった．児童手当ての引き上げも常に控え目で遅れたので，扶助給付が不足額を補った．こうして国民扶助は社会保障制

度の消え去りゆく部分とはならないで，基本的部分となったのである．1948年に100万人だった何らかの形の扶助受給者は，1966年に200万人，1970年に274万人になっていた．

　保険給付額の絶対的不足の一番の被害者は高齢者だった．特に高齢者とかかわりの深かったソーシャルワーカーは，年金の不足，その改定の遅れ，そしてそれを補足する国民扶助も物価調整だけでは不十分であることを政府に警告した．彼らは高齢者もまた経済的繁栄の成果を享受すべきこと，扶助を本当の意味で権利とし，自由に扶助申請をさせる必要のあることを指摘した．1959年と1963年，扶助は賃金スライドで改定され，1966年，国民扶助は補足給付 supplementary benefit に，国民扶助局は国民保険省補足給付委員会となり，保険給付と補足給付を同一機関で扱い，申請をしやすくした．翌年，新設の社会保障省のもとで保険給付と扶助給付の差は帳簿上でも消し去られた．国民扶助額に社会的繁栄を加味し，扶助を権利とするために保険給付と統一したことは，受給申請者を増やし，この当時の保守・労働両党政府の福祉国家建設の熱意を反映するものだった．

　経済的繁栄の持続と人々の消費生活の多様化，また生活水準の向上はそれまでの貧困の概念を変えてゆくことになった．貧困はだんだんと，生理的で絶対的意味でよりも，相対的で社会的な意味で捕らえられるようになった．ピーター・タウンゼントらが唱える相対的貧困の概念が，市民権を獲得するようになったのである．

　相対的貧困概念と社会保障との第1のかかわりは，貧困が単に生理的な生活以下ということでなく，社会的に一般化しつつある状態に比べてその水準を満たしていないという広い意味を持つものならば，社会保障が目的とする貧困の廃絶もまたそのような広い意味での貧困をなくするものでなければならないというものである．ベヴァリッジが適切十分な給付という時，それは最低生活 subsistence と国民最低限 national minimum を同時に意味していた．ベヴァリッジが1936年のロートリーの調査を参考にして最低生活費を算出した時には，保険給付も年金も全くそこまで及んでおらず，国家として保

障すべき最低限はまさにこの最低生活費であった．しかし戦後の順調な経済発展と生活水準の向上が実現した段階では，国民最低限は生理的な最低生活から次第に離れたのだった．社会保障は国民最低限の保障と考えられるが，それは社会的発展を反映し賃金や俸給の上昇を反映する相対的なものであり，次第に上昇すべきものとなったのである．

相対的貧困概念と社会保障の第2のかかわりは，人が働いて所得を得ている時と，仕事から離れている時の所得のあいだに一定の相関がなければならないというものである．人は仕事に就いて所得を得ている時に日常的な生活習慣を築くものであるから，仕事を離れた時も類似の生活を享受すべきであるというのである．ベヴァリッジは所得の高い人も低い人も最低生活は同じと考えており，必要な人は自分で備えをすべきで社会保障はそれ以上にはかかわらないとしていたが，大方の人が最低生活以上の生活をするようになるにつれて，仕事を離れた時にも仕事をしていた時に照応する保障をするようにとの要求が出てきたのだった．国民最低限の実現要求は国民的平等に寄与するのに対して，就業時と離職時の関連要求は就業時所得の不平等を離職時にまで延長するものであるが，それにもかかわらずこれらは国民多数に訴えるところがあった．

保険基金の慢性的不足に悩んでいた政府は，所得比例給付の漸次的実現とひきかえに所得比例拠出への切替えを図ることになった．長期間仕事を離れている人のニーズは短期的離職者のニーズより大きく，したがって年金に所得比例部分を付加することが老齢者の貧困問題解決の一助となると考えられ，1959年の国民保険法により段階的年金制度が発足した．さらに1967年の国民保険法は短期給付にも所得比例部分を実現し，ここにベヴァリッジの均一額の拠出と均一額の給付の原則はイギリス社会保障から姿を消したのである．なお，1965年には労働力の流動化と所得保障を合わせた制度として，労働年齢にあるすべての男女を包摂する「余剰労働者支給法 Redundancy Payment Act」が成立している．

すべての人に対する均一額の最低生活費給付というベヴァリッジの原則は，

国民が同じような生命と財産の危機に瀕している戦時においてや，耐乏生活と配給が一般的だった終戦直後の社会においては，大多数の人々に当然のように受け入れられていた．しかし，完全雇用と賃金の上昇が続き，人々の生活標準がたえず上昇していく社会では，再び所得の格差に応じた多様な支出が当然のこととなってきた．多様化した生活に対応した社会保障給付の要求が続くことになった．人々の労働生活とその所得が一様なものではなく，大きな格差をも含んだ多様なものだとすれば，労働と所得が途絶した時にはそれ相応の保障が必要だというわけである．こうしてイギリスの社会保障は，1960年代には，最低限所得を保障して国民を貧困に陥らせないという段階から一歩進んで，「同時にまた，いったん獲得された生活標準の喪失に対抗する保護装置 safeguard を与えることを目的としている．それは基礎的な生活標準を満たす統一的な給付を提供することに満足せず，さらに進んで賃金構造を反映したいろいろな手当てをも提供し，同時にそれを確保しようとするものにまで拡大した」(George [1968] p. 10) のだった．

# 第13章
# 福祉国家の諸問題

## 1. 国民最低限の上昇

　完全雇用政策による失業の減少と賃金の上昇，社会保障の整備による生理的貧困の克服は，1960年代までに，貧困概念を相対的で社会的なものに変化させ，社会保障の課題をこの新しい貧困の廃絶と，人々が達成したそれぞれの生活標準の確保を目標とするものにまで前進させた．1959年6月，政府は白書「国民扶助の改善」のなかで，国民扶助が新しい役割を持つべきことを明らかにしていた．国民扶助は国民の最低生活のための手当てを与えるのではなく，「国民的繁栄の分け前に預からしめる手当ての給付」を目的とすべきであると（HMSO［1959］p. 3）．この後，所得比例給付が少しずつ取り入れられ定着してゆく中で，国民最低限もまた社会の富の増大と賃金の上昇につれて引き上げられるようになり，それは国民扶助＝補足給付基準の引上げをもたらしたのだった．

　国民扶助には家賃と係官の自由裁量手当てが付加されたので，常にその額は保険給付額を上回っていたのだが，扶助そのものも社会的繁栄を反映して上昇してゆくようになると，社会の平均的繁栄から取り残された部分，平均的賃金引き上げを享受できなかった部分が次第に国民扶助基準の下に取り残されることになった．

　1965年，LSEのブライアン・エイベル＝スミスとピーター・タウンゼントは『貧困者と極貧者』のなかで，国民扶助に家賃と自由裁量手当てを加え

た金額，すなわち扶助金額の140%を貧困線と見立ててそれ以下で生活している人の数を調査した結果を発表した．それによれば，1953年の実数は約400万人，全人口の7.8%であったものが，1960年には実数約750万人，全人口の14.2%に増加していた．この原因は1960年の場合，低賃金が40%，老齢が33%であった（コーツとシルバーンの組み替え推定による）．彼らの調査結果は他の人々の調査によっても支持されたので，その後の社会保障の改善に一役かったのだった．

　国民最低限は必ずしも貧困線とは言えないとしても，現代社会の人々の広い結び付きや生産力の豊富さ，通信や情報の早さ，また人間の尊厳や権利の思想の普及と民主主義的な政治制度の発達を考えると，生活上の多様性の発達や生活水準の向上は伝搬しやすく，格差や不平等の放置は社会的不満をよびおこしやすいことから，どうしてもそれ以下の生活の底上げを社会的目標とせざるを得なくなる．富の生産と増大が続く限り，国民最低限の上昇は避けることができず，そこから取り残されるものが出る限りそれを下支えする社会政策の課題は続くことになるのである．

　社会保障に限っても，全般的な所得の上昇につれて社会保障給付に対する国民の期待は高まるであろう．生活標準の上昇と，それを達成していない人の期待の上昇には内的相関があるというべきである．社会保障給付も上がるではあろうけれども，期待はまた上昇し，その関係が続くのである．もしも経済が順調に成長し，社会保障給付に必要な公的支出を拡大することができるならば，期待の上昇は何らかの満足が与えられるが，経済成長が滞りがちになる時，一方では国民最低限の達成という社会政策に異議が唱えられ，他方では，民衆の不満が高まり社会的安定が損なわれることになる．完全雇用，物価安定，経済成長の確保という経済政策は，社会政策の発展と密接に結び付けられているのである．

　戦間期から戦後の完全雇用期にかけての経験は，貧困が個人的な怠惰や無責任に起因するという貧民法時代の認識を払拭するのに役だったが，このことは貧困が経済制度の中にその原因を持つとする見解を社会の全員が受け入

れたことを意味しなかった．土地や財産を大量に所有し，また資本主義的経営を担当して資本主義経済から大きな利益を得ている人々は，たとえ経済の中に低賃金や失業の必然性を見出したとしても，その被害を具体的に被る者は個人的欠陥のゆえにそうなると考えるものである．彼らは，そのような労働者の苦しみは順調な生産と豊富な生産物によってやがて癒されるとするか，あるいは一定の国家的措置によって解決され，資本主義的生産は最も合理的に働くとするのである．

そこで，例えばフリードリヒ・フォン・ハイエクのような，人間的自由を守る経済体制として資本主義経済を熱烈に支持する経済学者や，彼に近い保守党の論客達は，福祉国家や社会保障を否定はしないけれども，それらの社会的構築物が経済の自然の働きを阻害したり，経済法則をゆがめたりすることがないように，常に社会政策的措置を最小限にとどめたり，切り縮めようとする．彼らは社会政策基準としての国民最低限を，社会的相対的に変化するものと捉えることに反対し，社会保障基準をも生理的最低生活費に近いものに還元していくのである．

## 2. 普遍主義と選別主義

すでに指摘したように，経済の拡大は社会サービスを賄う富を供給するために必要である．それは社会サービス計画を構築していく点からも重要である．経済成長率は，給付水準の予想に影響を与えるからである．例えば，高い成長率を長年続けている時期には，給付水準も上がってゆくと予想し，それに対応した拠出や税収を予想して財政計画を立てるであろう．しかし経済成長率やインフレ予測はなかなか正確を期しがたく，常に事後の調整を必要とする．

経済成長が予想を下回って社会サービス財源に不足が生ずることが多くなると，国の普遍主義的サービスに異論が唱えられるようになった．保守党右派系の「経済研究所」は，福祉国家の拡大に常に異議を申し立ててきた．彼

らは 1950 年代末から次のような主張を展開した.「国家の普遍的な社会サービスは,労働階級が自分で生活する経済的な力も政治的な力も持っていなかった時代には必要だった.その時代には国家サービスは社会的苦痛や産業的抗争を減らすために必要とされた.社会経済問題に対する国家介入に反対した 19 世紀の自由主義経済学者は,時代を正確にみることができなかった点で間違っていた.しかし社会問題に対する認識は少しずつ前進し,国家は必要な役割を果たすようになった.また資本主義的生産が本格的に発展し生産力が飛躍的に増大した結果,労働階級の生活は向上し,自己努力によって生活してゆくことができるようになった.確かに今でも公衆衛生や教育,あるいは孤老・孤児の世話など国家社会が責任を負うべき問題は残っているが,貧しい部類の労働者でさえ自分で生活していくことができるようになっている」.

「大規模な国家介入はすでにその役割を終え必要でなくなっている.それなのに未だに過大な国家介入が残存し続けている.自分でそれを調達できる者にまで国家サービスが与えられる.国民各自の生活要求は異なるのに,強制的に一律に拠出させ,一律に与えるのは今や必要悪である.国家の役割は,自活することができない人を助けるという純粋のミニマムに限定されるべきである.国民の大多数は,消費財を買うのと同じように,自由市場で大部分の社会サービスを買うことができるし,それを許されるべきである.自分なりの退職年金を買うことと,自動車を分割払いで買うことの間に,本質的な違いはない」(George [1968] pp. 235-6).

保守党右派の理論家 A. セルドンや K. ジョセフは,社会保障における国民皆保険をやめて,貧困者に対する寛大な国民扶助に置き換えることを提案している.これは第 2 次大戦後の国民の実質所得の上昇により,多くの人々が自分で所得途絶時に対する備えをすることができるようになったということを前提にしている.そのように前提していればこそ,彼らは,国家が個々人に私的な準備に有利な措置を講じながら,貧困者には寛大な扶助が可能であると考えているのである.

しかし比較的豊かになった資本主義社会は，未だに底辺部に生理的意味での貧困者を多数残しており，また所得の格差構造の持続は平均的な文化的生活以下に相対的貧困者を一層多く残してしまうことになる．それらの多数の貧困者達は，所得の途絶時には皆国家扶助に頼らざるを得なくなる．国家は彼らの予想以上に貧困者の備えに大わらわになることが確実視されるのである．仮に彼らが望んでいるように，個々人がみな私的保険によってそれぞれの最低生活の備えをするとすれば，そのための私企業の行政管理コストは国家制度によるコストをはるかにしのぎ，個々人の負担となるであろう．そのうえ私企業のバッドリスク排除と，破産というベヴァリッジ以前の問題がある．

　結局，普遍主義から選別主義へと後退しようとする理論家は，それがあたかも合理的な解決を与えるかのように装いながら，実は資本主義社会の不平等な差別的構造を保存しようとしているのであり，社会保障による所得の垂直的再分配に反対しているのである．逆に，国家はすべての市民に対して適切な所得を与える義務がある，と考える理論家は，社会保障は国家によって最も合理的に運営され，所得の水平的再分配から垂直的再分配へと前進することが望ましいと考えているのである．

　社会保障に限っていえば，経済的にも行政的にも社会的安定を確保する上からも，普遍的給付が一番よいが，財源が限られている限り，選別性を取り入れざるを得なくなる．そして普遍性が豊富にあるところでは，選別性は容易に取り入れられる．R.M. ティトマスはこの関係を次のようにいった．「社会が決定すべき真の問題とは，個人的資産調査によらず，特定のカテゴリー，グループ，地域のニーズをもとにして受け入れられる選別的サービスが，社会的権利として提供されるような価値観と機会の枠組みを整えるために，普遍的サービスのどのように特殊な基本構造が必要とされるのかを，解くことなのである」(*ibid.*, pp. 243-4 より引用) と．

## 3. 国民保健サービスの問題

　福祉国家を支える制度の1つとして，また社会保障制度が成功する前提として，包括的な国の医療サービスを構想したベヴァリッジも，医療専門家との巧みな交渉により国民保健サービスNHSを現実に作り上げたアナイリン・ベヴァンも，社会には一定量の病気が存在しており，それはNHSの無料医療によって減少するものと考えていた．したがって，当初は医療費が上るにしても，それまで放置されていた病気が治療されて国民の健康が改善されるにつれて，その費用は減るであろうと期待された．

　しかし，NHS発足後数年のうちに，保健サービス支出は議会で許された予測をはるかに超え，基金の追加供給を必要とした．保健コストへの関心は1953年のギルボード調査委員会の設置をもたらした．1956年の報告書は，NHSに浪費や非効率という証拠は見出されず，そのコストはGDP比でみると1949-50年の3.75%から1953-4年の3.25%に下がったことを示し，施設の建設と近代化のためにより多くの金がNHSに配分されることが望ましいと勧告した．この時代は病院の国有化によって自治体病院とボランタリ病院の統合が進み，それ以前の著しい格差とオーバーラップがしだいに解消されるようになり，先進的病院に限られていた高度治療が地域的にもスタッフ的にもより公平に広く提供されるように調整が進められている最中で，まだ病院新設に手が回らない状況だった．

　この時NHSの中心を担ったのは，国民健康保険の時代から地域で第1次医療に携わり，住民の健康の維持に大きな役割を果たしてきた一般開業医GPであった．彼らは自治体統制下の公務員になることを嫌い，自分達の代表も参加した従来の「保険委員会」に類似した「執行協議会 executive council」の下で，独自契約の権利を保持したままNHSに参加した．国民の圧倒的な部分がNHSに登録し私費診療の範囲が狭まったことと，パネル方式で受け持つ1人当たり診療請負料がかなり高めに設定されたことが，彼らの参

加を促したといわれる．その後も私費診療は拡大せず，私費診療費が高騰するにつれて GP の NHS への定着は促された．1 人の一般医は平均約 2500 人の住民を受け持ち，その人数に応じた診療請負料で生活し，自分の診療所の措置経費を国から支給されて無料で相談，検診，治療を行った．患者の 9 割がそこで措置を終わり，1 割程度が専門医に診断意見を付けて送られたといわれる．

貧民法病院や自治体病院を失った自治体は，救急車手配，母子保健，助産婦，保健訪問員，予防接種，在宅看護，公衆衛生などを担当することになった．

第 2 次大戦時における医療需要の増大と社会的定型化が，医療供給の社会的組織化を促して戦後に NHS を成立させたわけであるが，こうして出来上がった医療の社会的供給体制は，その時代の医学水準に見合った質の医療の需要量が，経験を重ねることによって数量的に把握され，それを満たす供給量がいったん確保されるならば，今度は供給側が需要を規定するという関係が生まれることになる．文明社会では戦時を除けば医療需要の急激な増大や変動はまれなこととなって安定するし，医療措置はきわめて専門性の高いものであるから通常の需要供給の関係は働かず，たとえ潜在的な医療への需要があったとしてもそれは表面化することはなく，現実の医療需要は供給側から発信される医療知識の普及と医療への信頼から起こってくるからである．この意味で患者にとって無料の医療は医療需要を率直に表明せしめるが，医療供給がいったん満たされるならば，以後の供給量は逓減的にしか増加しないとする推定には道理があるのである．また医者にとって収入増にならない医療措置は，豊富な収入を目的とする医者であればその勤労意欲を萎えさせるということはあっても，少なくとも不必要なあるいは過剰な医療供給をとどめさせ，当初の合理的な計画内に医療費を限定するという作用を果たすと考えられる．「国民保健サービスが行おうとしていることは，患者の相対的なニードを医師が専門的に査定することによって，「表明された要求」（需要）を利用可能な資源の規模に合うように縮小させることである」と M.H.

クーパーはのべている（一圓 [1982] 33 ページより引用）．

いずれにしても，特権的な医療を求めるものが少数であり，また医療専門職の労働と人間としての倫理が健全であり，医学的進歩に見合う医療ファンドの増大が図られる限り，NHS は合理的な範囲内に医療費を治めうる仕組みであった．

しかしそのうちに，国民医療費は拡大こそすれ，その削減はきわめて難しいものであることが分かってきた．すでに労働党政府時代に 1 処方箋 1 シリングの有料化が行われたが，保守党チャーチル政府は 1952 年，入れ歯と眼鏡の有料化に踏み切った．保守党はまた 1962 年の「病院計画」において，医学と医療技術の発展を積極的に NHS の中に取り入れるために地域総合病院 DGH の建設を進めることになったが，この病院を中心とする医療の発展はますますコストを高めることになったのだった．K. ジョーンズは次のように指摘している．「保健サービスは自己拡大的なものだった．1 国の保健サービスは，改善されればされるほどより多くの費用を必要とするようになるが，その理由は，よい保健サービスがそれ無しでは死亡したであろう人々を生き長らえさせることである．障害を持つ乳幼児でも生き残り，中年の重病で死んだであろう人々が生き続けて，老年期の慢性病を経験するなど老人は一層長く生き続けるようになった．よい保健サービスは労働に適する健康な人だけを生み出すわけではなく，障害者や虚弱者の比率が高くなる高齢化した人口を生み出すのである．……良質で無料の保健サービスは国民の福祉を高めるものである．それなしには死亡したであろう患者が生き続けるという事実は，「問題」ではなく成功の証しである」．しかし，この成功のためには保健サービスへの支出を増やしていかなければならないが，財政に限度がある時，どこにその限界をおくかという問題は 1 国にとって重要な検討課題であると（Jones [1994] pp. 153-4，邦訳 165-6 ページ）．

その後のイギリス国民保健サービスの歴史は，先進医療技術の発展と費用の高騰に対応して，主に病院で行われる急性病と不治とされてきた病気への医療サービスを維持する必要に左右されてきた．たしかに結核や肺炎などは

抗生物質や新治療法の採用によってほとんど克服されたが，心臓病や癌が死亡率の上位を占めるようになってきた．この治療のためには高度の技術と著しく高い費用を要するようになっている．保健財政の約半分が病院に注ぎ込まれており，心臓移植や癌治療技術などの開発はこの傾向をますます高めるものと予想される．交通事故の増大と救命医療の発達もまたこの傾向を強めるであろう．

　保守党保健相イノック・パウエルは「病院計画」の1年後，それに対応する「保健と福祉；コミュニティ・ケアの発展」を発表した．それは慢性的なケアニードの増大に対して地方自治体が保健と福祉に責任を負うという方向を明らかにし，コミュニティ・ケアの一定の整備を奨励したものだった．中央政府のNHS費用，特に病院費用を抑制しようとの観点から，母と乳幼児，高齢者，身体障害者，精神病と精神障害者という4つのクライアント集団が，病院ケアから地方自治体の責任下のコミュニティ・ケアに移されるというのだった．財源事情から小規模病院の閉鎖，慢性病ベッドの削減，長期患者の地方自治体コミュニティ・ケアへの移管も同時に進められた．

　「この変化の結果は深刻なものだった．一定の環境の下では，患者の入院期間を短くする十分な医学的理由があった．抗生物質は手術や出産後の感染の危険を減らし，精神安定剤や抗鬱剤のように精神の動揺を抑える強力な新薬は，いったん治療手順さえ確立されれば，精神病や老人性痴呆の人が地域社会で生活を続けることを可能にした．しかしコミュニティにおけるサービスの拡大がきわめて緩慢であることを考えると，慢性疾患のケアについては引き続き懸念が残る．「シンデレラ・サービス」[いつも後回しにされているサービス]を医学的見地によるよりも社会的見地から地方自治体に戻そうとする試みは，多くの問題を生み出すことになった」とジョーンズは指摘している．ティトマスはよりはっきりと，「それは実は，慢性病患者を，訓練されたスタッフのもとから未訓練で無装備のスタッフのもとへ，あるいは全くスタッフのいないところへ移したのである」と断じた（*ibid.*, p. 155，邦訳167ページ）．1975の保健・社会保障省文書も次のように書いている．「大体

において，病院外のコミュニティ資源はまだ最小のものであり，……十分なソーシャルサービスへの接近をはかれなかったことは，おそらくこの15年間の最大の失望事である」(Ham [1992] p. 21 より引用)．

　病院サービス，自治体サービスとともにNHSを支えているのが家庭医（一般医）のサービスであり，これは病気の初発での措置を可能にし，必要に応じて第2次医療へと措置を進めるもので，医療費の節約におおいに役立つものだった．しかし病院および自治体医療との結び付きが希薄で，3者の統合による医療水準の上昇が各方面から勧告されていた．当初，自治体による統制を嫌って，孤立して医療に当たっていた家庭医たちは1960年代から，ヘルスセンターなどにより集団を作って医療にかかわるようになってきた．医学の向上によりチーム医療が必要となってきたのだった．中央政府も自治体もこれを歓迎し，1963年のギリー報告を契機として，GP業務支援と建物や場所の提供などチーム医療が奨励されるようになり，同時に病院医療とのより緊密な協力が模索されるようになった．医療水準の高度化を達成するという目的の他に，日常生活においても3者の連携医療が要請された．例えば体の弱った高齢者の場合，病院での治療のための短期の滞在の後に自治体ホームでの回復治療とケアが必要であり，その後に自宅におけるGPからの医療と他のホームヘルプ食事サービスなどが必要となろう．この場合，異なる専門スタッフの間の緊密な協力無しにその患者に見合った適切で十分な医療行為はできなくなる．病院当局，地方自治体，GP間の共同の計画と，協力医療が日常的に可能になる体制が求められていたのだった．

　病院の特権的な地位と，上級顧問医の大きな権限にも隠然たる批判があった．彼らの特権的な力が，医療資源の配分や財政配分を，病院とそこにおける急性病治療に圧倒的に有利にしている事実があった．老人患者に対する医療の質は常に問題とされてきたが，1967年にその実態を暴く本が評判となり，69年にはカーディフのエリー病院における患者への暴行，その他の残酷行為が公式に明らかにされた．エリー病院は精神障害者用の病院だったが，その他の長期滞在型病院の患者への措置も低質だった．このような実態の暴

露は第1に，病院間での医療に見られる格差を問題視させることになり，第2に，病院医療と他のGPや自治体保健の格差を問題視させることになった．行政管理を一元化し，しかも地域的な格差をなくし，また各医療間の協力と調整をはかるという観点から各種の再編試案が出されたが，1973年になって「国民保健サービス再編法」が成立することとなり，翌年4月から地域ごとに統合された国民医療体制が発足した．

　この組織体制は14の地方保健当局 regional health authority の下に，90の地域保健当局 area health authority を置いて，その下で病院サービス，家庭医サービス，コミュニティ・ケアを有機的に結合して地域住民の健康を守ろうとするものだったが，GPはまたも「家庭医委員会」の下での一定の独立を維持した．とはいえ，地方間と地域間の資源とスタッフの平等は計画的に追及されることになり，地域自治体の力は強まった．この組織的再編は，自治体行政区域に照応させることによって地域のコミュニティ・サービスと連携を考えており，高度の訓練を積んだ専門家チームによる合意にもとづく管理ということで，各医療担当者間の平等を保障し，共同計画システムの導入により管理効率の改善を図ろうとしたものであったが，早速各方面からの批判を呼び起こした．その大きなものは再編後のコストの増大と，人員増だった．それは当然予想されたものではあったけれども，オイルショックを契機とした世界的な景気後退期に迎えられたことから，財政上の圧迫が一層強まったのだった．

　1982年，サッチャー政権は医療処方料金の大幅引き上げを行うとともに，もう一度組織上の再編を行い，グリフィス報告にしたがって管理機構を強化し，民間経営者を迎えて効率化の「リーダーシップ」をとらせ，国営医療の解体を狙って準市場 quasy market の拡大を図った．洗濯，給食，掃除その他の業務の民間委託である．1990年の「国民保健サービスおよびコミュニティ・ケア法」は，NHSの統一的運営を危うくするものと心配された．各方面からの抗議を受けて3年後にようやく実施となったこの法によって，地域保健当局の下に置かれていた「地区保健当局」がNHSトラストとされ，

独自予算と管理者の指名がなされた．一般医は「基金を所有して」自由に病院医療を買える経済的単位になった．そしてコミュニティ・ケアは保健から外れて完全に地方自治体の責任となったからである．この措置は家庭医のチーム医療活動の前進に1つの刺激を与え，資源の有効な活用を促していると評価されている．しかし逆の選択も行われており，医療を制限される人も多くなった．NHSトラストは急性医療財源のために長期滞在施設をとりつぶしているが，地方自治体の方はまだその責任を引き受ける熱意をしめしていない．労働党は国民保健サービスの堅持と独自基金の廃止を公約して1997年に政権についたが，ブレア政権はその「穏やかな改革」の中で，「すべての人に医療を保障」する方法を再建しながら，現れでてきた前進面をどのようにして維持するであろうか．

　競争が奨励され，民営化が奨励され，不平等が奨励される中では，医療においても自由診療と社会的地位や所得に応じた医療への欲求がつよまり，先端医療への需要が増加することは無理からぬことである．国民保健サービスは財政的制約によってすべての国民に先端医療を保障してはいないことが，医療技術の低水準への停滞として批判されるが，すでに見たようにこの制度は，支払能力を持つ人が希望するならば，優秀な技術を身に付けている病院顧問医たちが病院施設内で特別医療措置を提供する独自契約を結ぶことを認めている．したがって，本当に国民保健サービスの医療水準で自分の健康を守れないと考える人には，自由診療の道は開かれているのだが，私費診療の割合は4％以下にとどまり，より下がる傾向を示している．高い水準の医療を低い費用負担で受けたいというのであれば，それは庶民の偽らざる感情ではあっても自立自助の原理に反している．医療費の国民負担が高いとか，その上昇傾向が問題だというのであれば，それはイギリスだけのことではない．社会保険医療諸国が日本をも含めて医療費の高騰に悩まされている中で，イギリスはいち早く医療供給体制を社会化しているからこそ医療費の管理が可能になっているのであり，医療費そのものはGDP比で見ると先進国の中で低い水準にとどまっているのである．

## 4. 福祉国家の第6の腕

A. ブリッグスなどによって,「福祉国家とは社会サービスを積極的に行う国家のことである」という趣旨の定義がくだされているが,第2次大戦直後に労働党が主導力を発揮し,他の諸政党がそれに協力して築き上げようとしていた福祉国家は,より積極的に社会生活の諸側面に国民最低限を設定しようとしていたのだった. その主要なものが教育,保健,社会保障,住宅,そして第5の社会サービスといわれる対人社会サービス personal social service であった.

児童や障害者や高齢者に対しては,戦前から少数ながらも彼らの生活を支援するためのソーシャルワーカーが保健省や自治体などから派遣されるようになっていた. しかし1948年始動の「国民扶助法」「国民保健サービス法」「児童法」は,対人サービス要員としてのソーシャルワーカーへの需要を一気に高めた. そしてまた,1940年代後半から50年代にかけて,貧困の廃絶と不平等の縮小,人間的尊厳の実現を目標として社会サービスは発展し整備されていったが,その恩恵を最もよく享受している人が最下層にいる人ではなく,中間くらいに位置している人であることがわかってきた. 社会保障による所得の再分配にしても,上層部から貧困な下層部への所得移転は意外と少ないことがわかってきた.

この事実は,制度さえ整えるならば,人々が自由にそれを利用して一定の水準まで自らの生活状態を引き上げることができる,としていた前提が誤りであることを教えた. 教育,保健,社会保障その他の社会サービスは,今や国民全体の制度になっているけれども,実は最も知識が少なく,最も体が弱く,社会的地位が低くて,最も選択能力や利用能力の乏しい人口部分によって最も切実に求められているのであった. 福祉国家への理想と社会的連帯感のもとに活動していた諸団体は,このような実質的不平等を放置しておくことはできなかった. 彼らの問題提起はすぐに社会的反響を呼び,対人サービ

ス要員として，また社会サービスの社会全体への，そして社会最下層への普及要員として，1950年代後半からソーシャルワークとワーカーへの関心が急速に高まったのだった．

　しかし保守党政府の対応はその場しのぎ的で遅く，1955年になってようやく「地方自治体において保健サービスと福祉サービスを担当しているソーシャルワーカー」に関する特別調査委員会が，LSEのソーシャルワーク研究者アイリーン・ヤングハズバンド議長の下に設置された．委員会の報告書は1959年に発表されたが，そこでは，地方自治体のソーシャルワーカー雇用数を大幅に増やすこと，2年過程の高等教育カレッジを設けてワーカーを養成すること，新しい資格証明書を発行すること，資格の標準を維持するために全国的な訓練を行うこと，中心的スタッフの専門訓練機関として「国立ソーシャルワーク訓練研究所」を設置することなどが提案されていた．『タイムズ』は社説で，その報告書が「適切にも福祉国家の次にくる10年の幕開けをつげるもの」と批評し，ある保守党議員はその報告書をベヴァリッジ報告以来の偉大な社会的文書と賛辞を呈し，政府スポークスマンも「偉大にして心を奪うような人間的記録」と述べた．

　ヤングハズバンドが心血を注いで書き上げた報告書は評判がよく，そこでの諸提案は1962年の「保健訪問員およびソーシャルワーカー訓練法」のなかに具体化された．彼女が予想したように，新しく開設された短いコースをとる学生は，まもなく大学で訓練を受ける学生の数を上回り，地方自治体の保健部や福祉部ばかりでなく，あらゆる種類のソーシャルワークの中に入っていった．ロンドンに「国立ソーシャルワーク研究所」が開設され，ソーシャルワークは福祉国家に不可欠の専門職として社会的認定を受け，新しい発展の段階に入った．「福祉国家の第6番目の腕が登場した」とK.ジョーンズは書いている（Jones, *op. cit*., p. 164，邦訳176ページ）．

　「ヤングハズバンドコース」は中級のソーシャルワーカーをたくさん養成したので，資格を持つスタッフを必要としている多様な場所に豊富に供給することになったが，対人ソーシャルサービスをよりよく組織化してより有効

に機能させる必要がでてきた．地方自治体だけをとっても，彼らは保健部（病気と出産を扱う），福祉部（障害者，高齢虚弱者を扱う），児童部（子供が危険な状態にある家族を扱う），教育部（学校の子供を扱う），住宅部（住宅のない家族，家賃滞納，立ち退きを扱う）の間に分散していた．

　1965年，サー・フレデリック・シーボーム議長の下に「地方自治体対人社会サービス組織調査委員会」が設置され，その報告書は68年にだされたが，そこには「コミュニティに基礎をおき，家族に適合したサービスをすべての者に与える」ために，地方自治体に新しい「社会サービス部局」をおき，あらゆる社会的ニーズに対して「全面的責任を負う」ようにすることが勧告されていた．1970年にこの勧告を下敷きとした「地方自治体社会サービス法」が成立し，翌年から各自治体は司法以外のソーシャルワークを統合する社会サービス部局をたち上げることになった．同時に，この法の下に「ソーシャルワーク教育訓練中央審査会CCETSW」が設置され，ソーシャルワーク教育と資格について一元的に責任を負うことになった．ここにソーシャルワークは一応の整理統合の段階を迎えたのだった．

　ところで，1952年のアイアン・マクロードとイノック・パウエルによるパンフレット『社会サービス—ニーズとミーンズ—』以来，保守党右派は常に「なぜ社会サービスをニードの調査をしないで与えなければならないのか」「なぜ自分で生活できる者に国の援助を与えなければならないのか」と問い続けてきたが，ソーシャルワーカーは彼らの早くからの攻撃目標の1つだった．「なぜ自分で要求しない人に与えようとするのか」「なぜ自分のことを自分でする責任を果たす自由を認めないのか」というのがソーシャルワーカーに対する彼らの問いだった．彼らは普遍的な福祉国家を「乳母車国家 nanny state」と揶揄して，人の独立心を損ない依存人口を故意に増大させる政策として攻撃し続けた．

　経済と財政の拡大が続き，また社会的連帯感が維持されていた時代には，このような主張は「ロイド＝ジョージ以前」の時代錯誤として簡単に批判されていたけれども，経済的困難が自覚され，財政にゆとりがなくなってくる

につれて，福祉国家とソーシャルワークに対する攻撃は力を増し，現実的政策に影響するようになってきた．サッチャー時代になると，ソーシャルワーク関連のものは公然と「ばかげており，不必要で浪費的」とまで非難されるようになり，その縮小と性格の変化を迫られるようになった．

　K．ジョーンズは次のように指摘している．「ソーシャルワークの性格の変化は1983年に始まった．その年の「精神衛生法」はソーシャルワーカーの仕事に強い法律的要素を持ち込み，彼らに精神病と精神障害者の入院に当たっての強制権限を与えた．社会サービス予算が縮小して行くにつれて，クライエントが地域社会で生活するのを援助する人間関係的課題によりも，これらの法的義務に重きがおかれるようになった」と．つまりソーシャルワークの「社会統制的要素」がむき出しの形で利用されるようになった．これと平行して「ソーシャルワークの重点は，ソーシャルワーカーがクライエント援助のために人間関係技術を用いる「直接サービス」から，施設（その多くが民間の）にアクセスさせはするが，人間的にクライエントと一緒に努力するのではない「間接サービス」へと大きく移行した」．「市場福祉」［福祉を市場から金で買うこと］と「非公式個人福祉」［福祉を私的に調達すること］を奨励するグリフィス報告を下敷きとした「国民保健サービスおよびコミュニティケア法」による長期滞在型疾病・長期入院者の自治体への完全移管は，こうした傾向を一層強めたのだった．

　しかし福祉を必要とする人に対する扱い方の変更は，彼らの持つニードを一時的に潜在化させることはあっても，ニードそのものをなくするわけではない．だれかがどこかでその負担を負わなければならないのである．多くの老人性虚弱者は，急速に増大した民間の高価な居住ホームや看護ホームに入ることを余儀なくされたが，彼らの自己資産が尽きた時，そのコストは結局社会保障予算の上にふりかかった．支出は単に公的部門のある部局から他の部局の予算に移されたにすぎなかった．民間業者によって提供されるケアはもっぱら施設によるものであるから，本当の意味のコミュニティ・ケアではないし，安価でもなかった．

ソーシャルワークへの敵視は，結局，社会的コストを軽減することなく，家族関係者の苦悩を媒介として民間の高価なサービスとして掘り起こされ，真のコミュニティ・ケアがあればその人自身の家庭においてずっと低いコストで行われたはずのものを，再び公的負担としたのである．

# 第14章
# サッチャー政権と福祉「改革」

## 1.「帝国」の解体と経済的低迷

　第2次大戦の戦勝国として国際舞台に現れた時，イギリスはまだ世界の強国としての体面を保っていた．しかし2度にわたる大戦の膨大な経済的負担，戦後の民族国家間の平等という世界秩序，そして国民生活優先という民主主義的思想の普及は，イギリスがその地位を維持することを次第に困難にしていった．

　戦後の冷戦体制に即応する核軍備をアメリカの要請の下に労働党政府が整備しようとした時，それは当時の国家予算を直撃して，「バターか大砲か」の論争を呼び起こしたが，その後の保守党政府も自由主義陣営の軍事的一翼を支え，また世界にまたがる「帝国」の防衛をひき継ぐことになった．しかし旧植民地の独立が進むにつれてその必要性も必然性も少なくなり，「帝国」は事実上解体していった．1956年，チャーチルの後継者だった首相アントニー・イーデンは，エジプトによるスエズ運河の国有化を阻止しようとしてフランスとともに軍事介入に踏み切ったが失敗し，イギリスの世界政策の空洞化は明らかになった．彼の屈辱的な辞任の後に登場したハロルド・マクミランは，1960年「変化の風」演説をしてアフリカ植民地の非植民地化を予告した．

　保守党左派を代表していたマクミランの登場は，イギリスの政治が外交中心から国内問題の重視に変化することを意味していた．マクミランは1931

年に公共投資が不況期に有効に働き得るとする報告書をまとめていたし，1938 年の著書『中間の途』のなかでははっきりと，無統制の資本主義よりも私企業と国家介入を結合した「混合経済」を擁護していた．彼は50年代に住宅相として実績を挙げ，経済の繁栄と「消費者の利益」を結び付けようとした．マクミランはアメリカとソ連の仲介の労を取ることによって老大国としての面目を保ちながら，より高い物質的生活水準を実現する政策を推し進めた．彼のもとで消費財産業の成長，高い賃金，容易なクレジット，持ち家，自動車の保有，海外でのホリデーが広まり，新しい美術，音楽，文学，ファッションなど文化・芸術が花開いて「わが人民にとってこんなに良い時代はなかった」との自画自賛的な主張も成されるほどだった．

しかしながら生活水準の漸次的向上がもたらされたものの，経済成長率は 2% を少し上回る程度で他のヨーロッパ諸国，あるいはアメリカや日本のそれを大きく下回っていた．国際競争力も弱まり，外貨の壁は常にイギリスの経済成長の足枷となっていた．マクミラン政府の蔵相ピーター・ソーニクロフトは消費ブームとインフレ傾向に歯止めを掛け，国際収支の改善を図ろうと試みたが，労働組合との協調を優先するマクミランは引き締めとデフレ政策に一貫して反対し，競争力強化と国際収支の改善をおろそかにしてしまった．「帝国」に代わってヨーロッパ経済共同体 EEC への加盟が経済的難局を救うかもしれないと考えられるようになってきた．

マクミラン引退後の保守党の分裂は，ハロルド・ウィルソンに率いられていた労働党を政権に復帰させることになった．ウィルソンはアトリー政府の時政府の要職を歴任し商務相をも務めたが，1951 年に政府が NHS に僅かな料金を課そうとした時，これに抗議してアナイリン・ベヴァンらとともに辞任した人だった．彼はイギリス経済の再生のために製造業を強化すること，そのために先進技術を取り入れる必要のあることを良く知っていた．彼は副首相ジョージ・ブラウンの下に経済省を設置して多くの経済学者を動員するとともに，マクミランがフランスの成功に学んで創設していた「国民経済開発審議会 NEDC」における労使協議に基づく経済発展を心掛けた．

労働党政府は強い経済への構造改革のために，製造業と採取産業への投資に補助金を与え，租税負担を軽減し，サービス業から製造業への労働移動を支援した．また「産業再編公団」によってイギリス産業の合理化を図るために，証券の買い取りや借入保証，新技術のための低利の貸付を行った．1968年の「産業拡張法」は新産業の設立や技術改善のための豊富な支援策を用意していた．しかしこれらの多様な努力にもかかわらず，政府資金はなかなか世界市場において競争力のある新製品として結実しなかった．資金は時代遅れの造船工業や自動車産業の救済に流れ込んだり，コンコルド航空機のように国際競争ではアメリカに僅かに劣り国内使用にあまんぜざるを得ない製品となったり，宇宙産業のように長期的視野でしかその成果を期待できない研究に消えていった．

　NEDCにおける経済計画もまた，イギリス経済の強化には結び付かなかった．例えば労働組合代表は，高い賃上げが可能となるように高い経済成長率を主張し，また社会サービスを担当する政府関係委員も高い公的支出が可能となるように，高い経済成長率を主張した．しかし，そのようにして掲げられた成長率は殆ど達成されることはなかった．それにもかかわらず，掲げられた成長率を前提して実現する建て前の賃上げ率や公的支出増加率をその計画以下に抑えることは極めてむずかしく，それをあえてやれば大いなる不満が当事者から表明された．経済成長を上回る賃上げや公的支出の増大の持続は次第にインフレ圧力を強めたのだった．

## 2. 労働攻勢と合意的経済運営の終わり

　政府は労働組合との関係を良好に保ってはいたが，1960年代後半から労働運動は世界的に戦闘性を増していた．好景気を背景にして労働組合は毎年の賃上げを勝ち取っていたが，ストライキにより失われる労働日数は増える一方だった．1966年，政府は「物価と所得に関する国民会議」などを設けて賃金と物価の凍結，賃金引き上げの抑制を図ったけれども，労働党と

TUCの思惑を超えて労働現場での賃上げ闘争は激化した．1969年，政府は白書「闘争に代えて」（HMSO [1969]）を出して，4週間の調停期間の設定とストライキ参加者への罰金を課す権限を持つ「労使委員会」の設置を図ったが，後者は激しい反対に遭って撤回された．

　前政権から引き継がれた消費ブームと国際収支の赤字，あるいは労働党政府の下での財政赤字と政府部門借入額の蓄積は，早速ポンド為替の危機を呼び起こし，労働党政府は国際的信用の維持のために引き締めやら借入れやらあらゆる手段を用いたが，1967年11月になってついに1ポンド2.8ドルから2.4ドルへの切り下げが行われた．新レート維持への不安から投機に対抗するための予備的融資がIMFから与えられ，IMFは公的支出の削減と通貨供給量の制限という条件を付けた．労働党の経済政策は国際的機関との協議によって大きく制約を受けることになった．インフレ圧力が国際競争力を弱めるとの観点から政府による労働組合への賃金引き上げ自粛要請がなされ続けたけれども，それにもかかわらず労働組合の闘争力は沈静化せず，1967年の平価切り下げの結果，輸入食料品価格は3％上昇したが，賃金は1970年までにその2倍以上上昇し，「賃金爆発」状況が始まったのだった．

　1970年，保守党は賃金と物価の悪循環を絶ち，公共支出を削減し市場経済を回復してイギリス経済を再生させるとの公約を掲げて政権を奪還した．しかし新首相エドワード・ヒースを迎えたのは，消費ブームのなかで賃金引き上げを求めるストライキの波だった．ヒースは法律によって労使関係を平和的なものとし，イギリス経済の再生を果たしていく中で，話し合いによって経済成長に見合った賃金引き上げを行うルールを作ろうと努力した．1971年，ヒース政府は「労使関係法」を成立させ，労使協定の枠作りを行った上で労働運動がその枠を尊重する義務を負わせようとした．しかしTUCはこれに抵抗して協定への労働組合登録を棚上げし，また「労使関係裁判所」による協定違反への罰則は，TUCによるゼネストの脅しの前に効力を失う有様だった．賃金額についてヒースは当初経営者側の力量にゆだねるつもりで介入しなかったが，69年から72年までに全産業の平均賃上げ率が10％を

超え，蔵相アントニー・バーバーによる経済拡大ブームが重なってインフレ傾向が顕著になってきた時，窮余の一策として法による「物価・所得政策」を実施した．これは1972年11月の90日の物価，賃金，家賃，利子の凍結から始め，3段階に分けて物価と賃金の上昇を抑制し，悪性インフレを抑えようとするものだった．第2段階までは大体計画どおりにいったが，それは労働者側に大きな不満を抱かせた．第3段階は1973年10月から始まったが，電力労働者の残業拒否，炭坑夫達の超過勤務拒否，その他の未公認ストライキに直面することになり，それに11月のOPECによる原油の大幅値上げが重なった．石炭の再評価を背景として強気に転じた全国炭鉱労働組合は，所得政策の監督に当たっていた政府賃金局の好意的な賃金引き上げ率の提示にも満足せず，20％以上の賃上げを求めて1974年2月からストライキにはいった．

　ヒースは「所得政策」への国民の支持を訴えて選挙にうってでたが，インフレの抑制のために労使関係を法によって規制するという主張は理解が得られなかった．保守党は得票数では勝ったが議席数で4少なく，労働党も過半数を獲得しなかったが，僅少差で第1党になり第2次ウィルソン政権が誕生した．10月再び選挙が行われ，労働党政府は辛うじて過半数を獲得した．この時の労働党の勝利は，労働党政府ならば労働組合とおりあいをつけて，労働不安を抑え，インフレを減らしうるかもしれないという以前からあった国民の期待によっていたといわれる．1973年初め，TUCと労働党は「社会契約」により労使関係を安定させ，インフレを抑えるという協定を結んでいた．それは物価を低く保つために必需品に政府が補助金を出し，それによって賃金，社会保障給付，年金などの増額を抑制し，インフレを抑えるという構想だった．

　10月の選挙に先立つ3か月間，労働党政府は価格統制，国有産業への補助金，付加価値税の軽減，食料補助金等によって，一時的に物価を凍結した．政府はまた，炭鉱労働組合の要求を入れて素早くストライキを終わらせ，「労使関係法」と法による所得政策を廃止した．これらは一時的に物価を抑

え，労使関係を落ち着かせたけれども，労働者の高まった期待に応えるものでも戦闘力を弱めるものでもなかった．イギリスの国際競争力の低下とオイル価格の上昇からくるインフレは75年には20％を超え，賃金もまた同程度引き上げられた．それでも労働者達は賃金が物価に追いついていないと感じて，さらなる賃上げ闘争を準備していた．

　労働党は「新産業戦略」を目玉に政権についたのだが，それは1960年代に彼らが追及した産業強化政策の延長だった．NEDCが恒常的な協議機関として重要な役割を果たすことになっており，1975年に設立された「国民企業局」が政府基金を適当とされる企業に投資する中心的役割を担うことになっていた．産業的革新をもたらすための政府基金，一般産業補助金は1974年から76年までそれぞれ約40％の増加，地域補助金は約60％増加した．また「社会契約」による社会的賃金改善のための費用もかさみ，公的支出のGDPに占める割合は，40％から45％程度へ，公的部門借入必要額は6％から11％へと増大した．これらの数字は，「新産業戦略」がまだ成果を生み出していないうちに国際的為替投機家の注目するところとなり，再び深刻なポンド危機をもたらすこととなった．

　1976年春，ポンドは2.4ドルから幾らか下がっていたが，1980年に石油を自給するようになるとの見通しによって2ドル以上に保たれていた．イングランド銀行は1ポンド2ドルでは過大評価であり，インフレを激化しない程度の切り下げ1.8ドルを考えていたが，それでもIMFの融資なしには1.8ドルを維持することは難しかった．しかし政府はIMFへの融資申請にためらいがあった．IMFは必ず返済を確保するために国際収支の改善措置をもとめ，それは公的支出計画の縮小をもたらすからであった．しかし，記録的な高金利政策を取ったにもかかわらず9月，10月とポンドは1.5ドルへと急落し，政府はすぐさまIMFの融資と援助を受けることを余儀なくされた．11月，政府はIMFへの「同意書簡」及び一連の声明によって，公的支出の削減，通貨量の統制，信用膨張への規制を厳格に行うことを約束した．ここに労働党の「新産業戦略」は完全に破綻したのだった．

IMFとの協定は，その後の政府による通貨，金融，財政に関する諸政策や社会政策を決定的に制約することとなり，それまでの保守・労働の両政府が依拠してきた需要管理を柱とする諸政策を180度転換することを余儀なくさせた．その意味で1976年のポンド危機は，「イギリス経済政策におけるケインズ主義時代の終焉を画し」（Peden［1985］p. 221，邦訳207ページ），また同時に，「福祉国家の拡大の終焉」（Gough［1979］p. 134，邦訳190ページ）を画したといえるのである．1976年4月からウィルソンの後を継いで首相を務めていたジェームズ・キャラハンは9月の労働党大会で次のように述べたのだった．「われわれは税を減らして政府支出を増やすことによって不況から脱出し，雇用を増やせると考えてきた．……しかしそのような選択はもはや存在しない．それが存在していた限りでは，経済の中にインフレを注入することで機能していた．それが行われる度に失業の水準は上がった．高いインフレに高い失業が続いた．それが過去20年の歴史である」（Peden, *op. cit.*, p. 221より引用）．

　第2次大戦後，アメリカを中心として築き上げられていたIMFやGATTに象徴される国際協調体制は，その枠組みを尊重して国際経済上の諸規則を順守している限りでは，それぞれの国が国内において自由に完全雇用や福祉の充実を追及することを許していた．しかし1971年のドルの兌換停止とその後の各国通貨の変動相場制への移行，1973年のオイルショックを契機とする世界的なスタグフレーション状況は，世界経済の再編成を必要とした．そしてその後も国際的な経済的力関係は変化し続けることとなり，世界経済における国際的協調の実態は著しく弱まった．国際的な経済競争が直接的に国内経済に影響するようになった．完全雇用政策や社会福祉政策，地域均衡発展政策など社会政策的課題を担い，したがって直接経済効率を引き上げるのではない政策を誠実に追及している国は，競争に敗れて国際収支上不利な立場に追いやられ，そのことが国内政策の変更を迫ることになってきたのである．1944年の「雇用白書」が指摘していたように，国際的協調体制の崩壊とイギリス経済が国内に生産力を維持してそれに対応しきれなかったこと

が，福祉国家を行き詰まらせたのだった．その意味で，この時期に長く蔵相を務めたデニス・ヒーリーが指摘しているように，福祉国家を支えたケインズ主義経済理論は相対的に閉鎖された国民経済を前提したものなのであった．

### 3. サッチャー政権の登場

　労働党政府の手による公的支出の削減や信用膨張の抑制，為替下落予防措置は，インフレの昂進を抑制する効果を発揮したが，労働党の経済運営能力に対する国民の信頼感を著しく傷つけた．「新産業戦略」の挫折や諸産業への補助金の削減は失業の増大や賃金抑制をもたらして労働不安を高め，また「社会的賃金」の改善を口実とした全般的な賃金抑制の持続は，TUCをも敵に回す結果となり，ついに1979年1月の自治体労働者100万人以上による大ストライキとなった．

　こうして労働党は，イギリス経済の衰退と国際環境の悪化を国民に強く印象づけただけで，それに対する打開策を見出すことができず，経済政策についても労働組合政策についてもその無能ぶりを暴露したのだった．「労働組合と特別の友好関係にある労働党という評判は，保健サービスにおけるストライキと他の諸紛争で暴力ピケの汚名を残した「不満の冬」のなかでひどく傷つけられたのだった」(Peden, *op. cit*., p. 215, 邦訳202ページ)．従来から国民の間に鬱積していたわがまますぎる労働組合にたいする敵意，過大な国の公共支出に対する不安，中央・地方政府機関の官僚制に対する不満は，労働党政府の失策への批判と時を同じくして噴出し，1979年3月にキャラハン首相はすでに不信任投票で敗れており，次期選挙における保守党の勝利は確実となっていた．

　1979年5月，マーガレット・サッチャーに率いられた保守党は，41多い過半数を得て政権についた．大蔵相には彼女に忠実なジェフリー・ハウが就任した．サッチャー政権は上記のような，イギリスの経済危機の深化が国民的に認識されており，それに対する労働党と労働組合の責任が問われつつあ

るという，彼女にとって極めて有利な政治的環境の中で発足した．そのために従来であればタブーとされていた政策をもあえて実施することができるようになっていた．

　サッチャー政権は「国策の事実上の転換を政策的転換として確認し，長期的な路線として打ち出すことから始まった」（栗田［1985］99 ページ）．問題は「国策の事実上の転換」の中身であった．イギリス人は長い間の経験から，経済的状況が悪い時には保守党に政権をゆだねてきたといわれるが，サッチャーによる政策の転換は従来とはその性格を異にするものだった．前保守党首だったエドワード・ヒースもまた国民経済の再建を掲げてそれを妨害する労働組合の横暴を厳しく批判したけれども，彼はまた金融資本家に対して国内投資を要請し，その社会的責任を訴える従来型の保守主義者だった．彼らは資本主義経済の優越を確信しているが，社会の安定とスムーズな発展のためには国家の介入が不可欠であり，資本主義が生み出す貧困や不平等には福祉施策が必要であると考えていた．したがって従来型の保守党政府であれば，経済的再建のために福祉の一時的縮小はありえても，それはやむをえずになされるもので経済的回復後には回復されるべきものだった．

　これに対して，サッチャーは同じ保守党に所属しながら，19 世紀的な自由主義者であり，経済への国家介入と国家福祉の拡大に原理的に反対であった．彼女はまた確固たる反社会主義者であり，妥協を排することが「信念の政治」であると信じていた．「合意政策とは，すべての信念，原則，価値，政策を放棄していく過程である」「私はボランティア運動が社会福祉政策の中心にあるべきであり，法律によるサービスは補助的なものと信じている」と彼女は語っている．したがってサッチャーのもとで経済の再建が図られるとすれば，補助金のカットも福祉の縮小も経済が回復するまでの一時的な処置ではなくなり，かえって経済への国家不介入や福祉の削減，国営企業の民営化などが経済的再建の条件とされるのである．彼女のような反社会主義的自由主義者は，自由な市場経済こそが最も効率的な福祉の源泉であると考えており，国家介入や国家福祉が市場の本来の機能を妨げているとしているか

らである．

　サッチャーによる「国策の事実上の転換」とはこのようなことであり，この点こそ多くの人々が「福祉国家の解体」と心配しており，保守党内にも隠然たる反対者が多い理由なのである．オイルショック後の経済的危機は先進国に右翼的政府を出現させたが，彼らに共通しているのは，経済的再建というスローガンを掲げながら，国民が民主的国家に寄せる期待感と福祉国家の達成物を攻撃することである．利潤や効率よりも公平や友愛を求める気風は社会民主主義的「許容社会」の産物として退けられ，「自立」「自助」を促す「新しい道徳」が提唱される．資本主義社会の興隆期のきわめて古くて具体的内容の乏しい道徳を再生させ，福祉国家に果敢に対決したのがサッチャー政権だった．

## 4. サッチャー政権の雇用政策

　サッチャー政権が敷いた長期路線は，まず何よりも経済と福祉の分野から国家責任を後退させることであり，ついで市場経済の合理性を貫徹せしめることだった．これは第1に完全雇用政策の放棄となり，第2に労使関係政策の転換となり，第3に国家福祉を変質ないし縮小させる試みとして具体化したのだった．

　すでにみたように，完全雇用政策は，ベヴァリッジが福祉国家建設の前提条件として掲げたものであり，1944年5月の連立政府による白書「雇用政策」の発表以来，歴代の政府が堅持してきたものだった．完全雇用の維持こそ，働く意思が有り能力があるすべての人に雇用の場を与えて自立した生活を可能にし，同時に福祉国家を支える社会的基盤を強化することで福祉国家の建設を現実的に可能ならしめ，貧困の拡大と社会の過度の分裂を防いできたものだった．

　ところがサッチャー政権は，戦後の政府として初めて従来の諸政策を「過去の誤り」と断じ，完全雇用政策を公然と放棄したばかりでなく，失業の増

大を容認してこれを経済再建の必要な一時的犠牲と見なし，また労働組合の攻撃力の破壊と賃金水準切り下げの手段として積極的に利用したのである．サッチャー政権の雇用政策は，1985年3月に発表された「雇用白書」の中に，その全体的な「新自由主義」的経済思想（新自由主義といわれているが19世紀末の新自由主義以前の自由主義であることに注意されたい）とともに典型的に示されている．そこでは，政権担当以来失業を急増させた自分達の責任には一切触れず，失業は過去の政府の政策が経済を弱体化した当然の結果であるとされている．「失業者数は1971年から1977年までに2倍になり，1982年までにさらに2倍になった．それは必要以上の人員を持っていた以前の隠されていた失業が表面化せざるを得なくなったものである．現在その増大はとどめられているが完全に停止したわけではない」(HMSO [1985] pp. 4-5).

彼らの「白書」によれば，失業はイギリス経済が今日の環境に適応できなかったことの反映であり，「効率的で競争的で革新的で反応的な労働市場と商品市場を持つ」諸国は経済的に成功し，失業者が少ない．「労働市場の機能を改善することがとりわけ重要である．仕事は雇用主が支払いうる賃金で働こうとしている人々がいる範囲で生み出されるからである．……自由社会における政府の中心的役割は，企業が栄えることができるような雰囲気作りをすることであり，市場の，特に労働市場の機能に対する障害物を除去することである．……経済達成能力の必要な改善をすることなくして需要を押し上げることは，より高いインフレを生み出すにすぎないであろう．要するに，政府は国民が努力するための枠組み作りに助力しなければならない」(*ibid.*, p. 1)．白書のいう「仕事を生み出す戦略」とは「仕事を求める努力を案内し支える」ことである．

第1に最も重要なのは，経済産業政策のための健全で安定した枠組みを作ることである．「雇用の持続的増大のためには企業が栄えることができ，工業と商業が競争に耐えて生産性を向上させることができるような経済環境を作ることが必要である」(*ibid.*, p. 10)．したがって最も優先されるのはイン

フレの統制である．第2に，政府はそのような経済的枠組みの中で仕事の数の増大を図るのだが，それは雇用主が労働者を雇おうとしているのを妨げたり，個々人が能力を発揮しようとする時の障害物を取り除いたり，良い技術を身に付けさせるために職業訓練を強化することなどである．これが実は彼らのいう「労働市場の改革」だった．賃金に対する「官僚的統制」，学校での職業教育や職業訓練における年少者の肉体的・道徳的保護措置，労働市場の弾力制を台無しにしている労働組合組織などが槍玉に挙げられ，「市場経済の活力」の復活のために過去の労働運動がつみ重ねてきた成果が精算されていくことになる．第3は直接政府が行うもので，「コミュニティ・プログラム」にあるような特別区域や特定グループへの具体的措置である．ここにはサッチャー流の強い国家のための治安的観点が加味されている．

この「雇用白書」はサッチャー政権の経済思想を直接的に反映するものであるが，ジム・トムリンソンは次のように評している．この白書と1944年の白書の違いは，後者が国内的な雇用政策の前提として国際貿易管理機構の協調的役割に中心的地位を与えていたのに対し，前者はそれを外部要因として統制外におき，雇用政策をそのような対外的変化に対応する供給側の効率性に限っていることである．雇用政策とはいっても，国際的な需要の維持を度外視することは，国内需要の管理も放棄することになり，供給サイドに焦点を絞ることになる．「国際的にも国内的にも両面において政府の役割は著しく狭められ，その認定された活動の成功の範囲はほとんど消失する」と(Tomlinson [1987] p. 165)．

1970年代は，政府の国内経済管理に対する国際的制約が一層過酷化したのであって，労働党ウィルソン政府のIMFへの同意書簡もキャラハン政府の不信任も，もとはといえば国際的な経済環境の悪化が，国内の経済運営を行き詰まらせたことに起因していた．しかしこのことは，国際的協調によって貿易や為替を管理して世界経済を安定させたり，国内経済の望ましい発展のために，国際経済の協調を図るというこれまでの国家が負っていた責任の放棄を合理化するものではない．各国民経済の発展とそれらの国際的な結び

付きとその深まりゆく関係は，必ず新たな段階の国際協調とそれに沿った自国経済の管理を必要とするにいたるからである．

これとは対象的に，サッチャー政権は「国際資本の国内政策に対する判断を最も高度の合理性を示すものとして」（*ibid.*, p. 170）無批判的に受け入れ，それに受動的に対応してゆくことが経済の再建であるとしている．しかし，イギリス国民のサッチャーに寄せる経済再建への熱い思いにもかかわらず，このような市場経済主義の復活はイギリス経済を強めることにはならないであろう．なぜならば，イギリス国民経済の衰退を示す，輸出，生産性，産業投資の落ち込みは，イギリス資本の海外投資と自国内の「産業空洞化」に原因があるのに，サッチャーの社会市場戦略は金融資本の海外投資を規制しようとはせず，逆に国内不採算部門を放棄して多国籍化へむかっている資本の自由を一層拡大するものだからである．A. ギャンブルが指摘したように，サッチャー政権は「衰退する国民経済と繁栄する多国籍経済との併存……を受け入れ，イギリス製造業の基盤を復活させる希望を事実上放棄し……競争相手の国家的な企業に対抗するためにイギリスを1つの『企業体』として考える希望を事実上放棄した戦後最初の政府」（ギャンブル，訳書［1987］312ページ）になったのである．

## 5. 労働組合との対決

景気の後退と大量失業の持続は，政府の完全雇用への責任放棄とあいまって，労使の力関係を大きく変えるのに役だった．サッチャー政権の次の課題は「再資本主義化戦略」の遂行を妨害するであろう組織労働者のを打ち破ることと，これまでの労使関係を抜本的に変更することだった．

そのための戦略は，保守党によって1970年代の初めから練り上げられ，周到に準備されていた．それは次のようなものだった．産業の再編成と国家福祉の縮小に対する最大の反対勢力は，国有産業の組織労働者であり，最も可能性の高い戦闘の場は石炭産業となろう．次回はヒース政府の下での失敗

を繰り返してはならないと（Novak [1988] p. 185）．

　サッチャー政権が1980年に成立させた「雇用法」は，労働組合の力に制約を加えるとした保守党の選挙公約を具体化したもので，そこでは労働組合の役員選挙やスト権確立時の組合員全員投票の義務付け，クローズドショップ要件の厳格化，2次ピケットの禁止，組合不加入の自由，投票への公費助成，「雇用保護法」中の公正賃金条項の廃止などが規定された．これらは，強力で戦闘的な組合の団結力と闘争力を殺ぎ，賃金引き上げをおさえ込もうとするものだった．82年の「雇用法」と84年の「労働組合法」は，従来組合活動の自由と刑事上・民事上の免責条項を中心に成り立っていた労働法を大きく転換した．それらは，クローズドショップの事実上の禁止，争議の範囲の限定，ストライキの非合法化の可能性，ストライキ不参加の権利の保証，未通告争議への賠償責任，ピケット要員の制限などを規定したのだった．「産業別組合が従業員の代表として機能するために作り上げてきた組織的条件は解体され，個人的利益を主張して他の労働者との連帯を断ち切ろうとする労働者には今や十全の条件が与えられた」（栗田，前掲書，117ページ）と評価されている．

　新しい「労働組合法」においては，労働組合内部のことに法的規制が介入することになった．組合役員は5年ごとに秘密投票により選出するとか，争議行為が免責される条件として参加者全員の投票で過半数の支持があることを要すとか，労働組合費の政治資金としての流用を禁ずるとかが規定された．労働者の団結権と団体行動権を保証すべき「労働組合法」の中にこのような条項が加えられたのは，「組合員をして組合員と戦わしめる」ためであり，労働組合としての団結をむずかしくするものだった．労働市場の自由な機能を妨害して賃金をつり上げ，国家政策にも無遠慮に介入して経済的達成を妨げる「強すぎる労働組合」は，このような新しい法律によって徐々にその弱体化を余儀なくされていった．労働組合内部の対立の公然化は争議行為に入ることをむずかしくし，また争議行為において致命的となった．

　市場経済の正常で効果的な働きを回復するために労働市場の障害物を取り

除くという課題は，強力な労働組合を抱える国有企業をどのようにして改革してゆくかという課題と深く結び付いていた．国有企業に市場経済の原理を取り入れるためには，労働組合との妥協を排して経営権を確立し，赤字体質を払拭することが必要であり，さらに市場経済の全面的貫徹のために国有企業そのものをなくしてゆくことが必要だった．1980年代に国有企業の管理者として凄腕の民間経営者が招かれたり，黒字経営のものを含めて国有企業が「民営化」されるのは，サッチャーの「新自由主義」的理念の具体化なのだった．

「組織労働者の力を打破するための保守党戦略の準備と計画は，1984年に，20世紀における最も過酷で長期にわたった争議の中で身を結ぶことになった」(Novak, *ibid*., p. 186)．全国炭鉱労働組合は，国有石炭局の20炭鉱閉鎖，2万人解雇計画に反対して1984年3月10日からストライキにはいった．当初炭鉱労働組合は組合員の強い支持を受けていたけれども，ストが予想を超えて長期化するにつれて組合員の間に意見の違いが表面化し，ピケットラインでの対決事件などが起こってきた．炭労ノッチンガム州支部はスト権確立投票の回避を不満として新しい労働組合を作って分裂し，全国炭鉱労組のなかからもスト離脱者が相次ぐようになった．サッチャー政権による「雇用法」はフライング・ピケットと，同情ストを巧みに禁止しており，「労働組合法」はこのストライキを違法ストとして組合財産を没収した．1980年の「社会保障法」第6項は，ストライキ中の労働者の家族に対する緊急手当ての支給を廃止していた．大量失業を背景として他の組合からの支援も十分に受けられず，政府の強権的弾圧にさらされて組合財政は逼迫し，生活に困窮した炭坑夫達は1985年1月には約40％が職場に復帰する有様だった．3月5日炭鉱労働組合は力尽きて敗北した．ストライキの全期間を通して政府は解決のための介入を拒否し，交渉による決着を呼び掛けようともしなかった．1984年末，サッチャー首相は労働組合の力の「ロールバック」と，ブリティシュ・テレコムの民営化の「業績」により，その年の「資本家賞」を与えられた．

サッチャー時代にはイギリスの製造業の著しい縮小がみられた．手元の資料によれば，1971年と1991年を比較した場合，全産業の就業者数は2370万人から2350万人と余り変化はないが，製造業では813万人から483万人へと激減している．鉄鋼，石炭，繊維，自動車，造船などで減少幅が大きいが，労働組合組織率もこのような産業において高かったことから，労働組合員数も激減しており，女性を含めた組織率は1979年の55％弱から85年の40％，90年の35％へと低下し，95年には30％に近づいている（Halsey et al. [2000] pp. 284, 310）．労働組合は相当の打撃を受けたといってよいであろう．

## 6. 社会保障改革

　イギリスの経済的困難の元凶を過大な公的支出にみるサッチャー政権は，当初からその削減を主要な目的としていたが，無謀な経済政策と「強い国家」のための支出は，かえって公的支出を増大させることになった．削減対象である社会サービス支出は，「急進的改革」の悪影響を後始末する必要上，縮小解体することができなくなったというべきであろう．

　社会保障支出は，サッチャー政権が政策的に生み出した大量失業と貧困の拡大に対応して大幅に増大し，1988年まで公的支出中の割合を高め，1987年まではGDP比率さえ高めたのだった．とはいえ，R. ペリーが指摘しているように，「公的政策は一定の限界内での変更によって操作され，公的部門の意思や範囲は縮小された．焦点は被雇用者への報酬の削減とか，所有権や所有形態の変更，あるいは公的サービスを受ける権利の制限だった．これらすべてを合わせると，サッチャー政権はヒース政権の制度いじりよりもはるかに実質的な変化を確実にやり遂げた」（Flora [1986] p. 226）．それが公務員賃金の「絞り上げ」であり，民営化であり，公営住宅売却であり，補足給付住宅手当ての自治体移管であり，社会サービスの外注化だった．

　可能なところから国家責任の後退や「効率化」のための制度改革が行われ

た．1980年に補足給付委員会は廃止されて保健社会保障省の直轄となり，給付は厳格化された．給付のカットも少しずつ進んだ．80年には老齢年金の賃金比例引き上げは廃止されて物価比例に後退し，81年には短期給付の所得比例部分が廃止された．82年から「グリフィス報告」に基づく保健サービスの効率化がはかられるようになった．財政窮迫を理由とする普遍主義からの後退と相対的貧困是正措置の廃止，すなわち社会保障による不平等の縮小という意図の放棄である．しかしファウラーによる「第2次大戦後最大の抜本的検討」が行われたにもかかわらず，社会保障制度の大枠と物価スライドは維持せざるを得なかった．「ファウラー報告書」の本命だった国家所得比例年金制度の廃止提案は，広範な反対に遭って撤回されたのだった．社会サービス支出，特に社会保障支出は「急進改革」下のイギリス社会の安定の維持という重要な役割を果たしたのであり，その将来にわたるコスト圧力は公的支出の削減をほとんど不可能にしたのだった．

　もう1つサッチャー政権が当初から力を注いだのが，社会保障を経済的再建の妨げとならないようにすることであり，その対象がストライキ参加者，失業者，青少年であった．政府は社会保障給付が労働へのインセンティブを破壊するとして，給付の厳格化を強調したが，これらの人々に対して特に厳しい措置が取られた．スト参加者への給付には歴史的に厳しい制限が付されてきたが，一定の条件の下においては本人の緊急必要一時金，扶養家族への週給付が許されることがあった．炭鉱労働組合は1970年代の2度のストライキ闘争の際に，これを積極的に利用した．しかし先にみたように，1980年の社会保障法は「ストライキ参加者に支給される金を絶つ」という目的で第6項を入れて緊急一時金を廃止し，扶養家族への支給金を絶ってしまった．炭鉱労働者の歴史的な敗北には，サッチャー政権の労使関係諸法とともに社会保障改革も一役買ったのだった．

　労働市場の機能を十分に発揮させるためには，労働力商品の売り手が自ら進んで労働市場に登場することが必要であるが，彼らに何らかの生活保障措置が与えられているとすれば，彼らはその間労働市場に姿を現さないであろ

う．失業者の生活が失業給付や補足給付によって守られている限り彼らは求職に熱意を示さず，かえって社会保障給付に依存しようとするであろう．失業者が国によって生活を保障される権利を持つことが，労働市場の機能をゆがめている．サッチャーがイノック・パウエルとともにそのような権利を否定するのはいうまでもないが，現にある失業給付の金額と期間を削減することが必要だった．そうでなければ失業者は低賃金や不安定雇用を受け入れようとはしないからである．

「私は失業給付の追加分を削ったのは正しかったと思う．なぜならば就業者と失業者の差は大きくするほどよいと考えるからである」（Novak, *op. cit.*, p. 183）とサッチャーは語った．政権担当2年以内に，2人の子供を持つ失業者一家への国家給付は約40％減ったと報じられた（*ibid.*）．大量失業の持続は，1年を超えて失業している者への給付を失業給付から補足給付に移行させた．失業者への補足給付は病人や高齢者より額が低く厳格だったが，係官による自由裁量手当が付くことが多かった．1980年法によりこの裁量権は狭められ，細かな規則に代わった．しかし，再びこの規則適用者が増えて半数を超える中で1986年法が成立し，補足給付はインカムサポートとなった．これにより，学生は受給資格を失い，25歳未満のものは減額，失業者は標準額のみの支給となり，自由裁量手当ては廃止された．A.B. アトキンソンは，失業者へのインカムサポートの適用を，権利性，資産調査，支給額の点で保険給付にはるかに劣っていると評し，労働者を悪条件の雇用のなかに押し出すものと指摘しているが，それこそがサッチャー政権の狙いなのであった（Atkinson [1989] pp. 145-6）．

1980年代初め以来大きな社会問題となっている若者の失業を，サッチャーは「自らの選択」と評して非難し，唯一の解決策は彼らの高すぎる期待感を低めてどのような仕事にでも就労するようにすることだと主張した．「マンパワーサービス委員会」の下で若者達の就労計画が作られ，どのようなものであろうとも「労働と訓練の経験にさらされることが必要」とされて，彼らは「最低賃金制」の保護から外されることになった．彼らは衛生や安全上

問題のある職場にさえ送り込まれ，逆に彼らを雇う雇用主に補助金が支給されるようになった．「現代のスピーナムランド」といわれる特異な供給サイドの雇用政策は，文字通り若者を労働市場の中に追い立てるものであり，サッチャー政権の下で急速に拡大した底辺的労働市場になじませようとするものだった．

　サッチャー政権が11年間追及した「社会的市場戦略」は，富裕者と貧困者の格差を拡大しただけでなく，労働者内部にも職種による格差を大きくし，また就労者とそれ以外の労働者の格差をも広げた．安定的な職場で従来どおり雇用を確保している中核的労働人口は，実質賃金の上昇を享受し，社会サービスの削減にも一部負担の導入にも耐え得ているが，その他の労働人口，特に200万人を超す失業者，パートタイムを含む不安定就業者，若年労働者，病弱者，老齢者，未婚の母，黒人等々は，これまでも不十分であった国家的保護を次第に奪われ，「自立自助」を強要されたのだった．

## 7. 経済的衰退の加速とサッチャー時代の終わり

　1979年，83年，87年と保守党はサッチャーの主導力の下で連続して選挙に勝ち，92年にもジョン・メージャーの下で勝ったけれども，得票率は最初43.9％，2回目42.4％，3回目42.2％，4回目41.9％であり，これは野党である労働党と自由党，あるいは労働党と自由党・社会民主党連合，あるいはまた労働党と自由民主党の得票率の合計を常に下回っていた．イギリス独特の小選挙区制が議席数において保守党に過半数以上を与えたわけだが，保守党の勝利はまず有力野党の分裂が続いたことと，なによりも国民が経済再建を保守党の強力なリーダーだったサッチャーに託そうとしたことだった．

　サッチャーの経済政策の基礎となっているフリードリヒ・フォン・ハイエクやミルトン・フリードマンのマネタリスト理論とは，もともと経済の自然的秩序が存在し，それを守りそれに従っていくことが最も合理的・効率的に経済的成果を獲得する方法であると考えている．したがって国家は社会の枠

組みと治安を守ることを中心とすべきで小さいほどよく，自然的に形成されている市場経済に対しては中立的であるべきだとするのである．しかし現実の経済は，政治的思惑によって過度の国家介入を受け，本来の合理性を発揮できないでいる．インフレという現下のイギリス経済の困難もここに起因しているのであり，この状態から脱却することがイギリス経済を再生させる方途である．このような前提に立って，フリードマンやミンフォードは下院委員会において，デフレ政策による生産高と雇用の若干の減少の後に経済は順調な回復を示すようになる，と証言した．1981年，失業者が200万人を超えた時，サッチャーは「それによって生産性は上昇し，イギリスは真に効率的な状態になる」と語っていたのだった．

しかしマネタリスト達とサッチャーの時代錯誤的な政策は，イギリスの相対的に弱い製造業を急速に衰退させたけれども，期待していたようなそれに代わる強い産業を生み出しはしなかった．高金利政策によって外貨は流入したものの，それは再び銀行を通して海外に投資され国内産業をはぐくむことはなかった．サッチャーの支持者達は，1980年末の製造業生産高のボトムを基準として生産性の急向上を主張するが，1987年まで総生産高は79年の水準を超えなかった．それは全く雇用の増加を伴わない生産性の向上だった．

製造業基盤の腐食は，1982年から，イギリスを工業製品の輸出国から輸入国にかえてしまった．この時期にイギリス経済に脱工業化が定着していった．この結果は長期的な国際収支の赤字問題としてのこった．失われた製造業部門の雇用はサービス部門の拡大によって補われるといわれ，確かにサービス部門の労働者は増加したが，この多くがパートタイムと低賃金，しかも不安定職種だった．1985年に320万人が失業していたが，これはサッチャー主義者のいう83年から88年までの急速な経済的回復期においてのことだった．「これはイギリスが今や衰退の新しい危険な局面に向かって動いている指標だった．その意味は，国際収支の大赤字，男性の大規模失業が社会の恒常的な姿になったということである」(Pugh, *op. cit.*, p. 237)．

サッチャー政権の最も中心的な目的は，国家の役割を減らして所得税を下

げることだった．しかし失業の史上最大の増加とその社会的コストは公的支出を削減することを許さず，直接税の減税は消費税の増税で埋め合わせるより他なかった．その結果は，公約とは反対にイギリス人の税負担は増大したのだった．1979年以前の政府は，GDPの35%を税として徴収していたのに対し，サッチャー時代には37-8%を徴収していた．税制変更は富んだ人から貧しい人へと負担を移したので，税による所得再分配の歴史的な傾向は逆転したのだった．財源不足の穴埋めに利用されるようになったのが，国有財産の売却と国有企業の「民営化」だった．国有財産は安く売られたので，それを買う余裕を持つ国民には受けはしたが，それは政府による効率のよい金集めである反面で，一度きりのものだった．

　政府は地方自治体に対する統制力を強め，逆に財源の委譲を狭めたので，困った自治体は指示されるままに公営住宅などの財産を売り払った．国の住宅支出は著しく縮小したので新しい公営住宅は激減した．その結果1987年に37万人がホームレスとして登録された．貧困者は増大し，都市に多くの乞食が再現し，犯罪は1979年から90年までに約2倍に増えた．「サッチャー首相の終わりまでに，イギリス社会は，産業革命以来みたことのない種類と広がりを持つ社会的緊張の下で崩壊し始めていた」(*ibid*., p. 238)．

　サッチャー夫人を政権から追い落としたのも，1987年の地方税を「人頭税」にかえようとする主張だった．それは全く不公平な課税形態であったから，国民の広い反対を受けていた．「人頭税」は強引に導入されたが，2年以内に国の多くの部分で集めることができなくなった．1990年，経済政策の誤りが次々と悪い結果を伴って明らかになってきた時，保守党内部から反乱が起こった．ジェフリー・ハウがヨーロッパ為替機構への加入を主張してそれに反対しているサッチャーを非難し，次回選挙において彼女の下では勝てないと判断した保守党員が彼女を引きずり下ろしたのだった．1990年11月22日サッチャーは辞任した．ジョン・メージャーが首相に就任することで保守党は政権を維持したけれども，国民生活の抜本的再建と社会的調和の回復という重い課題が後に残されたのだった．

# 参考文献

**外国語文献**

Ashley, William [1949] *The Economic Organisation of England*, 3rd Ed., Longmans, Green and Co. (1st Ed. 1914).

Atkinson, A.B. [1989] *Poverty and Social Security*, Harvester.

Beveridge, Sir William [1978] *Social Insurance and Allied Services*, Reprinted. His Majesty's Stationery Office 1942. (山田勇三監訳『ベヴァリジ報告 社会保険および関連サービス』至誠堂，1970 年)

Bland, A.E., Brown, P.A. and Tawney, R.H. [1914] *English Economic History, Select Documents*, G. Bell and Sons, 15th Impression. (浜林正夫・篠塚信義・鈴木亮編訳『原典イギリス経済史』御茶の水書房，1967 年)

Blaug, Mark [1963] "The Myth of the Old Poor Law and the Making of the New", *Journal of Economic History*, Vol. XXIII.

Booth, Charles [1969] *Life and Labour of the People in London*, Vol. 2, Augustus M. Kelley (1st Ed. 1891)

Brinkley, D. and Facey-Crowther, D.R. (eds.) [1994] *The Atlantic Charter*, Macmillan.

Bruce, Maurice [1968] *The Coming of the Welfare State*, 4th Ed., B.T. Batsford (1st Ed. 1961) (秋田成就訳『福祉国家への歩み』りぶらりあ選書，法政大学出版局，1984 年)

Bruce, Maurice [1973] *The Rise of the Welfare State, English Social Policy, 1601 -1971*, Weidenfeld and Nicolson.

Bullock, Alan and Shock, Maurice (eds.) [1966] *The Liberal Tradition from Fox to Keynes*, Adam & Charles Black.

Chambers, J.D. [1961] *The Workshop of the World*, Oxford Univ. Press. (宮崎犀一・米川伸一訳『世界の工場』岩波書店，1966 年)

Churchill, Winston S. [1973] *Liberalism and the Social Problem*, Haskell House.

Cole, G.D.H. [1948] *A Short History of the English Working-Class Movement 1789-1947*, George Allen and Unwin. (林健太郎・河上民雄・嘉治元郎訳『イギリス労働運動史』岩波書店，1952 年)

Cole, G.D.H. and Postgate, R. [1946] *The Common People 1746-1946*, 2nd Ed., Metuen.

Cook, Chris and Stevenson, John [1996] *Modern British History 1714-1995*, 3rd Ed., Longman.
Cootes, Richard J. [1966] *The Making of the Welfare State*, Longman. (星野政明訳『イギリス社会福祉発達史』風媒社, 1977年)
Cowherd, R.G. [1977] *Political Economists and the English Poor Laws*, Ohio Univ. Press.
Eden, Frederic M. [1966] *The State of the Poor*, Augustus Kelley (1st Ed. 1797).
Engels, Friedrich [1975] *The Condition of the Working-Class in England*, in *Collected Works*, Vol. 4, Progress. (『イギリスにおける労働階級の状態』大内兵衛・細川嘉六監訳『マルクスエンゲルス全集』第2巻, 大月書店, 1960年, 所収)
Feiling, Keith [1946] *The Life of Neville Chamberlain*, Macmillan.
Fielden, John [1970] *The Curse of the Factory System*, Reprinted E.J. Morten (1st Ed. 1836).
Flora, Peter (ed.) [1986] *Growth to Limits*, Vol. 2, Walter de Gruyter.
Fraser, Derek [1973] *The Evolution of the British Welfare State*, Macmillan (2nd Ed. 1984).
George, Victor [1968] *Social Security, Bevaridge and After*, Routledge & Kegan Paul.
George, Victor [1973] *Social Security and Society*, Routledge & Kegan Paul.
George, Victor and Wilding Paul [1984] *The Impact of Social Policy*, Routledge & Kegan Paul.
Glynn, Sean and Booth, Alan (ed.) [1987] *The Road to Full Employment*, Allen & Unwin.
Gough, Ian [1979] *The Political Economy of the Welfare State*, Macmillan. (小谷義次訳『福祉国家の経済学』大月書店, 1992年)
Halsey, A.H. and Web, Josephine [2000] *Twenty-Century British Social Trends*, Macmillan.
Ham, Christopher [1992] *Health Policy in Britain*, 3rd Ed., Macmillan.
Hamilton, Henry [1947] *History of the Homeland, The Story of the British Background*, George Allen and Unwin.
Hammond, J.L. & B. [1967] *The Village Labourer 1760-1832*, Augustus M. Kelley (1st Ed. 1913).
Harris, Jose [1977] *William Beveridge, A Biography*, Clarendon.
Hill, C.P. [1961] *British Economic and Social History 1700-1939*, 2nd Ed., Edward Arnold.
Himmelfarb, Gertrude [1984] *The Idea of Poverty, England in the Early Industrial Age*, Alfred A. Knopf.

HMSO [1944] *Employment Policy*, Cmd. 6527.
HMSO [1959] *Improvements in National Assistance*, Cmd. 782.
HMSO [1969] *In Place of Strife*, Cmd. 3888.
HMSO [1987] *Employment, the Challenge for Nation*, Cmd. 7474.
Hobsbawm, Eric J. [1974] *Labour's Turning Point 1880-1900*, 2nd Ed., The Harvester.
Hopkins, Eric [1979] *A Social History of the English Working Classes 1815-1945*, Edward Arnord.
Hutchins, B.L. and Harrison, A. [1911] *A History of Factory Legislation*, P.S. King. (大前朔郎他訳『イギリス工場立法の歴史』新評論, 1976年)
Hutchison, Keith [1966] *The Decline & Fall of British Capitalism*, Archon Books.
Inglis, Brian [1971] *Men of Conscience*, Macmillan.
James, Rhodes Robert [1978] *The British Revolution, British Politics 1880-1939*, Methuen.
Jenks, E. [1930] *An Outline of English Local Government*, 7th Ed., Methuen (1st Ed. 1894).
Johnson, Arthur H. [1909] *The Disappearance of the Small Landowners*, Oxford Univ. Press.
Jones, Kathleen [1994] *The Making of Social Policy in Britain 1830-1990*, 2nd Ed., The Athlone. (美馬孝人訳『イギリス社会政策の形成 1830-1990』梓出版社, 1997年)
Knott, John [1986] *Popular Opposition to the 1834 Poor Law*, St. Martin's Press.
Leonard, E.M. [1900] *The Early History of English Poor Rerief*, Cambridge Univ. Press.
Lipson, E. [1920] *An Introduction to the Economic History of England*, A. & C. Black.
Lipson, E. [1959] *The Growth of English Society*, A Short Economic History, 4th Ed., A. & C. Black (1st Ed. 1949).
Longmate, Norman [1968] *The Workhouse*, Hutchinson.
Marshall, T.H. [1975] *Social Policy in the Twentieth Century*, Hutchison. (岡田藤太郎訳『社会政策―二十世紀英国における―』相川書房, 1981年)
Martin, Bernice [1969] "Leonald Horner, a Portrait of an Inspector of Factories", *International Review of Social History*, Vol. 14.
Marx, Karl [1962] *Das Kapital*, Vol. 1, Dietz. (全集刊行委員会訳『資本論』第1巻, 大月書店, 1968年)
Morgan, K. [1984] *History of Britain, 1789-1983*, George Allen and Unwin.
Morgan, Kenneth [1978] *The Age of Lloyd-George, The Liberal Party and British Politics, 1890-1929*, 2nd Ed., George Allen and Unwin.

Novak, Tony [1988] *Poverty and the State, An Historical Sociology*, Open University Press.
Owen, Robert [1972] *A New View on Society and other Writings*, Everymans (1st Edn. 1813-4). (揚井克己訳『新社会観』岩波書店, 1954 年)
Parker, Rowland [1975] *Common Stream*, Granada.
Peden, George C. [1985] *British Economic and Social Policy — Lloyd-George to Margaret Thatcher*, Philip Allan. (美馬孝人訳『イギリス経済社会政策史』梓出版社, 1990 年)
Pelling, Henry [1963] *A History of British Trade Unionism*, Penguin.
Pound, John [1971] *Poverty and Vagrancy in Tudor England*, Longman.
Poynter, J.R. [1969] *Society and Pauperism, English Ideas on Poor Relief, 1795-1834*, Routledge & Kegan Paul.
Pugh, Martin [1999] *Britain since 1789, A Concise History*, Macmillan.
Rimlinger, Gaston von [1971] *Welfare Policy and Industrialization in Europe, America and Russia*, John Wiley.
Robson, William A. (ed.) [1943] Social Security, George Allen & Unwin.
Rodgers, Brian [1969] *The Battle against Poverty*, 2 vols., Routledge & Kegan Paul. (美馬孝人訳『貧困との闘い』梓出版社, 1986 年)
Rose, Michael [1972] *The Relief of Poverty 1834-1914*, Macmillan.
Rowntry, Seebohm [1901] *Poverty, A Study of Town Life*, Macmillan. (長沼弘毅訳『貧乏研究』㈱千城, 1975 年)
Rule, John [1986] *The Labouring Class in Early Industrial England 1750-1850*, Longman.
Schweinitz, Karl de [1975] *England's Road to Social Security*, Perpetua Book (1st Ed. 1943).
Semmel, Bernard [1960] *Imperialism and Social Reform*, George Allen and Unwin. (野口建彦他訳『社会帝国主義史』みすず書房, 1982 年)
Smiles, Samuel [1958] *Self-Help*, John Murray Centenry Edition (1st Ed. 1859). (竹内均訳『自助論』三笠書房, 1985 年)
Stone Gilbert [1921] *A History of Labour*, George G. Harrap.
Thompson E.P. [1968] *The Making of the English Working Class*, Penguin Books.
Tomlinson, Jim [1987] *Employment Policy 1939-1955*, Clarendon.
Townsend, Joseph [1971] *A Dissertation on the Poor Laws*, University of California Press (1st Ed. 1786).
Webb, Sidney & Beatrice [1920] *The History of Trade Unionism*, Revised and Extended Longmans. (荒畑寒村監訳『労働組合運動の歴史』日本労働協会, 1973 年)
Williams, Francis [1949] *Fifty Years' March, The Rise of the Labour Party*,

Odhams Press.（鈴木茂三郎訳『五十年の前進』実教出版，1950 年）

### 日本語文献（五十音順）

ILO［1972］『社会保障への途』塩野谷九十九・平石長久訳，東京大学出版会．
一圓光彌［1982］『イギリス社会保障論』光生館．
内海義夫［1959］『労働時間の歴史』大月書店．
オーウィン，チャールズ・スチュアート［1978］『イギリス農業発達史』三沢嶽郎訳，御茶の水書房．
オーエン，ロバート［1961］『オウエン自叙伝』五島茂訳，岩波書店．
小川喜一［1961］『イギリス社会政策史論』有斐閣．
ギャンブル，アンドリュー［1987］『イギリス衰退100 年史』都築忠七・小笠原欣幸訳，みすず書房．
栗田健［1985］『現代イギリスの経済と労働』お茶の水書房．
スミス，アダム［1966］『諸国民の富』大内兵衛・松川七郎訳，岩波書店．
角田豊［1965］『社会政策講義』未来社．
竹内幹敏［1960］「市民革命の農業＝土地問題―イギリスの場合―」大塚久雄・高橋幸八郎・松田智雄編『西洋経済史講座』第 4 巻，岩波書店．
戸塚秀夫［1966］『イギリス工場法成立史論』未来社．
テーケイ，フィレンツ［1969］『社会構成体論』羽仁協子・宇佐美誠次郎訳，未来社．
トーニー，リチャード・ヘンリー［1956］『宗教と資本主義の興隆』出口勇蔵・越智武臣訳，岩波書店．
バーク，エドマンド［1955］「穀物不足にかんする思索と詳論」永井義男訳，世界大思想全集 9，河出書房．
浜林正夫［1959］『イギリス市民革命史』未来社．
ペイン，トマス［1971］『人間の権利』西川正身訳，岩波書店．
ベヴァリッジ，ウィリアム・ヘンリー［1975］『強制と説得』伊部英男訳，至誠堂．
ペティ，ウィリアム［1955］『政治算術』松川七郎訳，岩波書店．
ペリング，ヘンリー［1982］『新版イギリス労働組合運動史』大前朔郎・大前真訳，東洋経済新報社．
ホブズボーム，エリック・ジョン［1968］『市民革命と産業革命』水田洋・安川悦子訳，岩波書店．
ホブスン，ジョン・アトキンソン［1951］『帝国主義論』矢内原忠雄訳，岩波書店．
マルサス，トマス・ロバート［1935］『初版 人口の原理』高野岩三郎・大内兵衛訳，岩波書店．
ミル，ジョン・スチュアート［1960］『ミル自伝』朱牟田夏雄訳，岩波書店．
モア，トマス［1957］『ユートピア』平井正穂訳，岩波書店．
山中篤太郎［1947］『労働組合法の生成と変転（増補版）』同文舘．
山中篤太郎［1954］『イギリス労働運動小史』同文舘．

リカードゥ,デーヴィッド［1952］『経済学及び課税の原理』小泉信三訳,岩波書店.

# 索　引

## あ行

ILO　188-190
アウトリリーフ（院外救済）　49, 80
アシュレー，アントニー　90, 93, 94-6
アスクィス，ハーバート　152, 153, 155, 161, 165, 167
アディソン，クリストファ　166, 167
アトリー，クレメント　185, 204
アローワンス制　49, 50
イーデン，フレデリック　8, 36, 48, 58-60
ウィットブレッド，サムエル　49, 58
ウィルソン，ハロルド　234, 239
ウェッブ，シドニー　119, 158, 204
ウェッブ，ベアトリス　134, 158, 159, 204
エリザベス貧民法　23, 24, 29, 46
オーエン，ロバート　30, 86-8, 94, 108, 117
オーストラー，リチャード　88, 89, 93
大河内一男　2
オズボーン判決　127

## か行

囲い込み　41-5, 50, 58
キャンベル＝バーナマン，ヘンリー　152, 153
窮民　59, 60, 78, 80
ギルバート，トマス　38-40, 45
グラッドストン，ジョン　99, 102, 104, 145-50
ゲッデスの斧　166, 168
公衆保健　103, 105
工場法　83, 85, 87-91
国民経済開発審議会（NEDC）　234, 235, 238

国民最低限　157, 215-7
国民扶助法　206
国民保健サービス法（NHS）　200, 206, 220-6
国民保険法　160, 161, 163, 164, 200, 206
ゴドウィン，ウィリアム　46, 50, 68
コルクホーン，パトリック　60, 70
雇用白書　201, 239, 243, 244

## さ行

「再資本主義戦略」　245
最低賃金制法　156
サッチャー，マーガレット　225, 240-53
サドラー，マイケル　89, 90
産業革命　83
三角同盟　169
失業保険制度　155, 163, 164, 174-7, 195
失業法　179
失業保険法制委員会　180
失業扶助局（UAB）　180, 181
シーニョア，ウィリアム　77, 91
社会保障法　188, 189
住宅問題　105, 106
職業紹介所法　156
新型組合　109
「新自由主義」　243, 247
人頭税　253
新労働組合主義　115, 117, 121, 122
人民予算　128, 161, 162
スマイルズ，サムエル　132
スピーナムランド制　47, 50, 79, 80
スミス，アダム　49, 53, 56-8, 69, 74
角田豊　2
ゼネスト　168

261

疎開 187, 188

## た行

大西洋憲章 190
タウンゼント, ジョセフ 61-4
タフヴェイル判決 124-6
ダンケルクの撤退 186
団結禁止法 47, 107
血の立法 17, 18
チャーチスト 93, 95, 96, 102, 108
チャーチル, ウィンストン 153-7, 160, 163, 164
チャーチル, ランドルフ 102, 154
チャドウィック, エドウィン 90, 91, 105
チェンバレン, ジョセフ 101, 102, 106, 131, 142, 146, 147, 149, 151, 155
チェンバレン, ネヴィル 177, 203
定住権(退去)法 28, 29, 67
ディズレーリ, ベンジャミン 101, 103, 106
デフォー, ダニエル 32, 34
ドックストライキ 120, 121

## な行

農業革命 16, 25, 41
農奴 7-10

## は行

バーク, エドマンド 46, 53, 54, 56, 58-60
ハーディ, ケア 119, 123
バーネット, キャノン 81
ハンウェイ, ジョナス 37, 38
ハンガーマーチ 181-3
ピット, ウィリアム 49, 50, 53, 58
福祉国家 6, 190, 202, 205-8, 227, 228, 230, 239, 240, 242
ブース, ウィリアム 152
ブース, チャールズ 134, 135, 155, 158
フェビアン協会 119, 123, 192
浮浪(民) 10, 13-7
ペイン, トマス 46, 47, 50-3

ベヴァリッジ, ウィリアム 154, 191-201
ベヴァン, アナイリン 204
ベヴィン, アーネスト 172, 185, 204
ベンタム, ジェレミ 58, 70, 74-7, 79-92
封建社会 7, 8
ボーア戦争 140-4
ホーナー, レオナード 91, 92, 94, 96
ホブスン, ジョン 140, 141, 147
ホルマングレゴリー委員会 176, 178, 179

## ま行

マルサス, トマス 60, 61, 63-71, 76, 77, 80, 87
マンデヴィル, バーナード 55, 56
ミル, ジェームズ 70, 71, 76
ミル, ジョン・スチュアート 70, 76, 119, 144
メーデー 98
モア, トマス 14, 15

## や行

ヤングハズバンド, アイリーン 228

## ら行

ラウンズマン制 50
リカードウ, デーヴィッド 71-3, 76
劣等処遇 78-81
ロイド=ジョージ, デーヴィッド 128, 152-69
労役所テスト法 35
労働者条例 7
労働貧民 53-6, 59
労働組合会議(TUC) 113
労働組合法 114, 127, 172, 246, 247
労働争議法 125, 126
労働代表委員会(LRC) 123-5
労働党の成立 122, 123, 125
老齢年金法 155
ロントリー, シーボーム 135, 136, 197, 208

## 著者紹介

美馬孝人(みまたかと)

1942年北海道生まれ，65年北海道大学経済学部卒，69年同大学院研究科博士課程退学，同年北海学園大学経済学部講師，現在教授．

著書
『社会改策1』（共著），有斐閣，1979年
『社会政策を学ぶ』（共著），有斐閣，1977年

訳書
B. ロジャーズ『貧困との闘い』梓出版社，1986年
K. ジョーンズ『イギリス社会政策の形成』梓出版社，1997年

現住所 〒067-0061 江別市上江別東町30-2

---

### イギリス社会政策の展開

2000年9月25日 第1刷発行
2008年3月28日 第3刷発行

定価（本体3000円＋税）

著　者　美　馬　孝　人
発行者　栗　原　哲　也
発行所　㈱日本経済評論社
〒101-0051 東京都千代田区神田神保町3-2
電話 03-3230-1661　FAX 03-3265-2993
振替 00130-3-157198

装丁＊渡辺美知子　　シナノ印刷・根本製本

落丁本・乱丁本はお取替えいたします　Printed in Japan
© MIMA Takato 2000
ISBN978-4-8188-1312-0

・本書の複製権・譲渡権・公衆送信権（送信可能化権を含む）は㈱日本経済評論社が保有します．
・JCLS 〈㈱日本著作出版権管理システム委託出版物〉
本書の無断複写は著作権法上での例外を除き禁じられています．複写される場合は，そのつど事前に，㈱日本著作出版権管理システム（電話03-3817-5670，FAX03-3815-8199，e-mail: info@jcls.co.jp）の許諾を得てください．

# 現代経済政策シリーズ

【全 11 冊】

白抜き数字は既刊

## ❶ 小坂直人 第三セクターと公益事業 公益と私益のはざま

ダム建設などにあたって、「公益」と「私益」が対立する場合、「公益」が「私益」を屈服させる形で調整されてきたのがわが国の歴史であった。電気事業など「公益事業」の特徴と公共団体および民間資本の共同出資会社である第三セクターの分析を通じて、この「公益」の意味を問い直す。
●本体 3000 円

## ❷ 小林真之 金融システムと信用恐慌 信用秩序の維持とセーフティ・ネット

金融自由化の世界的潮流のなかで生じた金融システムの動揺は、現代の市場経済およびセーフティ・ネットとの関わりのなかで検討し、信用恐慌の発現形態を理論的・具体的に解明する。
●本体 3000 円

## ❸ 美馬孝人 イギリス社会政策の展開

労働貧民の発生から産業革命をへて資本主義社会が成立し、様々な社会政策が形成展開され、それを前提に福祉国家体制が築かれる。一時、世界の模範となったイギリス福祉国家は、やがて国内外の諸事情により、変質を余儀なくされていくが、それらの発展変容を貫く法則性を解説する。
●本体 3000 円

## ❹ 伊藤淑子 現代日本の社会サービス

少子・高齢化社会を迎えた現代日本の社会保障・社会福祉諸政策を、社会サービスというより大きな枠組みを使って概観する。各制度の説明にとどまらず、社会サービスという観点からみた日本社会の素顔を、わかりやすく描き出す概説書。
●本体 3000 円

## ⑤ 山田誠治 経済構造転換と中小企業

進展しつつある"経済構造転換"のもとで、先進資本主義国を中心に中小企業の役割が再認識されているが、他方で、新自由主義的な政策のもとで、その現状と評価は混沌としつつある。本書は、これまでの中小企業論の評価およびその問題点について多角的に考察を加え、21 世紀の中小企業の可能性について探求する。

## ❻ 山田定市 農と食の経済と協同 地域づくりと主体形成

21 世紀に向けて人類がめざす"持続可能な社会"のなかで、焦眉の課題をなす環境・食料問題を軸に、農と食、農村と都市の協同の地域づくりについて、協同組合、非営利組織を視野に入れて、その可能性を解明する。
●本体 3000 円

## ❼ 小田 清 地域開発政策と持続的発展 20 世紀型地域開発からの転換を求めて

近年、地域開発政策や地域発展計画は"環境破壊"をもたらすものとして国民の風当たりが強い。なぜそうなのか。欧米先進諸国と日本の地域開発計画を例示しながら、21 世紀に向けてのあるべき「地域開発政策」のあり方を提示する。
●本体 3000 円

## ❽ 奥田 仁 地域経済発展と労働市場 転換期の地域と北海道

21 世紀は、グローバルな普遍性と特殊性が歴史の中で交錯し、それぞれの地域における具体性が新しい時代に向けて注目されるようになっている。本書は、日本資本主義を映す鏡ともいえる北海道を中心に取り上げ、地域経済の歴史と未来を住民と労働市場を縦軸にして考える。
●本体 3000 円

## ❾ 池田 均 地域開発と地域経済

高度経済成長とその後の不況過程における諸政策が地域の社会・経済に与えた影響は何であったのか、農山漁村地域で検証する。市場経済の途をひた走る中国の地域経済社会は如何なる変貌を遂げつつあるのか。そして、21 世紀、地域の社会・経済を担うのは誰か。
●本体 3000 円

## ❿ 森下宏美 マルサス人口論争と「改革の時代」

工場法制定、選挙法改正、新救貧法制定など、一連のブルジョア的改革に彩られた 19 世紀前半のイギリスで戦われたマルサス人口論争。その中にあって、リカードウ派社会主義に抗しつつ、貧民の被救済権の確立を唱え、「市場の言葉」と「権利の言葉」をもって論争に挑んだ「忘れられた経済学者」たちの資本主義像に迫る。
●本体 3000 円

## ⓫ 木村和範 数量的経済分析の基礎理論

経済計画を連立方程式モデル（マクロ計量モデル）で策定する試みが数多くなされている。しかし、1970 年代以降のアメリカにおけるスタグフレーションの進行の中で、マクロ計量モデルの予測パフォーマンスが問題視されるようになり、わが国においても、マクロ計量経済学的な経済分析や経済計画立案の有効性が、さまざまに議論されるようになった。本書では、この問題を考察する。

日本経済評論社